出版说明

罗康隆

　　少数民族文化是中华民族宝贵的文化遗产，是中华文化的重要组成部分，是各民族在几千年历史发展进程中创造的重要文明成果，具有丰富的内涵。搜集、整理、出版少数民族文化丛书，不仅可以为学术研究提供真实可靠的文献资料，同时对继承和发扬各民族的优秀传统文化，振奋民族精神，增强民族团结，促进各民族的发展繁荣，意义深远。随着全球化趋势的加强和现代化进程的加快，我国的文化生态发生了巨大变化，非物质文化遗产受到越来越大的冲击。一些文化遗产正在不断消失，许多传统技艺濒临消亡，大量有历史、文化价值的珍贵实物与资料遭到毁弃或流失境外。加强我国非物质文化遗产的保护已经刻不容缓。

　　苗族是中华民族大家庭中较古老的民族之一，是一个历史悠久且文化内涵独特的民族，也是一个久经磨难的民族。纵观其发展历史，是一个不断迁徙与适应新环境的历史发展过程，也是一个不断改变旧生活环境、适应新生活环境的发展历程。迁徙与适应是苗族命运的历史发展主线，也是造就苗族独特传统文化与坚韧民族精神的起源。由于苗族没有自己独立的文字，其千百年来的历史和精神都是通过苗族文化得以代代相传的。苗族传统文化在发展的过程中经历的巨大的历史社会变迁，在一定程度上影响了苗族传统文化原生态保存，这也就使对苗族传统文化的抢救成了一个迫切问题。在实际情况中，其文化特色也是十分丰富生动的。一方面，苗族人民的口头文学是极其发达的，比如内容繁多的传说与民族古歌，是苗族人民世世代代的生存、奋斗、探索的总结，更是苗族人民生活的百科全书。苗族的大量民间传说也是苗族民间文学的重要组成部分，它所蕴含的理论价值体系是深深植入苗族社会的生产、生活中的。另一方面，苗族文化中的象形符号文化也是极其发达的，这些符号成功地传递了苗族文化的信息，从而形成了苗族文化体系的又一特点。苗族人民的生活实践也是苗族传统文化产生的又一来源，形成了一整套的文化生成与执行系统，使苗族人民的文化认同感和族群意识凸显。传统文化存在的意义是一种文化多元性与文化生态多样性的有机结合，对苗族文化的保护，首先就要涉及对苗族民间传统文化的保护。

《湘西苗族民间传统文化丛书》立足苗族东部方言区，从该方言区苗族民间传统文化的原生性出发，聚焦该方言区苗族的独特文化符号，忠实地记录了该方言区苗族的文化事实，着力呈现该方言区苗族的生态、生计与生命形态，揭示出该方言区苗族的生态空间、生产空间、生活空间与苗族文化的相互作用关系。

本套丛书的出版将会对湘西苗族民间传统文化艺术的抢救和保护工作提供指导，也会为民间传统文化艺术的学术理论研究提供有益的帮助，促进民间艺术传习进入学术体系，朝着高等研究体系群整合研究方向发展；其出版将会成为铸牢中华民族共同体意识的文化互鉴素材，成为我国乡村振兴在湘西地区落实的文化素材，成为人类学、民族学、社会学、民俗学等学科在湘西地区的研究素材，成为我国非物质文化遗产——苗族巴代文化遗产保护的宝库。

（作者系吉首大学历史与文化学院院长、湖南省苗学学会第四届会长）

总　序

刘昌刚

　　苗族是一个古老的民族，也是一个世界性的民族。据 2010 年第六次全国人口普查统计，我国苗族有 940 余万人，主要分布在贵州、湖南、云南、四川、广西、湖北、重庆、海南等省区市；国外苗族约有 300 万人，主要分布于越南、老挝、泰国、缅甸、美国、法国、澳大利亚等国家。

一

　　《苗族通史》导论记载：苗族，自古以来，无论是在文臣武将、史官学子的奏章、军录和史、志、考中，还是在游侠商贾、墨客骚人的纪行、见闻和辞、赋、诗里，都被当成一个神秘的"族群"，或贬或褒。在中国历史的悠悠长河中，苗族似一江春水时涨时落，如梦幻仙境时隐时现，整个苗疆，就像一本无字文书，天机不泄。在苗族人生活的大花园中，有着宛如仙境的武陵山、缙云山、梵净山、织金洞、九龙洞以及花果山水帘洞似的黄果树大瀑布等天工杰作；在苗族的民间故事里，有着极古老的蝴蝶妈妈、枫树娘娘、竹筒兄弟、花莲姐妹等类似阿凡提的美丽传说；在苗族的族群里，嫡传着槃瓠（即盘瓠）后世、三苗五族、夜郎子民、楚国臣工；在苗族的习尚中，保留着八卦占卜、易经卜算、古傩祭祀、老君法令和至今仍盛行着的苗父医方、道陵巫术、三峰苗拳……在这个盛产文化精英的民族中，走出了蓝玉、沐英、王宪章等声震全国的名将，还诞生了熊希龄、滕代远、沈从文等政治家、文学家、教育家。闻一多在《伏羲考》一文中认为延维或委蛇指伏羲，是南方苗之神。远古时期居住在东南方的人统称为夷，伏羲是古代夷部落的大首领。苗族人民中确实流传着伏羲和女娲的传说，清初陆次云的《峒溪纤志》载："苗人腊祭曰报草。祭用巫，设女娲、伏羲位。"历史学家芮逸夫在《人类学集刊》上发表的《苗族洪水故事与伏羲、女娲的传说》中说："现代的人类学者经过实地考察，才得到这是苗族传说。据此，苗族全出于伏羲、女娲。他们本为兄妹，遭遇洪水，人烟断绝，仅此二人存。他们在盘古的撮合下，结为夫妇，绵延人类。"闻一多还写过《东皇太一考》，经他考证，苗族里的伏羲就是《九歌》里的东皇太一。

《中国通史》（范文澜著，人民出版社1981年版第1册第19页）载："黄帝族与炎帝族，又与夷族、黎族、苗族的一部分逐渐融合，形成春秋时期称为华族、汉以后称为汉族的初步基础。"远古时代就居住在中国南方的苗、黎、瑶等族，都有传说和神话，可是很少见于记载。一般说来，南方各族中的神话人物是"槃瓠"。三国时徐整作《三五历纪》吸收"槃瓠"入汉族神话，"槃瓠"衍变成开天辟地的盘古氏。

在历史上，苗族为了实现民族平等，屡战屡败，但又屡败屡战，从不屈服。苗族有着悠久、灿烂的文化，为中华文化的形成和发展做出了巨大贡献，在不同的历史阶段，涌现出了许多可歌可泣的英雄人物。

苗族不愧为中华民族中的一个伟大民族，苗族文化是苗族几千年的历史积淀，其丰厚的文化底蕴成就了今天这部灿烂辉煌的历史巨著。苗族确实是一个灾难深重的民族，却又是一个勤劳、善良、富有开拓性与创造性的伟大民族。苗族还是一个世界性的民族，不断开拓和创造着新的历史文化。

历史上公认的是，九黎之苗时期的五大发明是苗族对中国文化的原创性贡献。盛襄子在其《湖南苗史述略·三苗考》中论述道："此族（苗族）为中国之古土著民族，曾建国曰三苗。对于中国文化之贡献约有五端：发明农业，奠定中国基础，一也；神道设教，维系中国人心，二也；观察星象，开辟文化园地，三也；制作兵器，汉人用以征伐，四也；订定刑罚，以辅先王礼制，五也。"

苗族历史可以分为五个时期：先民聚落期（原始社会时期）、拓土立国期（九黎时期至公元前223年楚国灭亡）、苗疆分理期（公元前223年楚国灭亡至1873年咸同起义失败）、民主革命期（1873年咸同起义失败到1949年中华人民共和国成立）、民族区域自治期（1949年中华人民共和国成立至今）。相应地，苗族历史文化大致也可以分为五个时期，且各个时期具有不尽相同的文化特征：第一期以先民聚落期为界，巫山人进化成为现代智人，形成的是原始文化，即高庙文明初期；第二期以九黎、三苗、楚国为标志，属于苗族拓土立国期，形成的是以高庙文明为代表的灿烂辉煌的苗族原典文化；第三期是以苗文化为母本，充分吸收了诸夏文化，特别是儒学思想形成高庙苗族文化；第四期是苗族历史上的民主革命期（1872年咸同起义失败到1949年中华人民共和国成立），形成了以苗族文化为母本，吸收了电学、光学、化学、哲学等基本内容的东土苗汉文化与西洋文化于一体的近现代苗族文化；第五期是苗族进入民族区域自治期（1949年中华人民共和国成立至今），此期形成的是以苗族文化为母本，进一步融合传统文化、西方文化、当代中国先进文化的当代苗族文化。

二

苗族是我国一个古老的人口众多的民族，又是一个世界性的民族。她以其悠久的历史和深厚的文化而著称于世，传承着历史文化、民族精神。由田兵主编的《苗族古歌》，马学良、今旦译注的《苗族史诗》，龙炳文整理译注的《苗族古老话》，是苗族古代的编年史和苗族百科全书，也是苗族最主要的哲学文献。

距今7800—5300年的高庙文明所包含的不仅是一个高庙文化遗址，其同类文化遍布亚洲大陆，其中期虽在建筑、文学和科技等方面不及苏美尔文明辉煌，却比苏美尔文明早2300年，初期文明程度更高，后期又不像苏美尔文明那样中断，是世界上唯一一直绵延不断、发展至今，并最终创造出辉煌华夏文明的人类文明。在高庙文化区域的常德安乡县汤家岗遗址出土有蚩尤出生档案记录盘。

苗族人民口耳相传的"苗族古歌"记载了祖先"蝴蝶妈妈"及蚩尤的出生：蝴蝶妈妈是从枫木心中变出来的。蝴蝶妈妈一生下来就要吃鱼，鱼在哪里？鱼在继尾池。继尾古塘里，鱼儿多着呢！草帽般大的瓢虫，仓柱般粗的泥鳅，穿枋般大的鲤鱼。这里的鱼给她吃，她好喜欢。一次和水上的泡沫"游方"（恋爱）怀孕后生下了12个蛋。后经鹤宇鸟（有的也写成鸡宇鸟）悉心孵养，12年后，生出了雷公、龙、虎、蛇、牛和苗族的祖先姜央（一说是龙、虎、水牛、蛇、蜈蚣、雷和姜央）等12个兄弟。

《山海经·卷十五·大荒南经》中也记载了蚩尤与枫树以及蝴蝶妈妈的不解之缘："有宋山者，有赤蛇，名曰育蛇。有木生山上，名曰枫木。枫木，蚩尤所弃其桎梏，是为枫木。有人方齿虎尾，名曰祖状之尸。"姜央是苗族祖先，蝴蝶自然是苗族始祖了。

澳大利亚人类学家格迪斯说过:"世界上有两个苦难深重而又顽强不屈的民族,他们就是中国的苗族和分散在世界各地的犹太民族。"诚如所言,苗族是一个灾难深重而又自强不息的民族。唯其灾难深重,才能在磨砺中锤炼筋骨,迸发出民族自强不屈的魂灵,撰写出民族文化的鸿篇巨制。近年来,随着国家民族政策的逐步完善,对寄寓在民族学大范畴下的民族历史文化研究逐步深入,苗族作为我国少数民族百花园中的重要一支,其悠远、丰厚的历史足迹与文化遗址逐渐为世人所知。

　　苗族口耳相传的古歌记载,苗族祖先曾经以树叶为衣、以岩洞或树巢为家、以女性为首领。从当前一些苗族地区的亲属称谓制度中,也可以看出苗族从母权制到父权制、从血缘婚到对偶婚的演变痕迹。诸如此类的种种佐证材料,无不证明着苗族的悠远历史。苗族祖先凭借优越的地理条件,辛勤开拓,先后发明了冶金术和刑罚,他们团结征伐,雄踞东方,强大的部落联盟在史书上被冠以"九黎"之称。苗族历史上闪耀夺目的九黎部落首领是战神蚩尤,他依靠坚兵利甲,纵横南北,威震天下。但是,蚩尤与同时代的炎黄部落逐鹿中原时战败,从此开启了漫长的迁徙逆旅。

　　总体来看,苗族的迁徙经历了从南到北、从北到南、从东到西、从大江大河到小江小河,乃至栖居于深山老林的迁徙轨迹。五千年前,战败的蚩尤部落大部分南渡黄河,聚集江淮,留下先祖渡"浑水河"的传说。这一支经过休养生息的苗族先人汇聚江淮,披荆斩棘,很快就一扫先祖战败的屈辱和阴霾,组建了强大的三苗集团。然而,历史的车轮总是周而复始的,他们最终还是不敌中原部落的左右夹攻,他们中的一部分到达西北并随即南下,进入川、滇、黔边区。三苗主干则被流放崇山,进入鄱阳湖、洞庭湖腹地,秦汉以来不属王化的南蛮主支蔚然成势。夏商春秋战国乃至秦汉以降的历代正史典籍,充斥着云、贵、湘地南蛮不服王化的"斑斑劣迹"。这群发端于蚩尤的苗族后裔,作为中国少数民族的重要代表,深入武陵山脉心脏,抱团行进,男耕女织,互为凭借,势力强大,他们被封建统治阶级称为武陵蛮。据史料记载,东汉以来对武陵蛮的刀兵相加不可胜数,双方各有死伤。自晋至明,苗族在湖北、河南、陕西、云南、江西、湖南、广西、贵州等地辗转往复,与封建统治者进行了长期艰苦卓绝的不屈斗争。清朝及民国,苗族驻扎在云南的一支因战火而大量迁徙至滇西边境和东南亚诸国,进而散发至欧洲、北美、澳大利亚。

　　苗族遂成为一个世界性的民族!

三

苗族同胞在与封建统治者长期的争夺征战中，不断被压缩生存空间，又不断拓展生存空间，从而形成了其民族极为独特的迁徙文化现象。苗族历史上没有文字，却保存有大量的神话传说，他们有感于迁徙繁衍途中的沧桑征程，对天地宇宙产生了原始朴素的哲理认知。每迁徙一地，他们都结合当地实际，丰富、完善本民族文化内涵，从而形成了系列以"蝴蝶""盘瓠""水牛""枫树"为表象的原始图腾文化。苗族虽然没有文字，却有丰富的口传文化，这些口传文化经后人整理，散见于贵州、湖南等地流传的《苗族古歌》《苗族古老话》《苗族史诗》等典籍，它们承载着苗族后人对祖先口耳相传的族源、英雄、历史、文化的再现使命。

苗族迁徙的历程是艰辛、苦难的，迁徙途中的光怪陆离却是迷人的。他们善于从迁徙途中寻求生命意义，又从苦难中构建人伦规范，他们赋予迁徙以非同一般的意义。他们充分利用身体、语言、穿戴、图画、建筑等媒介，表达对天地宇宙的认识、对生命意义的理解、对人伦道德的阐述、对生活艺术的想象。于是，基于迁徙现象而产生的苗族文化便变得异常丰富。苗族将天地宇宙挑绣在服饰上，得出了天圆地方的朴素见解；将历史文化唱进歌声里，延续了民族文化一以贯之的坚韧品性；将跋涉足迹画在了岩壁上，应对苦难能始终奋勇不屈。其丰富的内涵、奇特的形式、隐忍的表达，成为这个民族独特的魅力，成为这个民族极具异禀的审美旨趣。从这个层面扩而大之，苗族的历史文化，便具备了一种神秘文化的潜在魅力与内涵支撑。苗族神秘文化最为典型的表现是巴代文化现象。从隐藏的文化内涵因子分析来看，巴代文化实则是苗族生存发展、生产生活、伦理道德、物质精神等文化现象的活态传承。

苗族丰富的民族传奇经历造就了其深厚的历史文化，但其不羁的民族精神又使得这个民族成为封建统治者征伐打压的对象。甚至可以说，一部封建史，就是一部苗族的压迫屈辱史。封建统治者压迫苗族同胞惯用的手段，一是征战屠杀，二是愚昧民众，历经千年演绎，苗族同胞之于本民族历史、祖先伟大事功，慢慢忽略，甚至抹杀性遗忘。

一个伟大民族的悲哀莫过于此！

四

历经苦难，走向辉煌。中华人民共和国成立后，得益于党的民族政策，苗族与全国其他少数民族一样，依托民族区域自治法，组建了系列具有本民族特色的少数民族自治机构，千百年被压在社会底层的苗族同胞，翻身当家做主人，他们重新直面苗族的历史文化，系统挖掘、整理、提升本民族历史文化，切实找到了民族的历史价值和民族文化自信。贵州和湖南湘西武陵山区一带，自古就是封建统治阶级口中的"武陵蛮"的核心区域。这一块曾经被统治阶级视为不毛之地的蛮荒地区，如今得到了国家的高度重视，中央整合武陵山片区4省市71个县市，实施了武陵山片区扶贫攻坚战略。作为国家区域大扶贫战略中的重要组成部分，武陵山区苗族同胞的脱贫发展牵动着党中央、国务院关注的目光。武陵山区苗族同胞感恩党中央，激发内生动力，与党中央同步共振，掀起了一场轰轰烈烈的脱贫攻坚世纪大战。

苗族是湘西土家族苗族自治州两大主体民族之一，要推进湘西发展，当前基础性的工作就是要完成两大主体民族脱贫攻坚重点工作，自然，苗族承担的历史使命责无旁贷。在这样的语境下，推进湘西发展、推进苗族聚集区同胞脱贫致富，就是要充分用好、用活苗族深厚的历史文化资源，以挖掘、提升民族文化资源品质，提升民族文化自信心；要全面整合苗族民族文化资源精华，去芜存菁，把文化资源转化为现实生产力，服务于我州经济社会的发展。

正是贯彻这样的理念，湘西土家族苗族自治州立足少数民族自治地区的民族资源特色禀赋，提出了生态立州、文化强州的发展理念，围绕生态牌、文化牌打出了"全域旅游示范区建设""国内外知名生态文化公园"系列组合拳，民族文化旅游业蓬勃发展，民族地区脱贫攻坚工作突飞猛进。在具体操作层面，州委、州政府提出了以"土家探源""神秘苗乡"为载体、深入推进我州文化旅游产业发展的口号，重点挖掘和研究红色文化、巫傩文化、苗疆文化、土司文化。基于此，州政协按照服务州委、州政府中心工作和民生热点难点的履职要求，组织相关专家学者，联合相关出版机构，在申报重点课题的基础上，深度挖掘苗族历史文化，按课题整理、出版苗族历史文化丛书。

人类具有社会属性，所以才会对神话故事、掌故、文物和文献进行著录和收传。以民族出版社出版、吴荣臻主编的五卷本《苗族通史》和贵州民族出版社出版的《苗族古歌》系列著作为标志，苗学研究进入了一个新的历史时期。

湘西土家族苗族自治州政协组织牵头的《湘西苗族民间传统文化丛书》记载了苗疆文化的主要内容，是苗族文化研究的重要成果。它不但整理译注了浩如烟海的有关苗疆的历史文献，出版了史料文献丛书，还记录整理了苗族人民口传心录的苗族古歌系列、巴代文化系列等珍贵资料，并展示了当代文化研究成果。

　　党的十八大以来，以习近平同志为核心的党中央，以'一带一路'倡议为抓手，不断推进人类命运共同体建设，以实现中华民族伟大复兴的中国梦为目标，不断推进理论自信、道路自信、制度自信和文化自信。没有包括苗族文化在内的各个少数民族文化的复兴，也不会有完全的中华民族伟大复兴。

　　因此，从苗族历史文化中探寻苗族原典文化，发现新智慧、拓展新路径，从而提升民族文化自信力，服务湘西生态文化公园建设，推进精准扶贫、精准脱贫，实现乡村振兴，进而实现湘西现代化建设目标，善莫大焉！

　　此为序！

2018 年 9 月 5 日

专家序一

掀起湘西苗族巴代文化的神秘面纱

汤建军

2017年9月7日，根据中共湖南省委安排，我在中共湘西州委做了题为"砥砺奋进的五年"的形势报告。会后，在湘西州社科联谭必四主席的陪同下，考察了一直想去的花垣县双龙镇十八洞村。出于对民族文化的好奇，考察完十八洞村后，我根据中共湖南省委网信办在花垣县挂职锻炼的范东华同志的热诚推荐，专程拜访了苗族巴代文化奇人石寿贵老先生，参观其私家苗族巴代文化陈列基地。石寿贵先生何许人也？花垣县双龙镇洞冲村人。他是本家祖传苗师"巴代雄"第32代掌坛师、客师"巴代扎"第11代掌坛师、民间正一道第18代掌坛师。石老先生还是湘西州第一批命名的"非物质文化遗产（以下简称'非遗'）保护"名录"苗老司"代表性传承人、湖南省第四批"非遗"名录"苗族巴代"代表性传承人、吉首大学客座教授、中国民俗学会蚩尤文化研究基地蚩尤文化研究会副会长、巴代文化学会会长。他长期从事巴代文化、道坛丧葬文化、民间习俗礼仪文化等苗族文化的挖掘搜集、整编译注及研究传承工作。一直以来，他和家人，动用全家之财力、物力和人力，经过近50年的全身心投入，在本家积累32代祖传资料的基础上，又走访了贵州、四川、湖北、湖南、重庆等周边20多个县市有名望的巴代坛班，通过本家厚实的资料库加上广泛搜集得来的资料，目前已整编译注出7大类76本

2500 多万字及 4000 余幅仪式彩图的《巴代文化系列丛书》，且准备编入《湘西苗族民间传统文化丛书》进行出版。这 7 大类 76 本具体包括：第一类，基础篇 10 本；第二类，苗师科仪 20 本；第三类，客师科仪 10 本；第四类，道师科仪 5 本；第五类，侧记篇 4 本；第六类，苗族古歌 14 本；第七类，历代手抄本扫描 13 本。除了书稿资料以外，石寿贵先生还建立起了 8000 多分钟的仪式影像、238 件套的巴代实物、1000 多分钟的仪式音乐、此前他人出版的有关苗族巴代民俗的藏书 200 余册以及包括一整套待出版的《湘西苗族民间传统文化丛书》在内的资料档案。此前，他还主笔出版了《苗族道场科仪汇编》《苗师通书诠释》《湘西苗族古老歌话》《湘西苗族巴代古歌》四本著作。其巴代文化研究基地已建立起巴代文化的三大仪式、两大体系、八大板块、三十七种类苗族文化数据库，成为全国乃至海内外苗族巴代文化资料最齐全系统、最翔实厚重、最丰富权威的亮点单位。"苗族巴代"在 2016 年 6 月入选第四批湖南省"非遗"保护目录。2018 年 6 月，石寿贵老先生获批为湖南省第四批非物质文化遗产保护项目"苗族巴代"代表性传承人。

走进石寿贵先生的巴代文化挖掘搜集、整编译注、研究及陈列基地，这是一栋两层楼的陈列馆，没有住人，全部都是用来作为巴代文化资料整编译注和陈列的。一楼有整编译注工作室和仪式影像投影室等，中堂为有关图片及字画陈列，文化气息扑面而来。二楼分别为巴代实物资料、文字资料陈列室和仪式腔调录音室及仪式影像资料制作室等，其中 32 个书柜全都装满了巴代书稿和实物，真可谓书山文海、千册万卷、博大精深、琳琅满目。

石老先生所收藏和陈列的巴代文化各种资料、物件和他本人的研究成果极大地震撼了我们一行人。我初步翻阅了石老先生提供的《湘西苗族巴代揭秘》一书初稿，感觉这些著述在中外学术界实属前所未闻、史无前例、绝无仅有。作者运用独特的理论体系资料、文字体系资料以及仪式符号体系资料等，全面揭露了湘西苗族巴代的奥秘，此书必将为研究苗族文化、苗族巴代文化学和中国民族学、民俗学、民族宗教学以及苗族地区摄影专家、民族文化爱好者提供线索、搭建平台与铺设道路。我当即与湘西州社科联谭必四主席商量，建议他协助和支持石老先生将《湘西苗族巴代揭秘》一书申报湖南省社科普及著作出版资助。经过专家的严格评选，该书终于获得了出版资助，在湖南教育出版社得到出版。因为这是一本在总体上全面客观、科学翔实、通俗形象地介绍苗族巴代及其文化的书，我相信此书一定会成为广大读者喜闻喜阅、喜欣喜爱的书，一定能给苗族历代祖先以慰藉，一定能更好地传播苗民族文化精华，一定能深入弘扬中华民族优秀传统文化。

2017年12月6日，我应邀在中南大学出版社宣讲党的十九大精神时，结合如何策划选题，重点推介了石寿贵先生的苗族巴代文化系列研究成果，希望中南大学出版社在前期积累的基础上，放大市场眼光，挖掘具有民族特色的文化遗产，积极扶持石老先生巴代文化成果的出版。这个建议得到了吴湘华社长及其专业策划团队的高度重视。2018年1月30日，国家出版基金资助项目公示，由中南大学出版社挖掘和策划的石寿贵编著的《巴代文化系列丛书》中的10本作为第一批《湘西苗族民间传统文化丛书》入选。该丛书以苗族巴代原生态的仪式脚本(包括仪式结构、仪式程序、仪式形态、仪式内容、仪式音乐、仪式气氛、仪式因果等)记录为主要内容，原原本本地记录了苗师科仪、客师科仪、道师绕棺戏科仪以及苗族古歌、巴代历代手抄本扫描等脚本资料，建立起了科仪的文字记录、图片静态记录、影像动态记录、历代手抄本文献记录、道具法器实物记录等资料数据库，是目前湘西苗族地区种类较为齐全、内容翔实、实物彩图丰富生动的原生态民间传统资料，充分体现了苗族博大精深、源远流长的文化内涵和艺术价值。对今后全方位、多视角、深层次研究苗族历史文化有着极其重要的价值和深远的意义。

从《湘西苗族民间传统文化丛书》中所介绍的内容来看，可以说，到目前为止，这套丛书是有关领域中内容最系统翔实、最丰富完整、最难能可贵的资料了。此套书籍如此广泛深入、全面系统、尽数囊括、笼统纳入，实为古今中外之罕见，堪称绝无仅有、弥足珍贵，也是有史以来对苗族巴代文化的全面归纳和科学总结。我想，这既是石老先生和他的祖上及其家眷以及政界、学界、社会各界对苗族文化的热爱、执着、拼搏、奋斗、支持、帮助的结果，也体现出了石寿贵老先生对苗族文化所做出的巨大贡献。这套丛书将成为苗族传统文化保护传承、研究弘扬的新起点和里程碑。用学术化的语言来说，这300余种巴代科仪就是巴代历代以来所主持苗族的祭祀仪式、习俗仪式以及各种社会活动仪式的具体内容。但仪式所表露出来的仅仅只是表面形式而已，更重要的是包含在仪式里面的文化因子与精神特质。关于这一点，石寿贵老先生在丛书中也剖析得相当清晰，他认为巴代文化的形成是苗族文化因子的作用所致。他认为：世界上所有的民族和教派都有不同于其他民族的文化因子，比如佛家的因果轮回、慈善涅槃、佛国净土，道家的五行生克、长生久视、清静无为，儒家的忠孝仁义、三纲五常、齐家治国，以及纳西族的"东巴"、羌族的"释比"、东北民族的"萨满"、土家族的"梯玛"等，无不都是严格区别于其他民族或教派的独特文化因子。由某个民族文化因子所产生出来的文化信念，在内形成了该民族的观念、性格、素质、气节和精神，在外则形成了该民族的风格、习俗、形象、身份和标志。通过内外因素的共同作用，形成支撑该民族生生不息、发展壮大、繁荣富强的不竭动力。苗族巴代文化的核心理念是人类的"自我不灭"真性，在这一文化因子的影响下，形成了"自我崇拜"或"崇拜自我、维护自我、服务自我"的人类生存哲学体系。这种理论和实践体现在苗师"巴代雄"祭祀仪式的方方面面，比如上供时所说的"我吃你吃，我喝你喝"。说过之后，还得将供品一滴不漏地吃进口中，意思为我吃就是我的祖先吃，我喝就是我的祖先喝，我就是我的祖先，我的祖先就是我，祖先虽亡，但他的血液在我的身上流淌，他的基因附在我的身上，祖先的化身就是当下的我，并且一直延续到永远，这种自我真性没有被泯灭掉。同时，苗师"巴代雄"所祭祀的对象既不是木偶，也不是神像，更不是牌位，而是活人，是舅爷或德高望重的活人。这种祭祀不同于汉文化中的灵魂崇拜、鬼神崇拜或自然崇拜，而是实实在在的、活生生的自我崇拜。这就是巴代传承古代苗族主流文化(因子)的内在实质和具体内容。无怪乎如来佛祖降生时一手指天，一手指地，所说的第一句话就是："天上地下，唯我独尊。"佛祖所说的这个"我"，指的绝非本人，而是宇宙间、世界上的真性自我。

石老先生认为，从生物学的角度来说，世界上一切有生命的动植物的活动都是维护自我生存的活动，维护自我毋庸置疑。从人类学的角度来说，人类的真性自我不生不灭，世间人类自身的一切活动都是围绕有利于自我生存和发展这个主旨来开展的，背离了这个主旨的一切活动都是没有任何价值和意义的活动。从社会科学的角度来说，人类社会所有的科普项目、科学文化，都是从有利于人类自我生存和发展这个主题来展开的，如果离开了这条主线，科普也就没有了任何价值和意义。从人类生存哲学的角度来说，其主要的逻辑范畴，也是紧紧地把握人类这个大的自我群体的生存和发展目标去立论拓展的，自我生存成为最大的逻辑范畴;从民族学的角度来说，每个要维护自己生生不息、发展壮大的民族，都要有自己强势优越、高超独特、先进优秀的文化来作支撑，而要得到这种文化支撑的主体便是这个民族大的自我。

石老先生还说，从维护小的生命、个体的小自我到维护大的人类、群体的大自我，是生物世界始终都绕不开的总话题。因而，自我不灭、自我崇拜或崇拜自我、服务自我、维护自我，在历史上早就成为巴代文化的核心理念。正是苗师"巴代雄"所奉行的这个"自我不灭论"宗旨教义，所行持的"自我崇拜"的教条教法，涵盖了极具广泛意义的人类学、民族学以及哲学文化领域中的人类求生存发展、求幸福美好的理想追求。也正是这种自我真性崇拜的文化因子，才形成了我们的民族文化自信，锻造了民族的灵魂素质，成就了民族的精神气节，才能坚定民族自生自存、自立自强的信念意识，产生出民族生生不息、发展壮大的永生力量。这就充分说明，苗族的巴代文化，既不是信鬼信神的巫鬼文化，也不是重巫尚鬼的巫傩文化，而是从基因实质的文化信念到灵魂素质、意识气魄的锻造殿堂，是彻头彻尾的精神文化，这就是巴代文化和巫鬼文化、巫傩文化的本质区别所在。

乡土的草根文化是民族传统文化体系的基因库，只要正向、确切、适宜地打开这个基因库，我们就能找到民族的根和魂，感触到民族文化的神和命。巴代作为古代苗族主流文化的传承者，作为一个族群社会民众的集体意识，作为支撑古代苗族生存发展、生生不息的强大的精神支柱和崇高的文化图腾，作为苗族发展史、文明史曾经的符号，作为中华民族文化大一统中的亮丽一簇，很少被较为全面系统、正向正位地披露过。

巴代是古代苗族祭祀仪式、习俗仪式、各种社会活动仪式这三大仪式的主持者，更是苗族主流文化的传承者。因为苗族在历史上频繁迁徙、没有文字、不属王化、封闭保守等因素，再加上历史条件的限制与束缚，为了民族的生存和发展，苗族先人机灵地以巴代所主持的三大仪式为本民族的显性文化表象，来传承苗族文化的原生基因、本根元素、全准信息等这些只可意会、不可言传的隐性文化实质。又因这三大仪式的主持者叫巴代，故其所传承、主导、影响的苗族主流文化又被称为巴代文化，巴代也就自然而然地成为聚集古代苗族的哲学家、法学家、思想家、社会活动家、心理学家、医学家、史学家、语言学家、文学家、理论家、艺术家、易学家、曲艺家、音乐家、舞蹈家、农业学家等诸大家之精华于一身的上层文化人，自古以来就一直受到苗族人民的信任、崇敬和尊重。

巴代文化简单说来就是三大仪式、两大体系、八大板块和三十七种文化。其包括了苗族生存发展、生产生活、伦理道德、物质精神等从里到表、方方面面、各个领域的文化。巴代文化必定成为有效地记录与传承苗族文化的大乘载体、百科全书以及活态化石，必定成为带领苗族人民从远古一直走到近代的精神支柱和家园，必定成为苗族文化的根、魂、神、质、形、命的基因实质，必定成为具有苗族代表性的文化符号与文化品牌，必定成为苗族优秀的传统文化、神秘湘西的基本要素。

石老先生委托我为他的丛书写篇序言，因为我的专业不是民族学研究，不能从专业角度给予中肯评价，为读者做好向导，所以我很为难，但又不好拒绝石老先生。工作之余，我花了很多时间认真学习他的相关著述，总感觉高手在民间，这些文字是历代苗族文化精华之沉淀，文字之中透着苗族人的独特智慧，浸润着石老先生及历代巴代们的心血智慧，更体现出了石老先生及其家人一生为传承苗族文化所承载的常人难以想象的、难以忍受的艰辛、曲折、困苦、执着和担当。

这次参观虽然不到两个小时，却发现了苗族巴代文化的正宗传人。遇见石老先生，我感觉自己十分幸运，亦深感自己有责任、有义务为湘西苗族巴代文化及其传人积极推荐，努力让深藏民间的优秀民族文化遗产能够公开出版。石老先生的心愿已了，感恩与我们一样有这种情结的评审专家和出版单位对《湘西苗族民间传统文化丛书》的厚爱和支持。我相信，大家努力促成这些书籍公开出版，必将揭开湘西苗族巴代文化的神秘面纱，必将开启苗族巴代文化保护传承、研究弘扬、推介宣传的热潮，也必将引发湘西苗族巴代文化旅游的高潮。

略表数言，抛砖引玉，是为序。

（作者系湖南省社会科学院党组成员、副院长，湖南省省情研究会会长、研究员）

专家序二

罗康隆

　　我来湘西 20 年,不论是在学校,还是在村落,听到当地苗语最多的就是
"巴代"(分"巴代雄"与"巴代扎")。起初,我也不懂巴代的系统内涵,只知
道巴代是湘西苗族的"祭师",但经过 20 年来循序渐进的认识与理解,我深
知,湘西苗族的"巴代",并非用"祭师"一词就可以简单替代。
　　说实在的,我是通过《湘西苗族调查报告》和《湘西苗族实地调查报告》
这两本书来了解湘西的巴代文化的。1933 年 5 月,国立中央研究院的凌纯
声、芮逸夫来湘西苗区调查,三个月后凌纯声、芮逸夫离开湘西,形成了《湘
西苗族调查报告》(2003 年 12 月由民族出版社出版)。该书聚焦于对湘西苗
族文化的展示,通过实地摄影、图画素描、民间文物搜集,甚至影片拍摄,加
上文字资料的说明等,再现了当时湘西苗族社会文化的真实图景,其中包含
了不少关于湘西苗族巴代的资料。
　　当时,湘西乾州人石启贵担任该调查组的顾问,协助凌纯声、芮逸夫在
苗区展开调查。凌纯声、芮逸夫离开湘西时邀请石启贵代为继续调查,并请
国立中央研究院聘石启贵为湘西苗族补充调查员,从此,石启贵正式走上了
苗族研究工作的道路。经过多年的走访调查,石启贵于 1940 年完成了《湘西
苗族实地调查报告》(2008 年由湖南人民出版社出版)。在该书第十章"宗教
信仰"中,他用了 11 节篇幅来介绍湘西苗族的民间信仰。2009 年由中央民
族大学"985 工程"中国少数民族非物质文化研究与保护中心与台湾"中央研
究院"历史语言研究所联合整理,在民族出版社出版了《民国时期湘南苗族调
查实录(1~8 卷)(套装全 10 册)》,包括民国习俗卷、椎猪卷、文学卷、接龙
卷、祭日月神卷、祭祀神辞汉译卷、还傩愿卷、椎牛卷(上)、椎牛卷(中)、

椎牛卷(下)。由是，人们对湘西苗族"巴代"有了更加系统的了解。

我作为苗族的一员，虽然不说苗语了，但对苗族文化仍然充满着热情与期待。在我主持学校民族学学科建设之初，就将苗族文化列为重点调查与研究领域，利用课余时间行走在湘西的腊尔山区苗族地区，对苗族文化展开调查，主编了《五溪文化研究》丛书和《文化与田野》人类学图文系列丛书。在此期间结识了不少巴代，其中就有花垣县董马库的石寿贵。此后，我几次到石寿贵家中拜访，得知他不仅从事巴代活动，而且还长期整理湘西苗族的巴代资料，对湘西苗族巴代有着系统的了解和较深的理解。

我被石寿贵收集巴代资料的精神所感动，决定在民族学学科建设中与他建立学术合作关系，首先给他配备了一台台式电脑和一台摄像机，可以用来改变以往纯手写的不便，更可以将巴代的活动以图片与影视的方式记录下来。此后，我也多次邀请他到吉首大学进行学术交流。在台湾"中央研究院"康豹教授主持的"深耕计划"中，石寿贵更是积极主动，多次对他所理解的"巴代"进行阐释。他认为湘西苗族的巴代是一种文化，巴代是古代苗族祭祀仪式、习俗仪式、各种社会活动仪式这三大仪式的主持者，是苗族文化的传承载体之一，是湘西苗族"百科全书"的构造者。

巴代文化成为苗族文化的根、魂、神、质、形、命的基因实质。这部《湘西苗族民间传统文化丛书》含7大类76本2500多万字及4000余幅仪式彩图，还有8000多分钟仪式影像、238件套巴代实物、1000多分钟仪式音乐等，形成了巴代文化资料数据库。这些资料弥足珍贵，以苗族巴代仪式结构、仪式程序、仪式形态、仪式内容、仪式音乐、仪式气氛、仪式因果为主要内容进行记录。这是作者在本家32代祖传所积累丰厚资料的基础上，通过近50年对贵州、四川、湖南、湖北、重庆等省市周边有名望的巴代坛班走访交流，行程达10万多公里，耗资40余万元，竭尽全家之精力、人力、财力、物力，对巴代文化资料进行挖掘、搜集与整理所形成的资料汇编。

这些资料的样本存于吉首大学历史与文化学院民间文献室，我安排人员对这批资料进行了扫描，准备在2015年整理出版，并召开过几次有关出版事宜的会议，但由于种种原因未能出版。今天，它将由中南大学出版社申请到的国家出版基金资助出版，也算是了结了我多年来的一个心愿，这是苗族文化史上的一件大好事。这将促进苗族传统文化的保护，极大地促进民族精神的传承和发扬，有助于加强、保护与弘扬传统文化，对落实党和国家加强文化大发展战略有着特殊的使命与价值。

(作者系吉首大学历史与文化学院院长、湖南省苗学学会第四届会长)

概　述

　　《湘西苗族民间传统文化丛书》以苗族巴代原生态的仪式脚本(包括仪式结构、仪式程序、仪式形态、仪式内容、仪式音乐、仪式气氛、仪式因果等)记录为主要内容,原原本本地记录了苗师科仪、客师科仪、道师绕棺戏科仪以及苗族古歌、巴代历代手抄本扫描等脚本资料,建立起了科仪文字记录、图片静态记录、影像动态记录、历代手抄本文献记录、道具法器实物记录等资料数据库,为抢救、保护、传承、研究这些濒临灭绝的苗族传统文化打牢了基础,搭建了平台,提供了必需的条件。

　　巴代是古代苗族祭祀仪式、习俗仪式、各种社会活动仪式这三大仪式的主持者,也是苗族主流文化的传承载体之一。古代苗族在涿鹿之战后因为频繁迁徙、分散各地、没有文字、不属王化、封闭保守等因素,形成了具有显性文化表象和隐性文化实质这二元文化的特殊架构。基于历史条件的限制与束缚,为了民族的生存和发展,苗族先人机灵地以巴代所主持的三大仪式为本民族的显性文化表象,来传承苗族文化的原生基因、本根元素、全准信息等这些只可意会、不可言传的隐性文化实质。因为三大仪式的主持者叫巴代,故其所传承、主导、影响的苗族主流文化又被称为巴代文化,巴代也就自然而然地成为聚集古代苗族的哲学家、史学家、宗教家等诸大家之精华于一身的上层文化人,自古以来就一直受到苗族人民的信任、崇敬和尊重。

　　巴代文化简单说来就是三大仪式、两大体系、八大板块和三十七种文化。其包括了苗族生存发展、生产生活、伦理道德、物质精神等从里到表、方方面面各个领域的文化。巴代文化必定成为有效地记录与传承苗族文化的大乘载体、百科全书以及活态化石，必定成为带领苗族人民从远古一直走到近代的精神支柱和家园，必定成为苗族文化的根、魂、神、质、形、命的基因实质，必定成为具有苗族代表性的文化符号与文化品牌，必定成为苗族优秀的传统文化之一、神秘湘西的基本要素。

苗族的巴代文化与纳西族的东巴文化、羌族的释比文化、东北民族的萨满文化、汉族的儒家文化、藏族的甘朱尔等一样，是中华文明五千年的文化成分和民族文化大花园中的亮丽一簇，是苗族文化的本源井和柱标石。巴代文化的定位是苗族文化的全面归纳、科学总结与文明升华。

近代以来，由于种种原因，巴代文化濒临灭绝。为了抢救这种苗族传统文化，笔者在本家32代祖传所积累丰厚资料的基础上，又通过近50年以来对贵州、四川、湖南、湖北、重庆等省市周边有名望的巴代坛班走访交流，行程10多万公里，耗资40余万元，竭尽全家之精力、人力、财力、物力，全身心投入巴代文化资料的挖掘、搜集、整编译注、保护传承工作中，到目前已形成了7大类76本2500多万字及4000余幅仪式彩图的《湘西苗族民间传统文化丛书》（以下简称《丛书》）有待出版，建立起了《丛书》以及8000多分钟的仪式影像、238件套的巴代实物、1000多分钟的仪式音乐等巴代文化资料数据库。该《丛书》已成为当今海内外唯一的苗族巴代文化资源库。

7大类76本2500多万字及4000余幅仪式彩图的《丛书》在学术界也称得上是鸿篇巨制了。为了使读者能够在大体上了解这套《丛书》的基本内容，在此以概述的形式来逐集进行简介是很有必要的。

这套洋洋大观的《丛书》，是一个严谨而完整的不可分割的体系，按内容属性可分为7大类型。因整套《丛书》的出版分批进行，在出版过程中根据实际情况对《丛书》结构做了适当调整，调整后的内容具体如下：

第一类：基础篇。分别是：《许愿标志》《手诀》《巴代法水》《巴代道具法器》《文疏表章》《纸扎纸剪》《巴代音乐》《巴代仪式图片汇编》《湘西苗族民间传统文化丛书通读本》等。

第二类：苗师科仪。分别是：《接龙》（第一、二册），《汉译苗师通鉴》（第一、二、三册），《苗师通鉴》（第一、二、三、四、五、六、七、八册），《苗师"不青"敬日月车祖神科仪》（第一、二、三册），《敬家祖》，《敬雷神》，《吃猪》，《土昂找新亡》。

第三类：客师科仪。分别是：《客师科仪》（第一、二、三、四、五、六、七、八、九、十册）。

第四类：道师科仪。分别是：《道师科仪》（第一、二、三、四、五册）。

第五类：侧记篇之守护者。

第六类：苗族古歌。分别是：《古杂歌》，《古礼歌》，《古阴歌》，《古灰歌》，《古仪歌》，《古玩歌》，《古堂歌》，《古红歌》，《古蓝歌》，《古白歌》，《古人歌》，《汉译苗族古歌》（第一、二册）。

第七类：历代手抄本扫描。

本套《丛书》的出版将为抢救、保护、传承、研究这些濒临灭绝的苗族传统文化打牢基础、搭建平台和提供必需的条件；为研究苗族文化，特别是研究苗族巴代文化学、民族学、民俗学、民族宗教学等，以及这些学科的完善和建设做出贡献；为研究、关注苗族文化的专家学者以及来苗族地区的摄影者提供线索与方便。《丛书》的出版，将有力地填补苗族巴代文化学领域里的空缺和促进苗族传统文明、文化体系的完整，使苗族巴代文化成为中华民族文化大花园中的亮丽一簇。

石寿贵
2020 年秋于中国苗族巴代文化研究中心

前 言

苗族前人留传下来的原生态苗歌，简称"苗族古歌"。它以诗歌传唱的形式真实地记录、传承了苗族的族群史、发展史和文明史，是苗族历史与文化传承的载体、百科全书以及活化石。它原汁原味地展示了苗族人民口口相传的天地形成、人类产生、族群出现、部落纷争、历次迁徙、安家定居、生产生活等从内到外、从表到里的方方面面的历史与文化，是一个体系庞大、种类繁多、内容丰富、意境高远、腔调悠长、千姿百态的文化艺术形式，也是一种苗族人民历来乐于传唱、普及程度很高的文化娱乐方式。

2011 年 5 月 23 日，"苗族古歌"名列国务院公布的第三批国家级非物质文化遗产扩展项目名录；2014 年 6 月，笔者主持的"花垣县苗族巴代文化保护基地"（笔者自家）被湘西土家族苗族自治州政府授牌为"苗族古歌传习所"，2014 年 8 月，被花垣县人民政府授牌为"花垣县董马库乡大洞冲村苗族古歌传习所"。政府的权威认定集中体现了国家对苗族古歌的充分肯定和高度重视。

笔者生活在一个世代传承苗歌之家，八九代人一直都在演唱、创作、传承苗歌。太高祖石共米、石共甲，高祖石仕贵、石仕官，曾祖石明章、石明玉，祖公石永贤、石光，父亲石长先，母亲龙拔孝，大姐石赐兴，大哥石寿山等，都是当时享有名望的大歌师，祖祖辈辈奉行的是"唱歌生、唱歌长、唱歌大、唱歌老、唱歌死、唱歌葬、唱歌祭"的宗旨，对苗歌天生有一种离不开、放不下、丢不得、忘不掉的特殊情感，因而本家祖传的苗歌资料特别丰富。笔者在本家苗歌资料的基础上，又在苗族地区广泛挖掘搜集，进而进行整编译注工作。

我们初步将采集到的苗族古歌编辑成了 635 卷线装本，再按其内容与特色分类编辑成《古灰歌》《古红歌》《古蓝歌》《古白歌》《古人歌》《古杂歌》《古礼歌》《古堂歌》《古玩歌》《古仪歌》《古阴歌》，共 11 本，400 余万字，已被纳入国家出版基金项目，由中南大学出版社出版。这批苗族古歌的问世，将成为海内外学术界研究苗族乃至世界哲学、历史学、文学、语言学、人类学、民族学、民俗学、宗教学等学科不可或缺的基本资料，它们生动地体现了古代苗族独创、独特且博大的历史文化和千姿百态、璀璨缤纷的艺术魅力。

截至目前，我们已经出版了《湘西苗族巴代古歌》《湘西苗族古老歌话》等 4 本苗歌图书。《古灰歌》《古红歌》《古蓝歌》《古白歌》《古人歌》《古杂歌》《古礼歌》《古堂歌》《古玩歌》《古仪歌》《古阴歌》11 本被编入了《湘西苗族民间传统文化丛书》第二辑，本册《古杂歌》是这 11 本中的第 6 本。

古杂歌包括的内容多且广，主要是人们平时生产生活中的繁杂之事，比如劳作歌中的打草鞋、打菜、喂猪、守牛、挖土、犁田、捉鱼等，穷苦歌中的讨米、苦婚、寡苦、病苦等，劝释歌中的劝妇人守节、劝戒赌、劝莫吵架等，还有报恩歌、原根歌、小儿神话歌、愁老歌等，繁杂零碎，无所不有。初看起来，这些事星星点点、零零碎碎，有的是一些芝麻大点的小事，但是在苗族人民的生产生活中，我们想躲也躲不开、想扔也扔不掉、想割也割不断、想抖也抖不脱、想跳也跳不出，这些成为人们生活中的必需之事。本册古歌所唱的这些内容，是古代苗家人生产生活的历程事象。

有几点需要提醒读者朋友们注意。苗族古歌基本上都属于诗歌体裁，但在苗区里基本上是五里不同腔、八里不同韵。本册《古杂歌》保存的资料采集于花垣县双龙镇洞冲村一带，此地属于东部方言第二方言区的语音地，书中的苗语发音虽然采用了类似现代汉语拼音的标注方式，但其实与普通话的发音相去甚远。而且，苗族古歌在口口相传的过程中一直没有定本，一直处在流动不居的演变过程之中。这也是本套丛书的价值所在。因此，在整理编写的过程中，笔者也最大程度地保留了采集到的资料的原貌。因苗区各地的音腔不同，所以苗族古歌的唱腔也有不同，共几十种。我们搜集到一些唱腔，但只知道极少数歌者的名字，而大多数歌者无法列出，为保持统一，在本部分所示的二维码中，我们没有列出歌者的名字，诚望读者谅解。

目 录

第一章 劳作歌

一、打草鞋歌

1.

窝闹久斗笑同照，

Aod laob jiud dous xiaob tongx zhaob，

窝教几没斗欧拢。

Aod jiaob jib meix dous oud longd.

吉强吉抢喂难闹，

Jib qiangb jib qiangd wed nanb laob，

没内言虐腊难猛。

Meix niet yanb niud las nanb mengx.

内苦内录苟萨乔，

Neix kud neix nub goud sead qiaob，

没汉阿充棍草松。

Meix haid ad chongb ghunb caod songb.

脚板没有草鞋套，身上没有衣服穿。

逢场赶集我难到，即使有空我难赶。

寒苦贫穷我无靠，一身忧愁在心间。

2.

吉伞列苟窝浓岔，

Jib saib lieb goud aod niongb chab，

列岔一秋浓麻善。

Lieb chab yid qiub niongd max shait.

把豆豆否内八八，

Bad dous dous woud neit bab bab，

几便窝那紧几干。

Jib biat aod nab giongd jib ganb.

窝不笑同补得抓，

Aod bub xiaob tongb bub dex zhab，

冲见窝那出比班。

Chongb jianb aod nab chub bib bianb.

几便得浓苟吉麻，

Jib biat dex niongd goud jib mab，

单意几冲出阿块。

Danb yid jib chongb chub ad kuanb.

求得笑同出阿吧，

Qiub dex xiaod tongb chub ad bab，

冲见窝熟虫单单。

Chongb jianb aod shub chongb danb danb.

锐否吉苟背照抓，

Ruit woud jib goud beid zhaod zhab，

汝猛闹处会几千。

Rub mengx laob chub huib jib qianb.

稻草要选长又大，要将一把好的选。
先用木槌着力打，再把绳索搓起来。
绳索套在草鞋架，编了绳索成一块。
一缕一缕来编下，很快编出鞋板来。
连起鞋带又来扎，连成鞋带做一排。
用来踩在脚板下，好走千难奔万险。

二、推磨歌

1.

扛王固无欧块柔,

Gangb wangb gub wud oud kuaib rout,

欧嘎吉浪没窝先。

Oud gad jib nangd meix aod xianb.

锐否几付出阿吼,

Ruid woud jib fub chub ad houb,

单意几借虫单单。

Dand yib jib jied chongb dand dand.

转那吉叫把苟柔,

Zhuand nad jib jiaod bab goud roud,

中绒柔柔单弄斩。

Zhongb rongx roud roud danb nongb zhanb.

锐否几瓜抄剖楼,

Ruit woud jib guad chaod boud loud,

欧柔亚照阿吼排。

Oud roud yad zhaob ad houb paid.

柔汉苞尔莽周周,

Rud haib baod erd mangx zhoud zhoud,

吉瓜列楼照窝晚。

Jib guab ieb loud zhaob aod wanb.

达大嘎从苟柔柔,

Dad dab gad zhongb goud roud roud,

能西能莎苟首先。

Nongx xid nongb sead goud shoud xians.

磨岩两盘很坚固,两块内面有牙齿。
两盘重叠成一副,重叠一起缝没有。
推钩用索来吊住,用力推磨汗水流。
推它旋转不停步,两旋又添一勺子。
推那苞米细悠悠,和到大米饭里头。
天天起早都要做,吃粉吃糠过日子。

2.

达大休单抱风果，

Dad dab xiud danb baod fengb guod,

休风特半补则苟。

Xiud fengb ted banb bub zed goud.

特特休单列柔柔，

Ted ted xied dans lieb roud roud,

吉关纵柔柔包尔。

Jix guanb zongx roud roud baod ers.

吉他把苟松西寿，

Jid tad bab goud songb xid shoud,

欧闹会出阿闹休。

Oud laob huib chub ad laod xied.

每天早上有云头，晨雾盖了三层岭。

早早起来推磨子，抓那磨杆用力推。

用力推磨汗水流，两脚推动一脚稳。

三、舂碓歌

1.

阿奶哭烔莎冬红，

Ad liet kub jongb sead dongs hongb,

窝归吉弄没窝先。

Aod guib jib nongb meix aod xianb.

达烔几个腊列绒，

Dad jongb jib guob lad lieb rongx,

料烔朋汉把船连。

Liaod jongb pengb haib bab chuanb lians.

嘎从忙叫几没兄，

Gad congd mangb jiaob jib meix xiongd,

料西料莎苟几产。

Liaod xid liaod sead goud jib chand.

一个岩碓大了些，碓木又把齿来安。
想要舂碓要着力，舂下碓中响连天。
早早晚晚歇不得，捣粉捣糠来相掺。

2.

把炯船连欧齐抓，
Bad jongb chuanb lianb oud qis zhab,
阿得图炯单水水。
Ad dex tub jongb danb shuid shuid.
酷柔内炯抱洞挂，
Kub rout neix jongb baod dongb guab,
吉伞图打出窝归。
Jid said tub dad chub aod guis.
没昂久夸料达渣，
Meix ghax jiud kuab liaod dad zhab,
先炯料弟内车葵。
Xianb jongb liaob dis neix cheb kuib.

碓木要用脚来踏，一根碓木直渺渺。
碓槽打得深又大，取来硬木做把捣。
有时舂到底槽下，捣碎舂烂在底槽。

3.

达炯船连欧齐抓，
Dad jongb chuanb lianb oud qis zhab,
吉抓窝棉先连连。
Jid zhab aod mianb xianb lianb lianb.
料炯相蒙腊蒙达，
Liaod jongb xiangt mengx las mengx dad,
古劲吉他否几旦。
Jid jinb jid tad woud jib dans.
亚列料浪亚列夸，
Yad lieb liaod nangd yad lieb kuad,

冲汉把夸几片片。

Chongb haid bab kuab jib piant piant.

料见白浪料见莎，

Liaob jianb baid nangs liaob jianb sead,

窝西窝莎料几产。

Aod xid aod sead liaob jib chans.

内苦内录能加达，

Neit kud neit nux nongx jiad dab,

白锐白莎过荒年。

Baid ruit baid sead guob huangb nianb.

两边又耍两碓叉，踏在碓木的边边。
春碓要用气力踏，用力踏下才起来。
又要捣来又要岔，岔钩拿稳在手间。
捣成粉粉细才罢，细拌细糠来相掺。
贫穷寒苦生活差，吃菜吃糠度荒年。

四、打菜歌

1.

读光嘎读剖浪路，

Dub guangb gad dub bout nangd lub,

读剖浪路几没光。

Dub bout nangd lub jib meix guangb.

读光列读求帮处，

Dub guangb lieb dub qiub bangb chub,

求猛帮处阿充筐。

Qiub mengx bangb chub ad chongb kuangb.

到锐到光到出布，

Daob ruit daob guangd daob chub bub,

得几得那照几养。

Dex jib dex nat zhaob jid yangx.

挑葱莫挑我们土，挑我们土没葱挑。
挑葱要走山高处，要上坡岭大山高。
挑得野葱有无数，小背小篓装不了。

2.

擂锐嘎朋高，
Leid ruis gad pengx gaox,
旦意苟斗那窝便。
Danb yib goud dous nat aod biad.
几尼他蒙喂尼保，
Jib nib tad mengx wed nit baod,
苟追几斗窝求花。
Goud zhuib jib dous aod qiub huab.

打菜莫拔菀，只能把那叶枝掐。
不是怕你报你知，以后恐没枝叶发。

五、钓青蛙

阿奶吊古寿强强，
Ad liet diaob gub shout qiangd qiangd,
斗你干腊阿休干。
Dous nit ganb lab ad xiud ganb.
得苟照追候冲抢，
Dex goud zhaob zuib houd chongb qiangt,
吉拿奶格产无边。
Jib nab liet giet chuand wud bians.
扎比列岔柔旁郎，
Zhab bid lieb chab roud pangx langd,
单意郎当周斗年。
Danb yib langb dangt zhoud dous nianb.
否再出兵汝名堂，
Woud zaib chub bingb rub mingx tangx,

锐汉得闹苟吉关。

Ruit haid dex laob goud jib guanb.

号出阿晚浓汤汤，

Haob chub ad wanb niong tangd tangd,

汝锐几到列楼干。

Rub ruit jib daob lieb loud ganb.

一个钓蛙跑得忙，走在田边气瞪眼。

小弟在后又来帮，对着眼睛用绑穿。

扎头要找岩块榔，慢慢剥皮肉光光。

他还要做好名堂，弯那蛙腿抱身上。

煮在锅里浓浓汤，好菜没有饭来享。

六、打粑歌

几卜兄吾苟茶潮，

Jib pux xiongd wut goud chab cheb,

奶楼潮弄果同沙。

Liet loud chab nongb guot tongb shab.

茶见列苟齐朋照，

Chab jianb lieb goud qib pengb zhaob,

照见太照追灶阿。

Zhaob jianb tanb zhaob zuid zaob ad.

窝借列茶苟扛叫，

Aod jieb lieb chab goud gangb jiaob,

照潮几平苟几拉。

Zhaob caob jib pingb goud jib lad.

底斗几抓苟晚号，

Dis dous jib zhab goud wanb haob,

吉难且通苟吾沙。

Jib nanb qieb tongb goud wud sead.

反得岭白茶吉叫，

Fanb dex lingb baid chab jib jiaob,

茶叫再列向吉卡。

Chab jiaob zaib lieb xiangt jib kad.

照单窝岭莎吉跳，

Zhaob danb aod lingb sead jib tiaod,

单弄齐归苟欧他。

Danb nongb qid guib goud ous tad.

早楼齐单窝温笑，

Zaod loud qid danb aod wengt xiaob,

缪缪莎当背告他。

Mioud mioud sead dangb beid gaox tad.

到白苟能哈哈笑，

Daob baid goud nongx had had xiaob,

汝见汝就汝几良。

Rub jianb rub jiud rub jib liangb.

相议热水把米泡，糯米明亮如沙子。
洗了摆在木盆泡，泡了摆在灶房头。
砧子要洗两三道，着米要平莫搞漏。
烧起大火来蒸熬，汽通砧上洒水透。
用力翻起大粑槽，用水洗净擦干油。
着在槽里先揉搓，之后再来用打手。
打好摆在簸箕闹，捏粑成坨圆溜溜。
吃在口中哈哈笑，好这年节笑开口。

七、守牛歌

1.

列卜阿刚告豆挂，

Lieb pub ad gangb gaox dous guab,

吉岔阿柔昂得得。

Jib chab ad rous angx dex dex.

休得剖苟大尼卡，

Xiud dex boud goud dad nit kas,

内内计闹板五别。

Neit neit jib laob biax wud biad.

留尼代刀擂锐爬，

Loud nit daib daob lid ruit pab,

阿内没娘爬阿特。

Ad neit meix niangx pad ad ted.

剖娘克咱周哈哈，

Boud niangx ked zad zhoub had had,

得休相蒙后到内。

Dex xiut xiangt mengx houd daob neit.

候出苟动列吉瓦，

Houd chub goud dongt lieb jib wab,

列出剖叉样养没。

Lieb chub boud chab yangb yangb meix.

剖休浪昂动内骂，

Boud xiud nangd ghax dongx neit mab,

吉忙克头出作业。

Jib mangb ked toud chub zuob niex.

要讲小时少年话，那时都是小儿也。
从小我们守牛大，天天赶去板五别。
守牛又把猪菜打，一天只有一餐得。
阿妈见了笑哈哈，小儿真也帮力舍。
勤劳苦作把力下，要做才能样样得。
小的时候我听话，晚上看书做作业。

2.

得小相蒙洞喂度，

Dex xiut xiangt mengx dongx wed dub,

内共将善心意满。

Neid gongb jiangd shait xinb yid manb.

候卡打尼苟闹处，

Houd kab dad nieb goud laob chub,

吉克几扛尼苟然。

Jib ked jib gangb nib goud rax.

卡够记猛补达录，

Kad gous jib mengx bub dad nub,

卡柔记猛求窝干。

Kad rous jib mengx qiub aod ganb.

阿柔埋休打打就，

Ad rous manb xiut dad dad jiub,

不埋莎弟西崩块。

Bub manb sead dib xid bengb kuaib.

逢强干抢伞麻汝，

Fengb qiangb ganb qiangb saib mab rub,

由再埋江纵吉伞。

Youd zaid manx jiangs zongb jib saib.

首埋苦喂拿几虐，

Shoud manb kud wed nab jib niud,

达尼埋昂瓜扛斩。

Dad niex manb ghax guab gangb zhanb.

汝得洞包叉见汝，

Rub dex tongb baod chab jianb rub,

子孝从娘把心宽。

Zid xiaob congb niangx bab xinb kuanb.

读书用心才进步，

Dub shub yongb xinb caib jinb bub,

期考答题蒙叉安。

Qid kaob dab tib mengx cha bans.

麻元挂久窝内虐，

Max yuanb guab jiud aod neit niub,

吉追挂昂长几单。

Jix zuib guab ghax zhangs jib danb.

小儿他也依我述，父母落肠心意满。
守牛去那荒山处，小心注意把牛看。

守远赶去补达录，守近赶去到窝干。　　　补达录、窝干：地名。
过去小时的家务，背在背上用力担。
逢场赶集买食物，由再你爱平挑选。
那时父母多受苦，若是啼哭哄起来。
好儿听讲有好处，子孝从娘把心宽。
读书用心才进步，期考答题你知全。
后悔无药来止住，以后再补悔不转。

3.

洞沙洞保窝便得，
Dongb sead dongb baod aod biat dex，
几个那瓜几没干。
Jid guob nad guab jib meix ganb.
洞保吉候留打尼，
Dongb baod jib houb liud dad niex，
花闹号几号阿单。
Huab laob haod jib haod ad danb.
内内记闹五老力，
Neit neit jib laob wud laod lix，
虐虐卡业求窝干。
Niux niux kad yes qiub aod ganb.
忙忙克头出作业，
Mangx mangx ked tous chub zuox niex，
答题出汝几没偏。
Dax tib chub rub jib meix pianb.
扛剖出茶内心热，
Gangb boud chub chab neit xinb rax，
放心落肠搞生产。
Fangb xinb luob changb gaox shengd chanb.

听话听讲小少爷，又好脾气又勤快。
听话去守水牛客，叫去哪里也到边。
天天赶去五老力，日日守牛去窝干。　　　五老力：地名。

夜夜看书做作业，答题正确没有偏。
父母劳动内心热，放心落肠搞生产。

4.

阿偶巴油相蒙壮，
Ad out bab youd xiangt mengx zhuagx,
阿秋背斗拿几林。
Ad qieb beid dous nab jib liongx.
偶拢窝声嘎养扛，
Oud longd aod shongx gad yangb gangx,
兵计吉苟奶格敏。
Biongd jib jib goud liet giet mix.
内内卡否求窝帮，
Neit neit kad woud quid aod bangb,
内西忙叫记常拢。
Neit xid mangx jiaob jib changes longd.
汝汉打书难几娘，
Rub haid dad shux nanb jib niangx,
发财求泻嘎养冬。
Fab caib qiub xieb gad yangb dongx.

这头黄牛肥又壮，尾巴又大又很长。
叫来声吼震山岗，鼻气一吹鼓眼睛。
天天守它到山上，天晚之时赶回程。
牛群多多有希望，发财发喜才满心。

5.

将油几岭求窝帮，
Jiangs youd jib liongx qiub aod bangb,
几台吉提周果先。
Jib tanb jib tib zhoud guod xianb.
能锐抽油包出忙，

Nongx ruit choub youd baod chub mangb，

抱汉大莽袍川川。

Baob haib dad mangb paob chuanb chuanb.

休拢几岭嘎养上，

Xiud longd jib lingb gad yangb shangb，

出忙闹夯岔吾斩。

Chub mangb laob hangb chab wud zhanb.

记长偶汉声扛扛，

Jib changes oud haid shongx gangb gangb，

几剖吉抓会出连。

Jib boud jib zhab huib chub lianx.

常单扣油能列忙，

Changes danb koud yous nongb lieb mangb，

汝汉打书足吉年。

Rub haid dad shub zub jib nianb.

守牛守去大山岗，走走停停笑开脸。

吃饱肚子卧成帮，摆动耳朵把蚊赶。

起来奔跑川谷上，一路跑去找水源。

赶回吼声叫杠杠，边斗角来边吻脸。

关了牛栏灯点亮，六畜兴旺乐开怀。

八、十二月劳作歌

1.

阿就闹热尼那阿，

Ad jiub laob rax nit lab ad，

尼纵吉研阿奶见。

Nit zongb jib yanb ad niet jiant.

透埋得牙读疗花，

Toud manb dex yab dux liaox huab，

内共炯昂拔你善。

Neit gongb jongb ghax pad nit shait.

补内难苟疗花炯，

Bub neit nanb goud liaox huab jongb,

寿闹叉公猛忍白。

Shout laob chab gongb mengx rend baid.

得牙酷见不白龙，

Dex yab kud jianb bub baid longd,

扛喂内共欧补奶。

Gangb wed neit gongb out bub liet.

一年闹热是正月，是人个个过新年。

坐秋要请那小姐，老人在下女上边。

三日难坐荡秋玩，跑到岔路去讨粑。

郎女背粑来拜年，送我老人两三粑。

2.

那欧格浪席腊兄，

Lab out geit nangd xid lab xiongd,

纵炯吉标几难反。

Zongb jongb jib bioud jib nanb fant.

风母吉上求绒猛，

Fengb mud jib shangb qiub rongx mengx,

列求背苟偶窝干。

Lieb qiub beid goud ous aod ganb.

那欧达大兄从从，

Lab out dad dab xiongb congb congb,

嘎忙纵抱吉关天。

Gad mangx zongb paob jib guanb tiant.

内共少列求绒猛，

Neit gongb shaob lieb qiub rongx mengx,

那照让斗实足难。

Lab zhaob rangb dous shib zud nanb.

二月太阳热温温，坐在家中心里烦。
磨刀要走上山岭，要上山岭割草柴。

二月天天吹热风，不能贪睡不管天。
老人也要上山中，三月打柴热又难。

3.

那补秋明贵候除，
Nad bub quid mingx guid houb chub,
少难冬内照包尔。
Shaob nanb dongx neit zhaob baod erd.
内共共犁猛熟路，
Neix gongb gongb lib mengx shub lub,
阿内熟半阿得走。
Ad neit shub banb ad dex zhoud.

照见包尔苟秧便，
Zhaob jianb baod erd gous qied biab,
得秧浪腊出起头。
Dex yangb nangd lad chub jid tous.
计得巴油猛八腊，
Jib dex bab youd mengx bab lab,
剖喂告包阿休斗。
Boud wed gaox baod ad xiud dous.

三月清明阳雀布，催促人们快下种。
老人抬犁去犁土，一天犁了一片岭。

种了苞谷把秧下，秧田要先平整齐。
赶那牯牛把田耙，抵我倒地一身泥。

4.

那比单冬苟秧江，

Lab bit danb dongt goud yangt jiangb，

阿半包江阿半克。

Ad banb baod jiangd ad banb kes.

扛喂少包午见况，

Gangb wed shaob baod wub jianb kuangb，

江秧休照苟篓内。

Jiangx yangt xiud zhaob goud ned neit.

者秧喂者常苟追，

Zheb yangt wed zheb changes goud zuib，

江秧尼江纵苟娄。

Jiangx yangt nit jiangx zongb goud ned.

尼内克咱周哈咳，

Nit neit ked zas zhoub had heid，

答喂内共足几楼。

Dab wed neit gongb zub jib loud.

到了四月要插秧，一些忙插一些看。

送我老人插得忙，栽秧我在人前边。

扯秧在后跟不上，栽秧是我栽在前。

是人见了笑我样，笑我前后不知天。

5.

那便苟冬茶沙沙，

Lab biat goud dongb chab shad shad，

苟东吧汉茶久齐。

Dous dongt bab haid chab jiud qit.

炯标快夫足到踏，

Jongb bioud kuaib fub zud daob tab，

尼内尼总服酒吹。

Nit neit nit zongb hub jiud cuit.

那便端午苟昂八，

Lab biat duanb wud ged ghangb bab,

尼拔尼浓拢欧先。

Nit pad nit niongb nongd oud xiant.

端午涨水达龙爬，

Duanb wud zhangd shuib dad longx pab,

内共列猛扒龙船。

Neit gongb lieb mengx bab longx chuanb.

五月要讲农闲话，百样功夫都放手。

坐在家中快活大，是人大众坐饮酒。

五月端午扒龙船，男女新衣穿起来。

端午涨水雨落来，老人也去扒龙船。

6.

那照伏天嘎养昂，

Lab zhaob fub tianb gad yangb ghax,

足兄自尼昂夫天。

Zub xiongb zid nib angx hub tiand.

久忙你内达龙爬，

Jub mangb nit neit dad nongd pab,

嘎腊吉然召出块。

Gad lad jib rax zhaob chub kuaib.

内共猛单窝干腊，

Neit gongb mengx danb aod ganb lab,

及拉达悟抓久干。

Jib lab dad wub zhab jiud ganb.

乜共达起苟嘎岔，

Niax gongb dad qib goud gad chab,

几嘎内共虫单单。

Jib gad neit gongb chongb dand dand.

六月伏天太阳大，最热就是到伏天。
不想昨天雨落下，泥土淋湿滑又软。

老人走到田坎下，踩那泥巴滚下坎。
老婆找药有恩大，把我紧抱在胸怀。

7.

那炯窝昂楼兵处，
Lab jongb aod angx loud biongb chub,
楼你浪腊莎兵最。
Loud nit shad nangd lab sead bingb zuix.
比故就巴再嘎汝，
Bib gub jiud bab zhaib gad rub,
几滚吉昂实足佩。
Jib gunb jib angx shib zud peib.

内共休单窝干路，
Neix gongb xiud danb aod ganb lub,
克干汝茶心中喜。
Ked ganb rub chab xinb zhongb xib.
窝几窝板岔如汝，
Aod jib aod biab chab rub rub,
休山休茶常标你。
Xiud shanb xiud chab changb bioud nit.

七月到边谷穗出，稻穗田中都出齐。
比那去年还要多，金黄一片在田里。

老人站到田边布，看见丰收心中喜。   布：方言，指看。
箩筐背篓要牢固，要把粮食快收回。

8.

那乙单冬昂休茶，

Lab yib danb dongt angb ciud chab,

干革吉上列猛休。

Ganb geb jib shangb lieb mengx xiut.

抱楼列拢号昂爬，

Baob loud lieb longd haob angd pab,

嘎处麻能常闹标。

Gad chub max nongx changes laob bioud.

窝特能加出几挂，

Aod teb nongx jiad chub jib guab,

有的要收无要偷。

Youd dex yaob shoub wub yaod toud.

休齐白标达沙沙，

Xiud qit baid bioud dad shab shab,

财主内令自尼剖。

Caib zhub neit liongb zid nit boud.

八月秋收收米谷，赶快要来搞秋收。

功夫忙时炒猪肉，吃了好去打谷子。

伙食差了少力做，有的要收不要偷。

收完上仓才歇住，天下财主是我有。

9.

那纠重阳亚单拢，

Lad jiux chongx yangb yad danb longd,

尼总吉研你窝起。

Nit zongb jib yanb nit aod qit.

斗炯吉纵服酒兄，

Dous jongb jib zongb hub jiud xiongb,

尼内尼纵服酒吹。

Nit neit nit zongx hub jiud cuit.

服数吉难求绒猛，

Hub shub jib nanb qiub rongx mengx，

求汉背苟扛茶起。

Wiud haib beid goud gangb chab qid.

江油江容江出同，

Jiangs yooud jiangd rongx jiangs chub tongx，

柳背先够常拢齐。

Liud beid xianb goud changes longd qit.

九月重阳又来临，人们喜爱在心中。

坐在家里把酒饮，是人喜爱饮酒浓。

喝醉去爬高山岭，上那高山去兜风。

放猪放羊山坡奔，桐茶摘完转家中。

10.

那谷浪内汝格浪，

Lab guot nangd neit rub giet nangd，

巴得格浪腊个兄。

Bab dex gied nangd lad guox xiongd.

内内留油求窝邦，

Neit neit liub youd quid aod bangb，

内油不汉巴油滚。

Neit youd bub haib bab youd gunx.

内卡苟补会出忙，

Neit kab goud bub huib chub mangx，

内内出卡会几炯。

Neit neit chub kab huib jib jongb.

窝秋窝兰浪航上，

Aod qieb aod lanb nangd hangb shangb，

标标苟汉客人充。

Bioud bioud goud haib ked renx chongb.

十月立冬好太阳，太阳照得暖融融。
天天守牛山坡上，母牛背那公牛凶。

客情贺喜事很忙，天天做客都不空。
亲戚六眷的行上，家家请客到家中。

11.

那冬嘎炯阿奶标，
Lab dongt gad jongb ad liet bioud,
嘎忙纵炯阿奶总。
Gad mangb zongb jongb ad liet zongx.
内卡酷剖拢出苟，
Neit kab kud boud longd chub goud,
汉喂内共会几通。
Haid wed neit gongb huib jib tongd.

培个内卡拢服酒，
Peib guob neit kad longd hub jiud,
能抽窝起白同同。
Nongx choub aod qit baid tongx tongx.
阿半陪客起叉兄，
Ad banb peib ked qit chab xiongd,
得拔将汉萨忙容。
Dex pab jiangd haid sead mangb rongx.

冬月莫坐在家休，不要紧坐在家中。
免得客人来家走，整天陪他心不通。

陪那客人来饮酒，吃饱喝醉乐融融。
一些陪客在家中，妇女唱那歌言浓。

12.

那柔窝虐昂召干，

Lab roux aod niub ghax zhaob ganb，

相蒙足弄阿苟闹。

Xiangt mengx zud nongx ad goub laob.

包见阿气几仇先，

Baod jianb ad qib jib choub xianb，

几嘎乜共否咱巧。

Jib gad niax gongb woud zad qiaob.

透就单约阿奶见，

Toud jiud danb yox ad liet jianx，

尼总几叟拢打交。

Nit zongx jib soud longd dad jiaos.

快快称肉打酒来，

Kuaid kuaid chengd rous dad jiud laix，

是人等望新年好。

Shib renx dex wangb xind nianb haod.

腊月下雪结冰块，脚冷手冷不得了。

睡在床铺不能眠，抱着老婆搞不好。

月底又逢到年过，是人都要来打交。

快快称肉打酒来，是人等望新年好。

九、二十四节气劳作歌

剖内苟虐能求汝，

Boud neit goud niux nongx quid rub，

保身养命靠打便。

Baod shengb yangb mingb kaob dad biat.

列苟让能浪萨除，

Lieb goud rangb nongb nangd sead chub，

出散出茶浪萨边。

Chub sait chub chab nangd sead bianb.

立春相蒙求阿就，

Lib chunb xiangt mengx qiub ad jiub,

雨水江图帮苟渣。

Yub shuib jiangs tub bangd goud chab.

惊蛰出散猛剖路，

Jinb dianb chub saib mengx boud lub,

出散出茶标几良。

Chub sait chub chab bioud jib liangb.

春分帮苟昂得录，

Chund fend bangb goud ghax dex nux,

吉难叉柔弄保洽。

Jib nanb chab roud nongb baod qiab.

秋明相蒙敏嘎处，

Qiut miongx xiangt mengx mid gad chub,

香头窝扛阿剖乜。

Xiangb toud aod gangb ad boud niax.

立夏窝昂内照路，

Lid xiab aod ghax neit zhaob lub,

熟路几洽窝豆打。

Shub lub jib qiab aod dout dad.

小满出秧腊达吾，

Xiaod manb chub yangt lad dad wut,

吉记打油共犁耙。

Jib jid dad youd gongb lid bab.

芒种夏至浪窝虐，

Mangb zhongb xiab zhid nangd aox niux,

江秧嘎洽猛窝瓜。

Jiangs yangt gad qiab mengx aod guas.

单约小暑和大暑，

Danb yox xiaod shub hed dab shub,

哈路痛锐出几茶。

Had lub tongx ruit chub jid chat.

立秋亚单昂处暑，

Lix quid yad danb angx chub shub，

包尔同怕兵声萨。

Baod erb tongb pab bingb shongb sead.

久忙达为单白露，

Jud mangb dad weix danb baid lub，

几洽内抓平否巴。

Jib qiab neit zhab pingb woud bab.

秋分休齐苟吉吾，

Quid fend xiud qit goud jib wud，

白热白桶照白大。

Baid rax baid tongb zhaob baid dab.

寒露亚苟茶油抑，

Haib lub yad gous chab youd yongb，

霜降苟汉头油叭。

Xiangd jiangb goud haib toud youd bab.

立冬小雪拢不不，

Lib dongd xiaod xueb longd bub bub，

闹处留容底斗巴。

Laob chub liud rongx dib dous bab.

冬至大雪浪告虐，

Dongb zhib dad xued nangd gaox niux，

言内言虐会几咱。

Yanb neit yanb niub huib jib zas.

大寒小寒洽闹处，

Dad haib xiaod haib qiab laob chub，

斗炯吉纵吉岔萨。

Dous jongb jib zongb jib chab sead.

欧谷比奶则气照拢除，

Out guox bit liet zed qib zhaob longd chub，

吉风出散苟茶沙。

Jib fengd chub sait goud chab sead.

打便克咱苟蒙护，
Dad biat ked zas goud mengx hub，
天道酬勤有理说。
Tianb daob jiud qingx youx nib shuob.

我们生活有靠处，保身养命靠天爷。
要把生产情节述，生产劳动的歌说。
立春一年开始做，雨水栽树好时节。
惊蛰开始去挖土，生产劳动忙开也。
春分鸟儿叫不住，筑巢起窝在荒野。
清明时节青绿绿，扫墓烧纸敬娘爷。
立夏之时种下土，犁土不怕土块塞。
小满下秧田中布，赶牛下水多犁些。
芒种夏至有缘故，插秧不怕腰痛迫。
到了小暑和大暑，锄草遍地好闹热。
立秋又到那处暑，苞谷熟了起黄色。
不觉又到了白露，盼那太阳照四野。
秋分收完结了数，装满仓库剩有些。
摘那茶籽到寒露，霜降落下桐油叶。
立冬小雪到边处，上坡守牛过日月。
冬至大雪事不做，农闲无事空闲也。
大寒小寒熬不住，坐在屋里唱歌说。
二十四个节气照情述，生产劳动的时节。
上天见了也保护，天道酬勤有理说。

十、割牛草歌

1.

特特休单列风木，
Teb teb xiud danb lieb fengd mux，
几够板母照窝柔。
Jib goub biab mud zhaob aod rout.
风见自列猛闹处，

Fengb jianb zid lieb mengx laob chub,

毛千窝那共阿苟。

Maob qianb aod lab gongb ad gous.

偶锐吉伞锐麻汝，

Oud ruit jib said ruid max rub,

捕那打豆自几柳。

Pub lad dad dout zid jib liub.

穷见自苟转达吾，

Qiongb jianb zid gous zhuanb dad wut,

少共长拢几林豆。

Shaob gongb changes longd jib liongx dout.

几嘎出捆扛打油，

Jib gad chub kund gangb dad youd,

打油能抽吉研周。

Dad youd nongx choub jib yanb zhoub.

天天起早要磨刀，要磨草刀在磨岩。
磨成就去割牛草，茅杆绳索一起带。
割草要选草鲜好，铺上绳索捆起来。
打捆马上就套好，挑起草担回家转。
勤喂牛儿喜欢了，牛肚胀得鼓鼓圆。

2.

汝锐花白你干腊，

Rub ruit huab baib nit ganx lab,

干腊话汝汉锐明。

Ganb lab huab rub hait ruit miongt

猛单自捕见窝那，

Mengx danb zid pub jianb aod nab,

偶见列抱扛见捆。

Oud jianb lieb baod gangb jianb kund.

偶到阿挑浓的达，

Oux daob ad tiaot niongx dex dad,

几郎吉夏共长拢。
Jib liangb jib xiad gongb changes longd.
打油能锐吉交抓，
Dad yous nongx ruit jib jiaod zhab,
能抽相蒙仗同同。
Nongx choub xiangt mengx zhangs tongd tongd.

好草青悠在田坎，田坎发好野菜明。
到边就铺绳索来，割成还要来打捆。
割得一挑草新鲜，赶快挑起转回程。
牛儿吃草把恩感，体大膘肥来报恩。

十一、喂猪歌

1.
大大休从擂锐爬，
Dad dad xiud congd lib ruit pab,
忙忙亚列扣几莽。
Mangb mangb yad lieb koud jib mangs.
阿帮灶冬足能抓，
Ad bangb zaob dongs zut nongx zhax,
阿特欧桶腊几浪。
Ad ted out tongb lad jib nangd.
首林苟猛良见嘎，
Shoud liongx goud mengx liangd jianb gad,
到见到嘎起叉江。
Daob jianb daob gad qid chab jiangs.

天天要把猪菜打，夜夜要砍送草细。
一帮猪儿肚子大，一餐要送几桶吃。
养大才能得高价，得了高价才满意。

2.

内录列拢首达爬，

Neit nux lieb longd shoud dax pab，

首得达爬浓先求。

Shoud dex dad pab niongb xianb quid.

内内列猛苟锐岔，

Neit neit lieb mengx goud ruit chab，

阿内列到阿襄苟。

Ad neit lieb daob ad rangs goud.

常拢号锐吉高莎，

Changes longd haod ruit jib gaox seab，

窝锐窝莎出阿苟。

Aod ruit aod seab chub ad gous.

打爬能特朋抓挂，

Dad pab nongb ted bengb zhad guab，

炮照浪冷平否口。

Paob zhaob nangd lengb pingb woud kout.

首林苟猛良见嘎，

Shoud liongx goud mengx liangd jianb gab，

又浓到先亚到求。

Chab niongx daob xianb yad daob qiub.

穷人就靠养猪大，养得猪大买盐油。

天天都要把菜打，一天不断一背篓。

煮菜熬糠来和下，煮菜熬糠一锅子。

猪儿吃食声响大，倒在食槽才满口。

养肥才去换高价，才买得盐又买油。

3.

首没阿偶内共爬，

Shoub meid ad oud neit gongb pab，

内爬首汝阿起得。

Neit pab shoud rub ad qis dex.

阿偶爬弄能红达，

Ad ous pad nongb nongx hongb dad,

阿内能娘比便特。

Ad neit nongx niangx bib biat ted.

得爬首拢见出八，

Dex pab shoud longd jianb chub bab,

阿谷打偶洽腊没。

Ad guot dad ous qiab lad meix.

满月共猛苟良嘎，

Manb yuex gongb mengx goud liangb gad,

到久见嘎周热热。

Daob jiud jianb gas zhoub rax rax.

养得一头大母猪，母猪下好猪崽崽。
这头母猪好大肚，一天要吃好几餐。
猪崽下来十几数，一十大几做一排。
满月卖到市场出，得多钱币心里热。

十二、打菜歌

1.

剖内话剖擂锐爬，

Boud neit huab boud lib ruit pab,

阿内几到阿让几。

Ad neit jib daob ad rangs jid.

常单吉标召内他，

Changd danb jib bioud zhaob neit tab,

内他得牙相蒙你。

Neit tab dex yab xiangt mengx nit.

阿娘叫我打猪菜，一天没得一背满。
回到家中被骂开，骂我小妹真的懒。

2.

擂锐不几闹嘎处，

Lib ruit bub jib laob gad chub，

闹处擂锐扛白几。

Laob chub lib ruit gangb baid jis.

不常扛能爬章汝，

Bub changes gangb nongx pab zhangb rub，

汝狗汝爬叉江起。

Rub goud rub pab chab jiangs qit.

打菜要走上山高，猪菜要打送满背。
回来喂猪长得好，膘肥体大才满意。

十三、洗衣歌

1.

阿休欧巧搂汝红，

Ad xiut out qiaod loud rub hongb，

亚乖亚弟阿休急。

Yab guat yad dib ad xiud jib.

共闹吾当苟猛从，

Gongb laob eud dangt goud mengx congb，

从欧吉痛把豆提。

Congb oud jib tongb bab dout tib.

一身烂衣脏得很，又黑又烂多臭气。
拿去水塘洗水清，洗衣要打洗衣槌。

2.

苟汉茶枯吉秀欧，

Goud haib chad kus jid xiud ous，

吉秀见约苟豆抱。

Jid xiub jianb yox goud dous paob.

久从见乖亚水楼,

Jud congb jianb guat yad shuid lous,

乖从弟爬列几叟。

Guat congb dis pab lieb jib soud.

用这茶枯来搓衣,搓好之后用槌打。
衣黑若是再不洗,没法再穿勤洗它。

十四、讨火种

1.

勾标闹埋忍背斗,

Goud bioud laob manb rongd bid dous,

列架背斗苟嘎锐。

Lieb jiad bid dous gous gad ruit.

架到跟倒几林寿,

gad daob gend daos jib liongx shout,

达尼会腊自几批。

Dad nit huib lab zid jib pid.

草把要来讨火种,要讨火种来炒菜。
讨得马上回家中,若是慢了燃了完。

2.

窝鲁背斗召几到,

Aod lub beid dous zhaob jib daob,

背斗图汝不得了。

Beid dous tub rub bub deb liaod.

共柔苟抱夫连闹,

Gongb rout goud baod fub lianb laob,

背斗吉提革夫草。

Bid dous jib tib giet fub caos.

火种无法收牢靠，火焰燃快不得了。
岩籽去打火镰到，火籽喷出燃火草。

十五、长工歌

1.

吉想内图吉板兄，

Jib xiangt neit tub jib biad xiongd,

吉难列夫阿中烟。

Jib nanb lieb fub ad zhongx yant.

出虐浪内莎想令，

Chub niub nangd neit sead xiangt liongx,

尼令令几单剖埋。

Nit liongx liongx jid danb boud manx.

商议歇气没到午，相议要吃一袋烟。

打工的人甭想富，要富不到我们来。

2.

吉想内图当忙叫，

Jid xiangd neit tub dangs mangb jiaob,

出汉苟冬拿几浓。

Chub haib goud dongt lad jib niongb.

窝考哈否扛内闹，

Aod kaod had wous gangb neit laob,

闹挂追绒剖常猛。

Laob guab zuid rongx boud zhangs mengx.

还没过午等夜到，做这功夫实在重。

用锄锄这日头跑，落下西山好收工。

3.

内图内西当几娘，

Neit tub neit xit dangd jib niangx,

头板难出汉苟冬。

Toud biab nanb chub haid goud dongt.

几空少包吉上忙，

Jib kongb shaob baod jib shangb mangb,

内几归洞剖常猛。

Neit jib guid tongb boud changs mengx.

中午下午等不起，真的难做这功夫。
太阳不肯落归去，好不容易脱灾苦。

十六、搓绳索歌

1.

甲哨者到出阿八，

Jiad shaod zheb daob chub ad bab,

得青苟尼照牛标。

Dex qingb goud nib zhaob niux bioud.

吉包吉交见窝那，

Jib baod jib jiaod jianb aod nab,

吉干见那腊几头。

Jib ganb jianb nat lad jib tous.

苟转打油转达爬，

Goud zhuanb dad yous zhuanb dad pab,

没昂亚共苟转斗。

Meix ghax yad gongb goud zhuanb dous.

棕片割得一大堆，手车纺在柱头前。
绞合三股在一起，绞合车出索子来。
牵牛牵猪容容易，有时又可去捆柴。

2.

苟浓共拢几便那，

Goud niongx gongb longd jib biat lab,

阿兄窝那几个头。

Ad xiongt aod lab jib guod tous.

列苟转油转达爬，

Lieb goud zhuanb youd zhuanb dad pab,

转召转虫几扛口。

Zhuanb zhaob zhuanb chongb jib gangb koud.

稻草用来搓草索，一条草索长得很。

用来牵牛又牵猪，牵那六畜很要紧。

十七、挖土歌

1.

内内求苟猛剖路，

Neit neit qiub goud mengx boud lub,

虐虐剖路求绒苟。

Niub niub boud lub quid rongx goud.

窝考剖先叉木汝，

Aod kaod boud xianb chab mud rub,

汝钢汝闹出阿苟。

Rub gangt rub laob chub ad gous.

剖兵列突把炯图，

Bioud biongd lieb tub bab jongb tub,

炯浓炯图出阿秋。

Jongb niongb jongb tub chub ad qiut.

那补那比贵候除，

Lad but lad bit guid houb chub,

汝熟吉袍照包尔。

Rub shub jib paob zhaob baod erd.

天天上山去挖土，日日挖土上高山。
锄头利光省力做，又好钢来好铁块。
挖了草根要捡出，树根草根都要捡。
三月四月阳雀布，好种苞谷在土间。

2.

帮母帮处出阿夯，
Bangb mud bangb chub chud ad hangs,
帮干帮内出啊走。
Bangb gant bangb neib chub ad zoux.
剖汉嘎豆扎几莽，
Boud haib gad dous zhab jib mangb,
再列苟冬几崩豆。
Zaib lieb goud dongt jib bengx dous.
剖见汝路开见荒，
Boud jianb rub lub kaid jianb huangx,
开荒剖路照包尔。
Kaid huangb boud lub zhaob baod erb.

荒山野土一大片，土坎土坪杂草多。
打碎挖出的土块，再要整平这细土。
挖成熟土开了荒，开荒挖地种苞谷。

十八、犁田歌

1.

吉记阿偶得巴油，
Jid jib ad ous dex bab youd,
记单郎腊苟犁冲。
Jib dans nangb lab goud lib chongb.
冲见自记将犁书，
Chongb jianb zid jib jiangs lib shub,
者虾扛会单同同。

Zheb xiab gangb huib danx tongd tongd.

冲得窝刷吉记无，

Chongb dex aod shab jid jib wud,

吉记扛否寿几林。

Jid jib gangb woud shout jib liongx.

内西忙叫熟见久，

Neit xit mangb jiaob shub jianb jut,

将闹帮苟苟锐能。

Jiangb laob bangb goud goud ruit nongx.

赶着一头小牯牛，赶到田中背木犁。
套成就放犁来走，扯那鼻索就走起。
刷条拿在手里头，赶它快快走前去。
到了下午把工收，放去山坡把草吃。

2.

那欧单冬昂求茶，

Lab out danb dongt ghax quid chab,

豆笤中中将犁书。

Dous songb zhongb zhongb jiangs lib shub.

到吾帮苟白干腊，

Daob eut bangd gous baid ganb lab,

熟见耙汝叉你吾。

Shub jianx bab rub chab nit wut.

将秧单斗扛汝茶，

Jiangb yangx danb dous gangb rub chab,

叉到麻能首先虐。

Chab daob max nongx shoud xianb niub.

二月农忙到时期，天上打雷练田水。
挖沟引水灌田里，又犁又耙功夫细。
插秧到了秋收季，秋收得粮乐嘻嘻。

十九、犁土歌

记得巴油苟熟路，

Jib dex bab youd goud shub lub,

冲见自共汉窝沙。

Chongb jianb zid gongb haid aod shab.

记否几林达不不，

Jid woud jib liongx dad bub bub,

犁犁莎头补豆打。

Lib lib sead toud bub dous dad.

阿偶油拢绒抓汝，

Ad ous youd longd rongx zhab rub,

苟格苟梅崩几洽。

Goud giet goud meib bengd jib qiab.

咳七者虾腊达吾，

Keb qid zheb xiab lad dad wut,

扛否告苟久扛差。

Gangb woud gaox goud jiud gangx chat.

豆哨达起汝照路，

Dous xiaod dad qis rub zhaob lub,

出伞出茶尼弄哈。

Chub said chub chab nit nongb hat.

赶那黄牛来犁土，套成就要拿刷条。

赶它快跑不停住，犁犁都是硬土槽。

这头黄牛力大足，鼓起双眼奔犁跑。

咳七扯起鼻索服，要它归路不准敖。　　　　咳七：赶牛声。

土松才好种下土，生产劳动要勤劳。

Neit shaob goud chab goud sed ous.

几围弄告几洽洽，

Jib weix nongb gaox jib qiab qiab,

抱到打昂照弄久。

Baob daob dad ghax zhaob nongb jiud.

抬枪抬炮把猎撵，打猎撵上大山林。

撵肉撵去大深山，猎狗理味叫起声。

赶上猎狗咬起来，人们用叉用枪拼。

围倒刺死在山间，打得猎物喜在心。

2.

打昂几岭闹帮图，

Dad ghax jib liongx laob bangb tub,

寿你帮处帮无加。

Shoud nit bangb chub bangb wud jiad.

达狗少就达苦苦，

Dad gous shaob jiud dad kus kus,

吉记否闹帮儒茶。

Jid jib woud laob bangb nud chab.

出内苟当你窝处，

Chub neit goud dangb nit aod chub,

拢单吉上苟色洽。

Longd danb jib shangb goud sed qiab.

到昂单斗周服户，

Daob ghax danb dous zhoud hus hud,

吉研洞到阿特昂。

Jib nianb dongb daob ad teb ghax.

猎物跑去深山处，跑在深山猛一闪。

猎狗狂叫达苦苦，赶它跑去刺丛间。　　达苦苦：狗叫声。

扎卡扎满当头路，到边马上用刀砍。

齐心打得了猎物，喜爱得肉搞一餐。

二十二、解板子歌

图明图秀扣吉告，

Tub miongx tub xiut koud jib gaob,

吉弟出同板照阿。

Jib dib chub tongx biab zhaod ad.

列苟窝斗周吉叫，

Lieb goud aod dous zhoub jib jiaob,

抱汉苟墨闹苟虾。

Baod haib goud mob laod goud xiab.

扎见窝纵苟否照，

Zhab jianb aod zongb goud woud zhaob,

吉共图明休单马。

Jib gongb tub miongx xiud danb mad.

欧奶几者窝干闹，

Oud liet jib zheb aod ganb laob,

中绒几者朋沙沙。

Zhongb rongx jib zheb bengd shad shad.

几者浓浓剖绒要，

Jid zheb niongx niongx boud rongx yaob,

吾弄几干拿背他。

Wud nongb jib ganb lab beid tad.

干猛阿内通忙叫，

Ganb mengx ad neit tongx mangb jiaob,

阿内尼头欧补嘎。

Ad neit nit toud out bub gad.

松树椿树都砍倒，锯断成筒摆好它。
还要把皮剥去了，弹墨直线不偏差。
扎个木架要牢靠，抬这树筒上登马。
二人扯动锯片跑，用力扯锯声沙沙。
扯动用力不可敖，汗水出来淌流下。
解了一天人累倒，两三块木罢了差。

二十三、烧草木灰积肥歌

共木求苟猛偶浓，

Gongb mux quid gous mengx oud niongb，

求苟偶浓苟窝西。

Qiub goud oud niongx goud aod xid.

窝浓窝走偶几朋，

Aod niongb aod oub out jib bengx，

几如阿记苟斗起。

Jib rub ad jib goud dous qis.

窝到阿如西林林，

Aod daob ad rub xid liongx liongx，

单意苟不出阿几。

Danb yib goud bub chub ad jib.

苟猛照路嘎养浓，

Goud mengx zhaob lub gad yangb niongx，

谷汉大奉吉高西。

Guod haib dad fengb jib gaod xid.

包尔林图楼头弄，

Baod erd liongx tub loud toud nongb，

到汝良西汝良米。

Daob rub liangb xid rub liangb mid.

镰刀上山去割草，上山割草来烧灰。
杂茅杂草都割倒，堆成一堆火烧起。
一堆杂草一火烧，细灰装在背篓里。
拿去种地做肥料，和起大粪和木灰。
苞谷稻谷收成好，丰收粮食和粮米。

二十四、勤劳歌

剖闹冬豆尼出茶，

Boud laob dongt dout nit chub chab，

出伞出茶苟剖叟。

Chub sait chub cab goud boud soud.

出内冬豆列吉瓜，

Chub neit dongt dout lieb jib guab,

出家出业几洽口。

Chub jiad chub yed jib qiad kous.

出猛昂内昂弄挂，

Chub mengx angx neit angx nongb guab,

阿就扛王达周溜。

Ad jiub gangb wangb dad zhoud lius.

几没阿内麻到他，

Jib meix ad neit mab daob tad,

麻服麻能到白标。

Mad hub mad nongx daob baid bioud.

人生凡间是劳动，生产劳动过日子。
做人勤快才有用，创家立业乐悠悠。
苦了春夏到秋冬，要苦一年苦到头。
没有一天得放松，吃喝高上才得有。

二十五、捉鱼歌

1.

缪你郎腊咱窝报，

Mioud nit nangx lab zas aod baob,

缪腊怕吾寿出苟。

Mioud lad pad wut shoud chub goud.

干格吉上岔窝高，

Ganb giet jib shangb chab aod gaob,

高闹急吾列苟篓。

Gaod laob jix wut lieb goud ned.

吉记打缪吉腊告，

Jid jib dad mious jib lad gaob,

告抱阿久嘎腊豆。

Gaod baob ad jiub gad lab dout.

想列篓缪几没到，

Xiangt lieb ned mioud jib meix daob，

窝起吉浪莎腊呕。

Aod qit jib liangb sead lab oud.

少报几娄亚吉跳，

Shaob baot jib ned yad jib tiaob，

叉到阿偶窝内缪。

Chab daob ad ous aod neit mioud.

抢八齐常苟拢号，

Qiangb bad qit changes goud longs haob，

头号汝锐高油酒。

Toud haob rub ruit gaox youd jiud.

鱼在田中见了背，鱼儿跑在田中游。
赶快要找罩子去，围到罩笼的里头。
捉鱼慌忙倒下水，浑身都是泥水流。
想要快点来捉鱼，没有捉得心中忧。
赶忙快抓捉下去，捉得鱼娘抓在手。
又用柳条穿鱼嘴，头号好吃来下酒。

2.

一帮歌手捉鱼
Yib bangb guod shoub zuod yus

江萨浪纵架萨容，

Jiangs sead nangd zongb jiad sead rongx，

江度浪内萨吉丑。

Jiangb dub nangd neit sead jib choud.

那补窝冬昂秋明，

Lab but aod dongt angx qiut miongx，

保靖人白都光走。

Baob jingb ranx baid dous guangb zoud.

花垣歌会猛几浓，

Huad yuans guod huib mengx jib niongx,

扛蒙带队来为首。

Gangb mengx daib dib laid weix shoud.

炯图乙久拔没能，

Jongx tub yid jut bab meix nongx,

炯奶牙要歌才子。

Jongx liet yad yaob guod caib zid.

相亲相爱会几炯，

Xiangt qinb xiangt aib huib jib jongb,

几没阿逃度吉普。

Jid meix ad taob dub jib pub.

流卡会挂单孔坪，

Liub kab huib guab danb kongb pingx,

卡叫吾当清攸悠。

Kad jiaob wud dangt qingb youd youd.

五当吉洞溜溜冬，

Wud dangt jib dongb liud liud dongt,

灌溉良田千万亩。

Guanb gaib langb tiand qianb wanb moud.

埋少会挂号阿通，

Manx shaob huib guab haod ad tongs,

惊动龙王三太子。

Jingb dongb longx wangb sanx taid zid.

缪绒缪潮兵几炯，

Mioud rongx mioud ceb biongb jib jongb,

缪潮干埋几刚周。

Moud ceb ganb manx jib gangx zhoub.

打几吉照拿包龙，

Dad jib jib zhaob nab baod longd,

王现林拿图牛标。

Wangb xianx liongx nab tub niux bioud.

打声毕求草把浓，

Dad shongx bib qiub caob bab niongx，

打边没娘阿紧头。

Dad bianb meix niangx ad jiongx toud.

再斗螃帮达古明，

Zaib dous bangb bangx dad gub miongt，

缪金必求巴归求。

Mioud jinb bib qiub babd guis qiub.

从公浪总起约松，

Congb gongb nangd zongb qid yox songb，

吉上几推寿出苟。

Jib shangb jib tuid shoud chub goud.

正发树反是从工，

Zhengb fab shub fanb shib congs gongd，

龙牙春元吉抢娄。

Longd yad chunb yuanb jib qiangb ned.

春元牙要绒嘎松，

Chuanb yuanb yad yaob rongx gad songx，

早告几洽几柔柔。

Zaod gaox jib qiab jib roud roud.

告炯吉交嘎腊滚，

Jib jongb jib jiaod gad lab gunx，

金妹少包几娄否。

Jinb meix shaob baod jib ned woud.

二姐达吾拢几崩，

Erd jied dad wut longd jib bengd，

归声冬：告他！

Guid shongx dongt：gaod tas！

告照窝闹背包口。

Gaox zhaob aod laob beid baod kout.

拔玉早嘎候否朋，

Pab yud zaod gad houb woud bengb，

者到阿够锐抓狗。

Zheb daob ad goud ruit zhad gous.

金妹候否突围穷,

Jinb weib houd woud tub weix qiongd,

田姐吉候抱西豆。

Tianb jied jib houd baod xid dout.

清连候牙茶哭从,

Qingd lianb houd yad chab kub congb,

少归阿里洞嘎抖。

Shaob guid ad lib dongb gad dous.

正发树友卜相涌,

Zhengb fab shub youd pub xiangt yongd,

蒙尼装瓜出偷苟。

Mengx nit zhuangs guab chub toud gous.

得哥内共度充容,

Dex goud neit gongb dub chongb rongx,

召梦嘎纵卜麻周。

Zhaob mengx gad congb pub max zhoub.

进珍叹气同休风,

Jinb zhengd tanb qis tongd xiud fengs,

告召师付否炯偶。

Gaox zhaob shid fub woud jongb oud.

丫长弄羊叉兵声,

Yad changes nongb yangx chab biongd shongt,

实在几夫得哈篓。

Shid zaib jib hub dex had nes.

春元牙要召久孟,

Chuanb yuanb yad yaob zhaob jiud mengx,

尼味几转阿偶缪。

Nit weib jib zhuanb ad ous mioud.

斗奶内然最那林,

Dous liet neit rax zuid nad liongx,

随后作成歌一首。

Suib houd zuod chengx goud yis shoud.

扛固牙妹够几拼,

Gangb gub yad meib goud jib piongx,

召追几浓够阿柔。

Zhaob zuib jib niongx goud ad rous.

声萨吉话背苟同,

Shongx sead jib huab beid gous tongb,

歌声嘹亮如雷吼。

Guod shengd liaod liangb rub leid houb.

老梁洞召起写同,

Laod liangx dongb zhaod qid xied tongs,

吉上录音几见周。

Jib shangb lux yind jib jianb zhoux.

尼纵洞单中缪充,

Nit zongb dongb danb zongb mioud chongb,

闲谈歌唱沙阿溜。

Bib tanb guod changb sead ad liub.

好像尖子吹竹筒,

Haod xiangt jianb zid cuid zhub tongd,

架埋拢除几浓口。

Jiad manx longd chub jib niongx koud.

听歌大众听歌云, 听话众人听歌由。

三月之中到清明, 保靖人白挑葱头。　　　　人白:地名。

花垣歌会去捧浓, 送你带队来为首。

七位八个歌有能, 七个女人歌才子。

相亲相爱走一轮, 没有一句话不周。

流卡走过到孔坪, 卡叫水塘清悠悠。　　　　流卡、卡叫:地名。

水塘的水深得很, 灌溉良田千万亩。

你们走过那里行, 惊动龙王三太子。

龙鱼凤鱼出水奔, 凤鱼欢迎笑开口。

乌龟壳背如饭盆, 鳝鱼大如屋柱头。

虾子好像草把横, 蚂蟥五尺多长有。

还有螃鱼青蛙群, 泥鳅如同盐棒头。

贪嘴的人起了心，赶快抢捉跑去喽。
正发树友贪嘴很，和妹春元抢快手。
春元小妹站不稳，被推倒下歪身子。
身子倒在泥水坑，金妹赶快扶她走。
二姐马上来相迎，打脱口说：
天啦！脚拐骨头见伤口。
拔玉捣药帮敷平，扯得一苑草脚狗。
金妹帮她捡围裙，田姐帮助把泥抖。
清连帮她洗伤清，脱口阿里莫动手。
正发树友讲相赢，你是装痛做样子。
得哥人老话从温，伤了莫再讲笑游。
进珍叹气如风云，倒了师父他作呕。
这样又才来出声，实在不服这种丑。
春元小妹受伤疼，只为抢捉鱼才羞。
还有一个帅哥人，随后作成歌一首。
送与牙妹唱歌云，在后歌唱一阵子。
歌声传去大山林，歌声嘹亮如雷吼。
老梁听了喜在心，马上录音好传后。
是人听话在耳根，闲谈歌唱唱一支。
好像癫子吹竹根，达你歌唱歌浓口。

阿里：拟声词，指喊痛。

第二章　穷苦歌

一、讨米歌

1.

杀潮兵苟松方达，

Shab caob biongd gous songb fangt dab,

皮会皮昂吉冲斗。

Pib huib pib ghat jib chongb dous.

忍内几安弄几莎，

Rend neit jib and nongb jib sead,

吉邦追竹休哑口。

Jib bangb zuib zhux xiud yad kous.

内西秋苟达然然，

Neit xit quid gous dat rax rax,

没得抱闹几奶标。

Meid dex baod laob jib leit bioud.

斗你叉苟抱头那，

Dous nit chab goud baod tous lad,

及怕嘎浓同抱狗。

Jib pab gad niongb tongx baod gous.

出门讨米苦难大，边哭边号边出走。

讨米不知讲啥话，站在门外呆哑口。

太阳偏西心里怕，不知要歇哪里头。
睡在岔路月光下，铺那野草如困狗。

2.

受苦阿忙抱几乖，

Shoub kud ad mangb baob jid guax,

明当几林赶内苟。

Miongx dangb jib liongt ganb neit goud.

洞几羊便汝标内，

Dongb jib yangb biat rub bioud neit,

杀潮嘎埋忍阿吼。

Shab caob gad manx rongd ad houb.

急抓同葡告让乖，

Jib zhab tongx pub gaox rangd guat,

讨饭不能分一口。

Taod fanb bub nengx fenb yid kous.

杀潮头斗阿休乖，

Shab caob toud dous ad xiud guat,

西列窝起莎几够。

Xid lieb aod qit sead jib goud.

受苦一夜睡不眠，天亮忙着赶路走。
洞几羊便好个寨，讨米来到村里头。
矮寨有名人不坏，讨饭不能分一口。
讨米烤火黑脸面，骨瘦如柴瘪肚子。

洞几羊便：苗寨村名。以下同。

3.

几炯猛单通吉瓦，

Jib jongb mengx danb tongb jib wab,

会送辽豆窝豆标。

Huib songb liaod dous aod dous bioud.

阿偶狗乖窝先然，

Ad gous goud guat aod xianb rax,

几洽少嘎骂阿吼。

Jib qiab shaob gad mab ad houb.

袍穷篓通背召抓，

Baod qiongd ned tongb beid zhaob zhab,

剖骂少昂儿到苟。

Boud mab shaob ghax jib daob gous.

不孟吉交见欧那，

Bub mengx jib jiaod jianb aod lab,

昂让几喊窝先狗。

Ghax rangb jib hanb aod xianb goud.

一路走去到吉瓦，讨到辽豆村外头。

一只黑狗牙齿大，猛扑咬我父一口。

出血流到脚板下，痛得父亲哭声愁。

痛成两月才好罢，伤口痊愈才解忧。

4.

及交欧那汝久孟，

Jib jiaod oud nab rub jiud mengx,

自尼江江会到苟。

Zid nib jiangs jiangs huib daob gous.

亚常杀潮几午冬，

Yad changb shab caob jib wud dongt,

阿内会送通吉吼。

Ad neit huib songb tongt jib houd.

吉吼同葡乖麻林，

Jib houd tongb pub guat mad liongx,

久酷阿汉窝内走。

Jud kub ad hanb aod neit zoud.

扣竹几扛剖拢庆，

Koud zhub jib gangb boud longd qinb,

吉邦追竹休哑口。

Jib bangb zuib zhub xiud yad kous.

挨痛两个多月头，方才勉强把路走。
稍稍好些去讨口，一天讨饭到吉吼。
吉吼出名官爷子，没有可怜穷人忧。
不让进到门里头，站在外头呆哑口。

5.
　　猛通内标浪窝占，
　　Mengx tongt neit bioud nangd aod zhanb,
　　好话龙埋忍阿吼。
　　Haod huab longd manb rens ad houb.
　　未成开口把气叹，
　　Weib chengb kaib koud bad qib tanb,
　　乙排乙害召吉久。
　　Yib paid yib haib zhaob jib jiud.
　　弄剖苦从卜几板，
　　Nongb boud kus congb pub jib biab,
　　录约久几阿偶狗。
　　Nub yox jiud jib ad oud gous.
　　想想尼喂打奶害，
　　Xiangt xiangt nit wed dad liet haib,
　　弄几莎够窝柔头。
　　Nongb jib sead gous aod roud toud.

　　讨到人家的门外，好话我来讨一口。
　　未曾开口把气叹，越想越怕我心忧。
　　我的灾难述不完，穷人不如一只狗。
　　想想各人自喊天，如何讨过一辈子。

二、过苦年歌

心中忧闷作歌言，
Xianb zhongb youd menx zuod guod yant,
出见萨袍够阿然。

Chub jianx sead baob goud ad rax.

透就单约窝昂见，

Toud jiub danb yox aod ghax jianx,

窝卡浪见兄浪昂。

Aod kab nangd jianb xiongd nangd ghax.

内没见嘎当克见，

Neit meix jianb gad dangd kes jianb,

弄剖几空嘎报扛。

Nongb boud jib kongt gad baod gangb.

航吹抱爬告出连，

Hangb cuid baod pab gaox chub liant,

要嘎你够卜度虾。

Yaob gad nit gous pub dub xiab.

浓到常拢见阿伞，

Niongx daob changd longd jianx ad saib,

几扛得休吉克咱。

Jib gangb dex xiut jib ked zab,

等到二九窝昂见，

Dengx daob ers jiud aod ghax jiant,

又没苟扛棍香沙。

Chab meid gous gangb ghunb xiangt sead.

疗见板照弄几干，

Liaox jianb biad zhaob nongb jib gand,

窝里窝那几没他。

Aod lis aod nat jib meix tab.

祖宗看见莎斩善，

Zub zongd kanb jianb sead zhend shait,

林红江江尼拿他。

Liongx hongb jiangs jiangs nit nad tab.

阿逃几午苟相男，

Ad taob jib wud gous xiangt nanb,

拼伞扛骂能窝卡。

Piongx sait gangb mab nongx aod kab.

常齐达吾苟几关，

Changes qit dad wut goud jib guanb，

阿腊得休报梅哈。

Ad lab dex xiut baod meis hab.

炯出阿标乖干干，

Jongb chub ad bious guat ganb ganb，

秋炯几没先苟打。

Quid jongb jib meix xianb goud dab.

初一明当列从见，

Chub yid miongx dangb lieb zongb jianb，

鸡到昂能害喂加。

Jid daob ghax nongx haid wed jiad.

尼斗腊包吉打善，

Nit dous lad baob jib dad shait，

板弟候吾洽猛茶。

Biax dib houb wud qiab mengx chab.

兄便几斗窝求产，

Xiongd biat jib dous aod qiub chanb，

滚穷少同梅浪然。

Gunx qiongb shaob tongx meid nangd rax.

初三吉难完了年，

Chub sanb jib nanb wand liaox nianb，

大人让送昂儿洽。

Dad renx rangd songb ghax erd qiab.

就拢尼浓过斋年，

Jud longs nit niongx guod zhanb nianb，

封尽酒肉和打粑。

Fengb jinb jiud rous hed dad bab.

抱娘阿偶腊应该，

Baod niangx ad ous lad yinb gais，

阿就内几白那阿。

Ad jiub neit jib baid nad ad.

灶尼阿高得否判，

Zaob nit ad gaox dex woud biab，
相拿背叫龙剖加。
Xiangt nab beid jiaob longs boud jiad.
相松共那苟公转，
Xiangt songt gongb lab goud gongd zhuans，
如汝味求出汉阿。
Rub rub weib quid chus haid ad.
各人回忆退转来，
Guid renx huib yis tuid zhuanb laix，
能挂几偶旧加嘎。
Nongb guab jib oud jiub jiad gab.

心中忧闷作歌言，作成歌言唱一遍。
而今快了完一年，人人等望过年欢。
人有钱米望年来，我们贫穷不等盼。
村上杀猪叫连天，无钱不敢称肉买。
买得回转藏起来，莫让小孩们看见。
等到二九过大年，才取出来敬祖先。
煮好摆上案板边，腰子绳索都没解。
祖宗看见心冷完，肉大也只两指宽。
一句就把祖宗喊，吹气祖宗吃哒先。
敬完祖宗收起来，小孩哭闹泪不干。
坐在家中冷绵绵，夜晚没有油灯点。
初一早上煮成饭，没有荤菜我喊天。
只有萝卜来壮胆，门外忌水洗不来。
只煮酸汤没啥掺，红黄如同马尿般。
初三熬过完了年，大人让送娃儿先。
今年我家过斋年，封尽酒肉打粑免。
若杀一猪也应该，一年何时才打转。
可怜一帮小娃孩，小小年纪遭苦怜。
悲伤拿索吊颈来，为个什么做这般。
各人回忆退转来，吃过喉头成屎便。

三、借米歌

内卡嘎标炯王昏，

Neit kab gad bious jongb wangb hunb,

吹吾窝叫莎吹卡。

Cuid wut aod jiaob sead cuid kab.

斗潮龙喂阿良兄，

Dous caob longd wed ad liangb xiongd,

久龙相蒙苟菩巴。

Jud longd xiangt mengx goud pub bab.

内卡常猛意毕从，

Neit kab changd mengx yid bib congb,

出内出虐浪当爬。

Chub neit chub niub nangd dangs pab.

客人到家才忘昏，煮水鼎罐都煮干。

有米请借我半升，不借真的把名坏。

客人走了再还情，做些小工把账还。

四、长工被送吃差食歌

挂岩借列欧从借，

Guab yanb jied lieb ous congx jied,

阿从吉弄列娄录。

Ad congx jib nongb lieb nex nud.

列录抓猛瓜王借，

Lieb nud zhab mengx guab wangb jies,

几扛那林沙阿补。

Jib gangx nad liongx sead ad bub.

休闹出茶窝松内，

Xiud laob chub chab aod songb neit,

几没出茶洽埋鲁。

Jib meix chub chab qia manx lub.

过节蒸饭分两层，上面一层是糯米。

糯米的饭归主人，小工一点没得吃。

小工劳动养你们，不然你们穷到底。

五、不如意歌

松慌叉将窝声友，

Songt hangt chab jiangs aod shongx youd,

几尼够萨喂尼昂。

Jib nib goud sead wed nit ghax.

几没召挂内归周，

Jib meix zhaob guab neix guix zhaox,

召挂叉安动酷那。

Zhaob guab chad ans dongx kut nat.

就弄拿几加尖子，

Jiud nongb nad jib jiad jianb zid,

加汉尖子差腊差。

Jiad haib jianb zid chat lad chat.

见皮柳够久求斗，

Jianb pib liub goud jius qiub dous,

就缪吾穷告把拿。

Jub mioud wud qiongx gaod pab lad.

迟当口布几溜柔，

Chid dangb kous bub jib liud rous,

就弄迟抓比便瓦。

Jud nongs chid zhab bib biat wab.

从欧受召阶檐标，

Congb oud shoud zhaob jies zhand bious,

窝埋布纵内几麻。

Aod manx bub zongx neit jib max.

碾潮下下比谷九，

Zhanb ceb xiab xiab bit guot jiut,

偏年告泡当嘎腊

Pianb nianb gaox paob tangx gad lax.

造萨读光亚赶秋，

Zaob sead dub guangb yad ganb qius,

藏见汝炮久拢昂。

Zhangd jianb rub paob jiud longs ghax.

电杆浪绒召耸头，

Dianb ganb nangd rongx zhaob songb toud,

麻汝电表召耸怕。

Max rub dianb biaod zhaob songd pat.

抱牌扣汉下服子，

Baod panx koud haib xiab hud zis,

几洽喂浪桩子拿几抓。

Jib qiab wed nangd zhangs zid nad jib zhab.

扣古锐爬扣几溜，

Koud gub ruit pab koud jib lius,

扣拔背他几洽洽。

Koud pab bid tab jib qiat qiat.

浓召爬半苟拢叟，

Niongx zhaob pab band gous longd soud,

欧齐窝斗几八八。

Oud qit aod dous jib bab bab.

半闹再列加哈篓，

Banb laob zaib lieb jiad hab lous,

格嘎格然亚长嘎。

Geid gad geid rax yad changes gad.

录兄炯那久叉柳，

Nub xiongd jongb nab jiud chab lius,

背录背底拿蒙瓜。

Beid nub beid dis nab mengx guat.

吾腊浪楼出阿勾，

Wud lab nangd lous chub ad gous,

内浪担汝喂浪下。

Neit nangd danb rub wed nangd xiab.

谷成久到阿成收，

Guot chengd jius daob ad chengb shoud，

再列早他肥料吉。

Zaib lieb zaob tad feib liaod jib.

喂号想洞几到累包腊得否，

Wed haod xiangt dongt jib daob lieb baod lad dex wous，

克缪浪腊扛喂嘎。

Ked mioud nangd lad gangb wed gab.

喂少猛转几八缪，

Wed shaob mengx zhuanb jib bab mioud，

几奶安洞打缪杀召内八八。

Jib liet and dongt dad mious shab zhaob neit bab bab.

同拢抱岑猛走走，

Tongb longd baod lingb mengx zoud zoud，

走照阿偶打猫花。

Zout zhab ad ous dad maox huat.

差召就嘎闹就狗，

Chab zhaob jiud gad laob jiud guos，

就狗得就嘎几他。

Jud gous dex jiut gad jib tab.

匆善必求松周扣，

Congd shait bib quid songt zhout koud，

同受然梅加几怕。

Tongd houd rax meix jiad jib pat.

善白棍草缪白怄，

Shait baid ghunb caot mioud baid ous，

安洞昂几浪虐叉长茶。

And dongt ghax jib nangd niux chab changs chab.

忧愁才把歌言扭，不是唱歌我哭哑。

没有遇过人不知，遇过才知可怜大。

今年真的差点子，今年点子实在差。

得梦摘菌上山头，水下摸鱼着蛇啄。

钱财收了口袋漏，今年丢了无数下。

洗衣晒在屋外头，天刚一黑盗贼拿。

稻谷挑去走碾子，偏偏倒下泼泥巴。

造歌挑葱又赶秋，一样没成样样差。

电杆也被雷打头，好好电表着雷打。

打牌尽是瞎和子，不怕我的庄子如何大。

砍那猪菜砍着手，砍破手指血流下。

买那烂猪来养饲，两只脚手软趴趴。

又跛脚来又跛手，屎尿屙下把食杂。

马豆牵线不结籽，豆子只有米粒大。

田中水稻穗不抽，别人的胀我的差。

十成没有一成收，还要肥料去养它。

我也曾想田中没有得谷子，有那鱼吃也不差。

我也快去田里守，哪个晓得鱼儿也被贼偷下。

好似老鼠黑路走，碰见一只大猫花。

差在鸡年到狗年，狗年也是点子差。

肝肠内脏满忧愁，一堆烂丝绞如麻。

肚内忧愁气登头，不知何时了结把财发。

六、苦婚歌

1.

剖乜将约度阿逃，

Boud niax jiangd yox dub ad taob,

内骂出秋害喂加。

Net mab chub qiut haid wed jiad.

同得开山内将炮，

Tongd dex kaid shanb neix jiangd paob,

豆炮散其久牙雅。

Dous paob said qit jiud yad yab.

几常挑曹跳几到，

Jib changes tiaod caos tiaod jib daob,

巧曹洽骂家无八。

Qiaod caos qiab mab jiad wux bab.
同钢吉高抱龙闹，
Tongd gangs jib gaox baod longd laob，
吉干内没背斗巴。
Jib ganb neit meix beid dous pab.
排单汉拢心冒造，
Paid danb haib longd xinb maod zaob，
浪羊见害阿柔拔。
Nangd yangx jianb haib ad roud pab.

爷爷奶奶许口了，父母包办害我差。
好似开山放岩炮，炮响气散无影哒。
要想跳槽不能跳，跳槽又怕家财花。
似钢和铁打成了，煮火铁匠没办法。
想到此情心冒造，害我一辈灾星大。

2.
内骂苟蒙许久口，
Neix mab goud mengx xud jiud kous，
嘎出啊全写几江。
Gab chub ad quanb xied jib jiangx.
将炮几没麻汝子，
Jiangs paob jib meix max rub zid，
硬抢配汝子叉强。
Yinb qiangd peib rub zid chab qiangd.
嘎会跳曹浪内苟，
Gad huib tiaod caod nangd neix gooud，
吉岁内骂浪家当。
Jib suib neit mab nangd jiad dangx.
松方斗炯你内标，
Songt fangt dous jongb nit neit bioud，
想照汉拢后松方。
Xiangd zhaob haod longs houb songt fangt.

父母从前许了口，莫做三心二意肠。
放炮没有好弹子，火枪配那沙子强。
莫把跳槽的路走，保护父母的家当。
心忧坐在婆家休，想到此情也悲伤。

3.

内骂将你内浪让，
Neit mab jiangd nit neix nangd rangd,
扛汉内打窝内巧。
Gangb haib neix dad aod neit qiaod.
吧汉苟动否久浪，
Bab haib goud dongt woud jius nangd,
干总列牙费心劳。
Ganb zongx lieb yad feib xinb laox.
苟冬阿内出单忙，
Goud dongt ad neit chub danb mangx,
几没到兄干浪标。
Jib meix daob xiongd ganb nangd bious.
足苦阿冬窝柔让，
Zub kud ad dongt aod rous rangx,
再列召亏苟几高。
Zaib lieb zhaob kuit goud jib gaod.
排单汉拢炯松方，
Paid danb haid longs jongb songt fangt,
内几傲挂洞嘎草。
Neix jib aod guab dongb gad caob.

父母许口嫁我出，嫁送凶狠的人了。
百样功夫他不做，统统要我费心劳。
一天到晚都要做，没有歇空紧要搞。
年轻时代我最苦，再要欺压把心恼。
想到此情心不服，灾星八难怎么熬。

4.

龙否弄几几骨到，

Longd wous nongb jib jib gud daob,

内豆内母嘎养难。

Neix dous neix mud gad yangb nanx.

蒙你比宗否夯告，

Mengx nit bib zongd woud hangd gaox,

蒙你得昂否得善。

Mengx nit dex ghax woud dex shait.

卜度几没召阿逃，

Pub dub jib meix zhaod ad taob,

强强几弟阿休干。

Qiangd qiangd jib dib ad xiud gans.

将喂弄几浪照到，

Jiangd wed nongb jib nangd zhaob daob,

吉车吉踏闹翻天。

Jib cheb jib tab laob fand tianb.

苦达苦虐足难照，

Kud dad kud niub zud nanb zhaob,

内几傲挂得安然。

Neit jib aod guab dex anb rax.

与他怎么合得了，棒头一个真的难。

你在左边他右傲，你在下苦他上边。

讲话一句没谱靠，还要时常冒火烟。

让我怎么受得了，吵嘴打架闹翻天。

苦死累死如何熬，何时熬过得安然。

七、寡苦歌

1.

昂忙阿内腊几克，

Ghax mangb ad neit lad jib kes,

忙叫矮明儿克起。

Mangx jiaod aid miongx jib ked qit.

克干得休几斗内，

Ked ganb dex xiut jib doud neix,

造烂思想在心里。

Zaod lanb sid xiangt zaid xinb lis.

乖地几没内候克，

Guat dib jib meix neix houb ked,

欧拢弟拔见岭旗。

Oud longd dis pab jianb lingx qib.

拢楼窝教包达得，

Longd loud aod jiaob baod dad dex,

胜如帮处柔爬迷。

Shengd rub bangd chub roud pad mix.

吧汉苟动尼当喂，

Bab haib goud dongt nit dangb wed,

家务靠我一人为。

Jiad wub kaob wod yid renx weid.

常忙得休亚曹特，

Changes mangb dex xiut yad caod tes,

吉关冬欧实足西。

Jib guanb dongt oud shid zud xis.

喂见苟汉麻林车，

Wed jianb goud haib max liongd cheb,

你要装饭快送妹子吃。

Nit yaob zhuangd fanb kuaid songb meib zid qib.

埋少同得录让召内没久内，

Manx shaob tongd dex nud rangb zhaob neix meix jiud neix,

包照窝柔想最弟。

Baob zhaob aod rous xiangt zuit dib.

几尼达西尼达客，

Jib nib dad xit nit dad giax,

见死活命在哪里。

Jianb sid huob mingb zaid nab lis.

比度哭个坝苟梅，

Bid dub kub guob biat goud meis，

实在年幼小小的。

Shib zaib nianb youd xiaod xiaod dex.

几见几尼嘎忙车，

Jib jianb jib nib gad mangx ched，

关爱一家笑眯眯。

Guanb aid yis jiad xiaob mis mis.

达尼常忙列当接，

Dad niex changes mangb lieb dangd jiex，

难否常嘎浪标你。

Nanb woud changes gad nangx bioud nit.

莫送倒在路旁告几白，

Mod songb daob zaid lus pangs gaox jib baid，

几奶候喂苟得锐。

Jid liet houd wed gous dex ruit.

吧汉苦从吉交喂，

Bab haib kud congs jib jiaod wed，

孤寡苦难卜几齐。

Gud guab kus nanb pub jib qit.

哭了一天泪满面，一夜哭亮止不起。

看见小儿无母爱，造烂思想在心里。

没有人洗衣脏烂，衣服烂片似绺旗。

困床棉被跳蚤现，如同山坡的蚂蚁。

百样功夫要我干，家务靠我一人为。

收工天黑儿等盼，牵我衣裤饿不起。

无法指责大声喊，你要装饭快送妹子吃。

你们如同幼鸟失母遭灾难，卧在巢中翅不齐。

不是饿死渴死来，见死活命在哪里。

可怜小的妹子害，实在年幼小小的。

不要骂她要关爱，关爱一家笑眯眯。

到了夜晚要接转，接她回到家堂里。

莫送倒在路旁滚偏偏，哪个帮我把儿喂。

百样苦情打交来，孤寡苦难不可提。

2.

作情把歌唱一遍，

Zuob qingx bab guod changb yid pianb，

按照情节苟萨板。

Anb zhaob qingx jied goud sead biad.

我不是出口唱谈心爽快，

Wod bux shib chub koud changd tanb xinb shuangd kuaib，

今天不是耍嘴才。

Jinb tianb bub shib shuab zuid caid.

中年丧妻拿几害，

Zhongb nianb sangd qid nab jib haib，

脚下幼儿细细崽。

Jiaod xiab yous erd xid xid zaid.

得休没有娘亲在，

Dex xiut meix youd niangx qinb zaib，

弄汉欧爬袍川川。

Nongb haib oud pab baod chuanb chuanb.

对筐久爬苟昂干，

Duib kuangb jiud pab goud ghax ganb，

吉久几图当纪斩。

Jib jiud jib tub dangs jib zhanb.

叉苟才逢苟拢难，

Chab goud caib fengd goud longd nanb，

就要麻烦一两天。

Jiud yaob max fand yis liangd tians.

要把小儿衣服赶几件，

Yaod bab xiaod erd yis fub ganb jib jianb，

列扛得让到欧呕补台。

Lieb gangx dex rangb daob ous out bub tait.

酷喂寡公妻离散，

Kud wed guab gongb qis lid said，

察闹几没斗背关。

Chab laob jib meix dous beid guanb.

夫妻阴阳来隔断，

Fub qis yinb yangx laid ged duanb，

得休扛浓打奶管。

Dex xiut gangb niongx dad liet guans.

得了衣服要吃饭，

Dex liaod yis fub yaod chib fans，

多大愁闷在心间。

Duob dad chous menx zaid xinb jeans.

我遭遇了这些难，

Wod zaod yus led zheb xied nanb，

同汉八柔浪免几通单。

Tongb haib bab roud nangd mianb jib tongt dans.

几狼吉江凡尘在，

Jib langd jib jiangs fans chengd zaib，

棍单棍免从单单。

Ghunb danb ghunb mianb congb dand dand.

全国是我多磨难，

Quanb guox shib wed duob mox nanb，

少同阿奶叫豆常爬要首产。

Shaod tongb ad liet jiaob dous changes pab yaod shoub chanb.

才逢乙，

Caid fengd yis，

你要看我一方面，

Nit yaob kanb wod yis fangd mianb，

从汝几斗窝得然。

Congb rub jib dous aod dex rax.

作情把歌唱一遍，按照情节唱歌言。

我不是出口唱谈心爽快，今天不是耍嘴才。

中年丧妻十足害，脚下幼儿细细崽。
幼儿没有娘亲在，穿那脏衣烂破片。
破了衣裤把肉见，冷风吹在心头间。
才把裁缝匠人喊，就要麻烦一两天。
要把小儿衣服赶几件，要让小儿得到衣服穿。
可怜寡公妻离散，铁夹没有两根全。
夫妻阴阳来隔断，小儿丢下让我管。
得了衣服要吃饭，多大愁闷在心间。
我遭遇了这些难，如同竹笋长在底岩板。
一世辛苦凡尘在，灾难忧愁如根连。
全国是我多磨难，好似一个补破不好的鼎罐。
裁缝啊，你要看我一方面，好情我记到永远。

3.

松慌关苟萨休除，
Songt huangt guanb goud sead xiub chud,
昂昂儿娘打奶斩。
Ghax ghax jib niangx dad liet zhanb.
喂见背苟独山阿得图，
Wed jianb bib goud dub shanb ad dex tub,
召汉计片吉偏偏。
Zhaob haib jid pianb gud pianb pianb.
阿然计弄片抓苟喂跳吉葡，
Ad rax jib nongb pianb zhab goud wes tiaob jib pub,
告总打豆休几单。
Gaox zongx dad dout xiud jib dans.
背高巴炯天光露，
Bid gaos bab jongb tianb guangd lub,
独根独树丫不全。
Dub genb dub shub yad bub quanx.
树蔸根儿无遮处，
Shub dous genb erd wud zhed chub,
再受夏暑昂夫天。

Zaib shoub xiab shub ghax fub tianb.

腊照夫天窝高图，

Lad zhaob hud tianb aod gaod tub,

昂弄白达再早干。

Ghax nongb baid dad zaib zaod ganb.

喂见弄孟姜女哭倒城墙来讲述，

Wed jianx nongb mengx jiangd nit kud daod chengd qiangx laix jiangd shub,

哀哭挂汉窝柔单。

Shanb kub guab haib aod rous danb.

到约害窖受苦浪内虐，

Daob yox haib yaod shoub kud nangd neit niub,

无有望靠在身边。

Wud youd wangb kaob zaib shengb bianb.

见弄梅良玉昂昂年研告假处，

Jianb nongb meix liangx yub ghax ghax nianb nianb gaox jiadx chub,

纵难西同安儿安。

Zongb nanb xid tongb and jib and.

寡公无有出头路，

Guab gongb wud yous chub toud lub,

浪养苦猛阿伞伞。

Nangb yangb ed mengx ad sait sait.

心慌我把苦情数，哭哭不起泪不干。
我似高坡独山一蔸树，风吹倒地倒偏偏。
这阵狂风风大吹我挨不住，倒下平地起不来。
树蔸树根天光露，独根独树丫不全。
树蔸根儿无遮处，再受夏暑大伏天。
六月伏天烧蔸树，雪冰冷风再吹来。
我好似孟姜女哭倒城墙来讲述，哀哭垮那城墙岩。
到了汉窖受苦的苦处，无有望靠在身边。
好似梅良玉哭哭啼啼在山谷，喊那西同回不转。
寡公无有出头路，如此受苦到永远。

八、病苦歌

1.

旧弄运成太平秋，

Jiub nongb yinb chengb taib pingb qiub,

同内抓闹窝酷洽。

Tongb neit zhab laob aod kub qiab.

自从腊月二十九，

Zid zongb lad yues erd shib jiud,

阿内够那服久嘎。

Ad neix goud nat hub jiud gab.

过年不吃四两酒，

Guob nianb bub chib sid liangb jiux,

挂见久抽阿特昂。

Guab jianx jiud choud ad ted ghax.

到梦干干抱你标，

Daob mengx ganb ganb baod nib bioud,

阿虫浓浓几没下。

Ad chongx niongb niongb jib meix xiab.

累昂窝教同溶求，

Lieb ghax aod jiaob tongb rongb qiub,

脸上瘦剐几洽洽。

Lianb shangb shoub guab jib qiab qiab.

打会列内吉冲斗，

Dad huib lieb neix jib chongb dous,

无有人撑硬无法。

Wud yous renx chengd yinb wud fab.

告豆几没斗久欧，

Gaox dout jib meix dous jiud ous,

加汉欧弄打耸怕。

Jiab haib oud nongb dad songt pad.

渴水不送茶一口，

Ked shuib bub songt chab yid kous,

汝年扛吾嘎扛背。

Rub nianb gangb wut gad gangb beid.

得病喜欢送我死，

Dex ingb xib huanb songb wod sid,

扛否汝猛板弟会。

Gangb wud rub mengx biab dib huib.

窝他几空苟簿子，

Aod tab jib kongb goud bob zid,

吉想列浓求打便。

Jib xiangb lieb niongb qiub dad biat.

扛喂炯你冬腊卜麻周，

Gangb wed jongb nit dongt lab pub mab zhoub,

几杂板弟柳背瓜。

Jib zhad biab dib liub bid guab.

卜板尼蒙汝哈篓，

Pub biab nib mengx rub hab loud,

扣楼见到那林吾差拉。

Koud lous jianb daob nab liongx wud chab las.

礼行实在送得有，

Lib xingb shib zaib songb dex youd,

扛内干闹剖浪加。

Gangx neix ganb laob boud nangb jiad.

出从扛浓秀蒙抖，

Chub zongx gangb niongx xiub mengx dous,

扛喂越想越到棍草抓。

Gangb wed yeb xiangt yeb daob ghunb caod zhab.

昂吾奶风告柔头，

Ghax wut lieb fengb gaox roud tous,

剖写扛牙吉乡腊。

Boud xied gangb yab jib xiangd las.

有心空炯窝加走，

Youd xinb kongb jongb aod jiad zous,

没虐宽松周哈哈。

Meix niub kuanb songt zhoud hab hab.

今年运程实在丑，好似跌下刺窝垮。

自从腊月二十九，月底那天把药洽。　　　　　洽：方言，指吃。

过年不吃四两酒，过节肉不沾嘴巴。

得病一场来到此，一身病重灾星大。

骨瘦如柴肉没有，脸上无肉如刀剐。

要人撑起把路走，无有人撑硬无法。

脚下早已没妻室，妻室心硬如雷打。

渴水不送茶一口，哪知送水润喉下。

得病喜欢送我死，让她好去四处耍。

阎王不肯画簿子，还未要我回老家。

让我坐在凡尘讲笑游，四处去摘那桃花。

讲遍是你好心事，也还记得大哥吾差拉。　　　吾差拉：地名。

礼行实在送得有，托人带送到我家。

好情我记心里头，送我越想越得心思大。

情义好比水长流，一心靠妹来当家。

有心肯坐背情有，有期总会笑哈哈。

2.

阿柔起梦召吉久，

Ad rous qib mengx zhaob jib jiud,

苟追亚梦窝闹腊。

Goud zuib yad mengb aod laob las.

出浓儿没斗尖子，

Chub niongb jib meix dous jianb zid,

达起浪羊梦几踏。

Dad qit nangb yangb mengx jib tab.

各地医师都请有，

Geb dib yib shib dous qingb youd,

几没阿图照喂苟扛下。

Jib meix ad tub zhaob wed goub gangb xiab.

茶缸喂药好几口，

Chab gangb wed yaox haod jib kous,

号几莎尼窝嘎嘎。

Haob jib sead nib aod gad gad.

方便要人背我走，

Fangb bianb yaod renx beid wod zous,

阿忙列不比便瓦。

Ad mangb lieb bub bit biat was.

倒在病床这么久，

Daob zaib bingb chuangb zheb mod jius,

实在把我想无法。

Shib zaib bad wos xiangt wux fab.

牙要炯你内浪标，

Yad yaob jongb nit nex nangd bious,

几空安喂几没茶。

Jib kongb and wed jib meix chab.

安送酷浓扛糖酒，

Anb songd kud niongb gangb tangx jiud,

浓总浓汝阿充大。

Niongb zongx niongb rub ad chongb dab.

那时染病在床头，后来又病到脚腿。

命差早已没点子，才会如此灾星临。

各地医师都请有，没有一个良医治得起。

茶缸喂药好几口，药罐到处都是的。

方便要人背我走，一夜要背四五回。

倒在病床这么久，实在把我想无益。

小妹你坐家里头，不空把我来安慰。

安心可怜送糖酒，深情紧记在心里。

第三章 劝释歌

一、劝妇人守节歌

1.

半中年纪苟善橇，

Banb zhongb nianb jib goud shait haob，

花容路上列嘎藏。

Huad rongb lud shangb lieb gad changb.

告柔挂猛同吾袍，

Gaox roud guab mengx tongb wud paob，

长求几单绒麻筐。

Zhangs qiub jib danb rongx max kuangt.

崩欧同钢吉高闹，

Bengd ous tongx gangb jib gaox laob，

同缪窝八阿苟抢。

Tongd mious aod bab ad gous qiangb.

家中儿女合合笑，

Jiad zhongb erd nit hed hed xiaob，

儿女高上莎全堂。

Erd nit gaod shangb sead quanb tangx.

斗得尼抄家无要，

Dus dex nit chaod jiad wux yaob，

抄见抄嘎浪当想。

Chaod jianb chaod gad nangd dangs xiangt.

爱讲风流同耍笑，

Aid jiangd fengb liux tongb shuab xiaob,

咱内汝当蒙猛江。

Zad neit rub dangb mengd menx jiangs.

能久苟洞几卜照，

Nongb jiud gous dongb jib pub zhaob,

家中事务拔夕浪。

Jiad zhongb shib wub pad xid nangd.

便内干抢苟强闹，

Biat neit ganb qiangb goud qiangb laob,

兵竹必求女营长。

Biongd zhub bib qiub nit yinx zhangs.

猛出内浪二婆胜如候内料嘎闹，

Mengx chub neit nangd ers pox shengd rub houb neit liaod gad laob,

苟追林得内记常。

Goud zhuib liongx dex neix jib zings.

共猛告求出几到，

Gongb mengx gaox qiub chub jib daob,

吉帮内浪追灶苟。

Jib bangb neix nangd zuid zaob goud.

扛蒙不得同几猛莎潮，

Gangb mengx bub det tongb jib mengx sead cheb,

吉帮追吹卜名堂。

Jib bangb zhuib cuid pub mingx tangt.

得先浪久久卜照，

Dex xianb nangd jius jiud pub zhaob

得共不来把母养。

Dex gongb bub laix bab mud yangb.

内西常猛哭柔抱，

Neix xid changes mengx kub rout baob,

达扛大公达爬两。

Dad gangb dad gongb das pad liangb.

出萨沙埋本粗造，

Chub sead sead manx benb chud zaod,
各位留言嘎加想。
Ged weib liub yanb gad jiad xiangt.

半中年纪把心靠，花蓉路上要莫讲。
年岁如水下滩了，再回不转上游场。
夫妻如钢似铁造，似鱼穿在一起绑。
家中儿女哈哈笑，儿女高上都全堂。
只有操心家财少，操钱操米用心肠。
爱讲风流同耍笑，见人富贵你去想。
吃了功夫不去搞，家中事务你不讲。
五天赶场去耍闹，出门好似女营长。
去当别人二婆胜如帮人把碓捣，他儿大了赶后娘。
老了什么做不到，把人洗锅在灶房。
让你背个烂篓把米讨，站人门外讲名堂。
新儿他也不关照，老儿不来把母养。
只有住那岩洞跑，死了蚂蚁来埋葬。
这些歌言本粗糙，各位留言莫歪想。

2.

萨休列沙得麻让，
Sead xiud lieb shab dex mab rangb,
阿谷大就安久奶。
Ad guox dad jiub and jius liet.
安奶安萨列见样，
Anb liet anb sead lieb jianb yangb,
安稳本分拢出内。
Anb wengd benb fenb longd chub neis.
得拔首林例苟将，
Dex pab shoud liongx lieb goud jiangx,
得浓内秋苟出会。
Dex niongb neix qiut goud chub huib.
得拔打半莎汝样，

Dex pab dad banb sead rub yangb,

排子排那雄克克。

Paid zid paid nat xiongb ked ked.

几奶克咱几奶江，

Jib lieb ked zas jib liet jiangt，

纵想龙牙普谈白。

Zongb xiangb longd yab pub tand bait.

你要小心莫上当，

Nit yaob xiaod xinb mob shangb dangb，

达尼上当内周内。

Dad nit shangb tangb neit zhoud neix.

龙内几杂游吉忙，

Longd neit jib zab youd jib mangb，

苟牙羊判叉滚格。

Goud yab yangb panb chab ghunb giet.

嘎弄久卜当几娘，

Gad nongb jiud pub dangb jib niangx，

几空动斗苟蒙者。

Jib kongb dongb dous goud mengx zheb.

几者几锐头加羊，

Jib zheb jib ruit toud jiad yangx，

卜得度岔苟斗乖。

Pub dex dub chab goud dous guat.

斗约片拔洞扛当，

Dous yob pianb pab dongb gangb dangb，

吉洽龙几腊几白。

Jib qiab longd jib lab jib bait.

歌言要对年轻唱，一十多岁知了全。
知义知礼要像样，安稳本分坐人间。
女儿大了要嫁放，男儿长大讨妻圆。
女儿打扮好模样，排子排样美又乖。
是人见了爱心上，紧想和妹把白谈。

你要小心莫上当，若是上当人笑开。
与人玩耍莫过挡，把你调戏闹起来。
口中不讲心里忙，不然动手扯你来。
拉拉扯扯不像样，讲起狠话难下台。
糟蹋没有官告状，纠缠不放解不开。

二、劝家庭团结歌

萨够吉板同吹麻，

Sead goud jib biab tongb cuid mab，

几借吉柔同借干。

Jib jied jib roud tongb jied ganb.

不是来讲挑拨话，

Bub shib laid jiangb tiaod pob huab，

冬腊浪内洞喂板。

Dongb lab nangb neix dongs weid biab.

到了中年窝就挂，

Daob led zhongb nianb aod jiud guab，

崩欧欧告亚常反。

Bengb oud ous gaox yad changes fanb.

得休章林腊拿骂，

Dex xiut zhangs liongx lad nab mab，

得拔腊拿内章善。

Dex pab lad nab neix zhangs shait.

沙埋崩欧嘎吉他，

Sead manb bengd ous gad jib tab，

不要争吵闹离开。

Bub yaod zhengd chaod laob lib kaid.

何必要来紧吵架，

Heb bib yaod laib jingb chaod jiad，

吉他吉吼袍川川。

Jib tab jid houb paod zhuanb zhuanb.

作为没够得窝卡，

Zuob weid meix goud dex aod kab,

卜久阿全周斗见。

Pub jiud ad quanb zhoud dous jianb.

斗蒙斗喂气头大，

Dous mengx dous wed qib toud dad,

打细欧告几关天。

Dad xib out gaox jib guanb tiant.

鸳鸯夫妻豆吉瓦，

Yand yangd fub qis dous jib wab,

崩欧分散各一边。

Bengb oud fenb sanb geb yid bianb.

牙弄常猛嘎内昂，

Yad nongb changb mengx gad neid ghax,

崩你吉追内欧先。

Bengb nit jib zhuib neix oud xianb.

草同阿柔得录麻，

Caob tongd ad rous dex nud mab,

克冬尼度背几变。

Ked dongb nit dub beid jib bianb.

卜拢扛埋猛吉拿，

Pub longd gangb manx mengx jib nad,

三思考虑话心间。

Sanb sid kaod lib huab xinb jianb.

人生红尘满天下，

Rend shengb hongb chengd mand tianb xiab,

水想总列想几宽。

Shuid xiangt zongb lieb xiangt jid kuangt.

内良起写吾良昂，

Neid liangb qid xied wud liangb ghax,

你们总要合拢来。

Nid menx zongb yaod hed longs laib.

几卜吉数猛嘎茶，

Jib pub jib shub mengx gad chab,

拢羊达起到发财。

Longd yangb dad qit daob fab caix.

歌言唱了礼行大，重叠重上义理全。
不是来讲挑拨话，世上的人听我摆。
到了中年心打岔，夫妻双方把心反。
小儿长成有父大，女儿长大母娘矮。
劝你夫妻莫相骂，不要争吵闹离开。
何必要来紧吵架，相争相吼接接连。
作为有些不对话，讲了一些便丢开。
斗你斗我气头大，两边放肆不管天。
鸳鸯夫妻分离下，夫妻分散各一边。
妇人又去把人嫁，老公在后讨新来。
吵闹分离破了家，这等祸事不应该。
讲出你们想一下，三思考虑话心间。
人生红尘满天下，会想总要想得宽。
人的心肠水海大，你们总要合拢来。
和睦相好去持家，如此才能得发财。

三、劝有夫之妇不扶养幼儿闹离婚之歌

大众留言喂叉捕，

Dad zongb liub yand wed chab pub,

关捕大逃照拢洞。

Guanb pub dad taob zhaob longd dongb.

剖内投胎闹苟虐，

Boud neix toux tand laob goud niub,

都列全靠母慈心善酷叉林。

Dous leib quanb kaod mud cid xinb shaib kud chab liongx.

窝虐怀胎尼内苦，

Aod niub huanb tand nit neix kus,

什么九难她本身。

Shenb md jiux nanb tad benb shengb.

美味不吃想呕吐，

Meid weib bub chib xiangt oud tub,

汝锐汝列久想能。

Rub ruit rub lieb jiud xiangt nongx.

黄皮寡瘦累昂久，

Huangb pib guad shoub lieb ghax jiud,

出外行走步难行。

Chub waid xinb zoud bub nanb xingb.

临产之时更加苦，

Lingb chenb zhid shib gengd jiad kus,

娘奔死来儿奔生。

Niangx bend sid laid erd bend shengb.

好不容易离娘肚，

Haod bub rongx yib lid niangx dub,

龙裙抱住在娘身。

Longd qunb baod zhub zaib niangx shengd.

产下婴儿靠母乳，

Chanb xiab yinb erd kaod mud rus,

能妈补就叉章林。

Nongx mat bub jiub chab zhangs liongx.

喂到满月矮召久，

Weib daob manb yued and zhaob jius,

几怕得让会兵竹。

Jib pab dex rangb huid biongd zhux.

扛汉剖乔乜共补，

Gangb haib boud qiaob niax gongb bub,

召个苟让久常炯。

Zhaob guob goud rangb jiud changes jongb.

剖内良松几拿油，

Boud neix liangb songt jib nanb youd,

几拿打油你窝中。

Jib nanb dad yous nit aod zhongx.

打油毕旧苟腊书，

Dad yous bib jiud gous lad shub,

忙叫告包犁窝容。

Mangb jiaob gaod baox lis aod rongx.

自将求干几刚偶，

Zid jiangs qiub ganb jib gangb oud,

少难得油苟妈能。

Shaob nanb dex yous goud mat nongx.

单虐下儿它做母，

Danb niub xiab erd tad zuob mud,

它也有母爱酷扛得章林。

Tad yes youd mud aid kus gangb dex zhangs liongx.

狗瘦下儿不认主，

Goud shoub xiab erd bub renb zhub,

拢单窝豆否嘎蒙。

Longd danb aod dous woud gad mengx.

洽内苟固得狗久，

Quiab neix goud gub dex goud jius,

洽苟狗让苟几分。

Qiab goud gus rangb goud jib fens.

六畜莎苟良松捕，

Liud chub sead gous liangb songb pub,

阿半内拢，否浪人性莎召达狗能。

Ad banb neix longd, Woud nangd renx xinb sead zhaob dad gous nongx.

再斗几吾王现克吾吉苦苦，

Zaid dous jib wud wangb xianb ked wus jib kud kud,

它是靠水来接种。

Tad shib kaod shuib laid jieb zhongs.

冷血动物浪阿偶，

Lengd xieb dongb wus nangd ad ous,

江娄娄猛闹如浓。

Jiangs ned ned mengx laob rub niongb.

母你干腊阿偶古，

Mud nib ganb lad ad ous gub,

卡者累腊为久空。

Kad zheb lieb lad weib jiud kongt.

握图豆崩你帮儒，

Wod tub dous bengd nit bangb rud,

列扛窝背见汝叉鲁崩。

Lieb gangb aod bib jianb rub chab lud bengb.

抽求阿半拢一喂满月矮召久，

Choud qiub ad banb longd yid weib manb yued and zhaob jiud,

召将得让久常炯。

Zhaob jiangs dex rangb jiud changes jongb.

困在摇篮年图图，

Kub zaib yaod lanb nianb tud tus,

就梅吉克便内滚。

Jub meix jib ked biat neix gunt.

蒙尼生离喂叉捕，

Mengx nib shengd lib wed chab pub,

达尼死别不忍兄。

Dad nib sid bieb bub renx xiongd.

黄蜂尾针不为毒，

Huangb feng weid zhengb bub weix dus,

最毒不过妇人心。

Zuid dux bub guob fud renx xinb.

召个得让久常久，

Zhaob guod dex rangb jiud zhangd jius,

再列抄闹拢离婚。

Zaib lieb chaod laob longd lis hunb.

借故得崩原配不服舒，

Jied gub dex bengd yuanb peib bub shub fub,

洽否走上黄泉路。

Qiab woud zoud shangb huangb quanb lud.

纵尼蒙浪命上子午卯酉出阿儒，

Zongb nib mengx nangd mingb shangb zid wub maod youb chub ad nub,

生成你是克夫星。

Shengb chengb nit shib ked fub xiangb.

扛拔再配三重夫，

Gangb pab zaib peib sanb chengb fub,

到头总是守寡人。

Daod toux zongb shib shoud guab renx.

蒙号想洞列扛岔到得崩麻让全文武，

Mengx haob xiangt dongx lieb gangb chab daob dex bengd mab rangb quanb wend wus,

相貌好比得得绒。

Xiangb maob haod bis dex dex rongx.

扛牙少到苟配夫，

Gangb yab shaod daob goud peib fub,

白就亚到得常炯。

Baid jiub yad daob dex changes jongb.

冬腊汝拔有许都，

Dongb lab rub pab youd xud dous,

内再到汝矮召蒙。

Neix zaib daob rub and zhaod mengx.

你有初一他十五，

Nit youd chub yib tad shid wus,

环环相扣照拢洞。

Huanb huanb xiangt koub zhaod longd dongb.

报应浪昂拢单久，

Baob yind nangd ghax longd dans jiud,

悔恨尼斗窝得空。

Feib hend nit dous aod dex kongt.

将牙几常配旧夫，

Jiangs yad jib changd peib jiud fub,

原夫原妻配原成。

Yuanb fub yuanb qid peib yuanb chengd.

及上常拢苟得酷，

Jid shangb changs longd goud dex kut,

母慈子孝好家庭。

Mud cid zis xiaob haod jiad tingx.

列学西虐徐孟母,

Lieb xied xid niub xud mengx mud,

析林迁居育儿亲。

Xud lingx qianb jiub yub erd qinb.

杜家燕山立在古,

Dub jiad yanb shanb lid zaib gud,

义芳教子远传名。

Yud fangb jiaod zid yuanb chuanb mingx.

卜送岳家岳老母,

Pub songb yinb jiad yinb laod mud,

刺字尽忠出元绒。

cid zid junb zhongb chub yuanb rongx.

萨袍沙蒙照拢久,

Sead paob sead mengd zhaob longd jius,

洞喂久洞再久蒙。

Dongb wed jiud dongb zaid jius mengx.

大众留言听我述,也讲几句在此间。
我们投胎凡尘处,都要全靠母慈心善养身来。
怀胎之时是母苦,什么九难在身边。
美味不吃想呕吐,好菜好饭不想餐。
黄皮寡瘦身无肉,出外行走步步难。
临产之时更加苦,娘奔死来把儿产。
好不容易离娘肚,龙裙抱住娘身边。
产下婴儿靠母乳,三年乳哺才长全。
喂到满月离了母,丢下细细的幼崽。
丢送老爷奶奶扶,把个婴儿丢分开。
人的良心牛不如,不如母牛在牛栏。
黄牛犁田又犁土,到夜累倒在田边。
一放犁耙就叫出,呼唤小牛来喂奶。
到期下儿它做母,它也有母爱抚养小幼崽。
狗瘦下儿不认主,不准人近到窝边。

恐怕人抱小狗出，怕与小狗来分开。

六畜也有良心足，这些人啊，她的人性没有一点点。

还有水中黄鳝渴水在田土，它是靠水接种来。

它是冷血的动物，它也内心有母爱。

青蛙它在田中住，天干它也为了难。

还有开花山间树，等到果子熟透才谢开。

为啥这些人一喂满月儿离母，丢下幼崽分离开。

困在摇篮只有哭，只有抬眼来看天。

你是生离我才述，若是死别不忍谈。

黄蜂尾针不为毒，最毒不过妇心蛮。

丢下幼儿不养扶，还要吵闹离婚来。

借故丈夫原配不服输，怕他走上路黄泉。

总是你的命上子午卯酉做一处，生成你是克夫灾。

送你再配三重夫，到头总是守寡寒。

你只想要再去找得帅哥年少全文武，相貌好比那神仙。

送你去和他配夫，明年又得小幼崽。

世间女人有许多，他再得好丢你开。

你有初一他十五，环环相扣又相连。

报应来时不可躲，悔恨没有地方钻。

劝你回转配旧夫，原夫原妻配团圆。

赶快回头把儿抚，母慈子孝好家园。

要学从前的孟母，择邻迁居育儿来。

窦家燕山立在古，义方教子名远传。

讲到岳家岳老母，刺字精忠做元帅。

歌唱圆边收了歌，听或不听在你来。

四、劝戒赌歌

柔共没度卜你阿，

Roud gongb meix dub pub nit ad,

祸福利害否咱林。

Huod fub lid haid woud zad liongx.

剖内苟虐炯冬腊，

Boud neix goud niub jongb dongb lad,

苦八苦纵为麻能。

Kud bab kud zongb weib max nongx.

苟会让能没大叉，

Goud huib rangx nongx meix dad chab,

红黑道路有几种。

Hoongb heib daob lub youd jib zhongb.

心怀不良会苟昂，

Xinb huanb bub liangb huid goud ghax,

苟追杀古一场空。

Goud zuib shab gud yis changb kongd.

阿腊抱牌压包阿，

Ad lad baod panb yad baod ad,

出求没当埋苟充。

Chub qiub meix dangb manb goud chongb.

苟会盘剥哭抓抓，

Goud huib panb pob kub zhab zhab,

埋苟钱当猛几朋。

Mab goud qianb dangb mengx jib bengd.

矮闹浪图克几咱，

And laob nangd tub ked jib zas,

同求邦闹窝干溶。

Tongb qiub bangb laob aod ganb rongx.

几穷尼惹背尼假，

Jib qiongb nid roud beid nit jiad,

汝尼打油能窝浓。

Rub nid dad yous nongx aod niongt.

打油内告扛见虾，

Dad yous neix gaox gangb jianb xiad,

动度告苟苟犁炯。

Dongb dub gaox goud goud lis jongb.

沙埋埋少卜麻打，

Sead manx manx shaod pub mad dad,

发气倒转几没通。

Fab qib daob zhuanb jib meix tongt.

沙埋麻汝几沙加，

Sead maib mab rub jib sead jiad,

空动几单得召穷。

Kongd dongb jib danb dex zhaob qiongd.

实在久动席腊差，

Shib zaid jiud dongb xid lad chab,

得埋闹昂几篓容。

Dex manx laob ghax jid nes rongx.

片闹片叫扛边茶，

Pianb laod pianb jiaod gangb bianb chab,

他欧扛汉莽几朋。

Tad oud gangb haib mangs jib bengd.

嘎最累昂卡抓抓，

Gad zuid lieb ghax kad zhab zhab,

最约尼害巴都猛。

Zuid yox nid haib bab dous mengx.

害埋再害埋得嘎，

Haid manb zaid haib manb dex gas,

得休得让见古敏。

Dex xiut dex rangb jianb gud mis.

达到口楼吉相巴，

Dad daob koud loub jib xiangt bab,

常会内苟扛告容。

Changes huib neix goud gangb gaox rongx.

出扛常同阿柔阿，

Chub gangb changes tongd ad rous ad,

得让亚常变得绒。

Dex rangb yad changes bianb dex rongx.

老朝有话来留下，祸福利害都言中。
我们人间有古话，苦争苦做为生隆。
为人路走有几岔，红黑道路有几种。
心怀不良路窄下，以后结果一场空。
那些打牌赌博耍，为啥有钱你乱用。
天心眼孔深又大，你用钱币去填充。
丢下深坑心不怕，如盐丢下在海中。
不知是呆或是傻，莫是牛吃稻草人。
牯牛要练成犁耙，听话照走犁耙丛。
劝你莫讲大狠话，发气倒转走不通。
要劝做好莫做差，若肯听劝成好人。
实在不听罢了差，任你流下苦海中。
挽起裤脚蚂蟥扎，解衣送那蚊子朋。
吸血干了才知怕，瘦了是害自己痛。
害你再害你的家，幼儿小孙谁来痛。
这些不是过头话，重走正道路途中。
重新做人好处大，你们又转变成龙。

五、赌博遇难自悔歌

抱棋下错阿奶子，
Paod qib xiab cuob ad liet zid，
挂约浪度列常叭。
Guab yod nangd dub lieb changes bab.
喂浪窝鲁没娘谷大斗，
Wed nangs aod lub meix niangx guod dad dous，
尼喂号赌叉充家。
Nit wed haod dus chab chongb jiad.
路腊梅齐叉将欧，
Lub lad meix qit chab jiangs oud，
斗得几到内几挂。
Dous dex jib daob neit jib guab.
当梦得林苟喂首，

Dangb mengx dex liongx goud wed shoud,
得林几空拢首那。
Dex liongx jib kongb longd shoud nas.
西锐西列靠那苟,
Xid ruit xid lieb kaod nat goud,
大嫂梅列见几嘎。
Dad saod meix lieb jianb jid gas.
喂炯否标吉苟苟,
Wed jongb woud bious jib goud goud,
常单半地叉敢昂。
Changes danb banx dib chab ganb ghax.
杀后叉见内就缪,
Shab houb chab jianb neix jiub mioud,
腊召共考苟公下。
Lad zhaob gongb kaod goud gongb xiab.
忙拢越共腊越口,
Mangb longd yueb gongb lad yueb kous,
久出久到白苟嘎。
Jud chub jiud daob baid gous gab.
阿腊没家列嘎头,
Ad lab meix jiad lieb gad tous,
赌博浪求嘎几嘎。
Dub bob nangd qiub gad jib gad.

下棋下错一个子,后悔的话要讲出。
我的粮种也有十多斗,是我好赌才毁无。
田地卖完放妻子,幼儿没有人养扶。
等望小儿把我侍,大儿他也不肯做。
饿饭饿菜兄弟忧,大嫂把饭藏别处。
坐在兄弟家里头,回到门外才敢哭。
过后悔过才悟知,只有动手把工做。
现在越老越出丑,不做就没有粮食。
那些有钱莫去游,赌博方面不能做。

六、丈夫劝妻重圆歌

忧忧闷闷出萨叭，

Youd youd menb menb chub sead bab，

闷闷不乐出萨也。

Menb menb bub led chub sead yes.

回忆小小讶儿嘎，

Huib yid xiaod xiaod yad erd gas，

打奶排照莎小色。

Dad lieb paid zhaob sead xiaod sed.

告踏亏喂足早他，

Gaox tab kuid wed zud zaod tab，

休休达骂亚达内。

Xiud xiud dad mab yad dad neix.

吉口怕挂窝拐巴，

Jib koud pad guab aod guanb bab，

欧巧必求龙头梅。

Oud qiaod bib qiud longd tous meix.

斗炯航吹咕咕昂，

Dous jongb hangb cuid gud gud ghax，

昂达几没内拢克。

Ghax dad jib meix neid longd kes.

西列几斗窝求抓，

Xid lieb jid dous aod qiub zhab，

强强列难阿柔特。

Qiangd qiangd lieb nanb ad rout ted.

最约窝教几斗昂，

Zid yos aod jiaob jib dous ghax，

差得列会窝柔奶。

chat dex lieb huib aod rous lieb.

炯照吉标想无法，

Jongb zhaob jid bioud xiangt wud fab，

叉猛忍列苟首写。

Chab menx rend lieb goud shoud xies.

吃尽吉首饭百家，

Chid junb jid shoud fanb baid jiad,

窖瓦浪浓喂抱白。

Yaob was nangd niongb wed baod baid.

出虐吉首几街扎，

Chub niub jid shoud jib jied zhab,

候内出虐苟首喂。

Houd neix chub niub goud shoud wed.

受尽风吹和雨打，

Shoud junb fengd cuid hed yus dad,

同秧江召腊楼者。

Tongb yangd jiangs zhaob lad loud zheb.

头上无有片皮瓦，

Toud shangb wud yous pianb pib wab,

地下插针无地也。

Dis xiab chab zhengd wud dis yed.

苟娄苟追久斗那，

Goud nes goud zhuib jiud dous nat,

无牵无挂孙行者。

Wud quanb wud guab sunb xingd zheb.

阿去阿世上开漏牡丹花，

Ad qib ad shib shangb kaid loub mub danb huas,

弄剖喂洽几没肥。

Nongb boud wed qiab jib meib feib.

姻缘告踏候几瓦，

Yinb yuanb gaob tad houb jib wab,

过度同船龙妹姐。

Goub dub tongx chuanb longd meix jied.

几没苟浓喂克下，

Jib meix goud niongb wed kes xiab,

断下终身许配喂。

Duanb xiab zhongs shengd xud peib wed.

几边吉秀出约家，

Jib bianb jid xiub chub yued jiad,

省吃俭用创家业。

Shengd chib jianb yongb changb jiad yueb.

两人苦挣又苦爬，

Liangd renx kud zhengd youd kud pab,

郎当修然阿胖色。

Langd dangb xiud rax ad pangb sed.

阿者列斩几没差，

Ad zheb lieb zhanb jib meix chat,

喂侬蒙浪蒙侬喂。

Wed yis mengx nangd mengx yid wed.

得拔得浓首几达，

Dex pab dex niongb shoud jib das,

得让得休阿标白。

Dex rangb dex xiut ad bioud baid.

到他阿标周哈哈，

Daob tad ad bious zhoub had had,

老少合睦周热热。

Laod shaob hed mub zhoub rax rax.

喂想冬大风大浪吹不垮，

Wed xiangd dongx dad fengb dad langb cuid bub kuab,

吉虫少同便喂喂。

Jib chongb shaob tongb biat wed wed.

几没忙召自几瓦，

Jib meix mangd zhaob zid jid wab,

龙休龙秀干腊白。

Longd xius longd xiud ganb lad baid.

吉总欧逃会几洽，

Jib zongb oud taob huib jib qiab,

苟会阿奶会阿得。

Goud huib ad liat huib ad dex.

蒙想洞每中达爬水几嘎，

Mengx xiangt dongx meix zhongb dad pab shid jib gas,

每奶内骂水吉车。

Meix liet neix mab shuid jib ched.

内浪早晨相骂夜相乜,

Neix nangd zaod chengx xiangt mab yued xiangt niax,

枕头会上常亲热。

Zhengd tous huib shangb changes qinb rax.

阿柔阿剖浪窝锐窝列阿,

Ad rous ad boud nangd aod ruit aod lieb ad,

忙拢阿奶窝叫出欧特。

Mangb longd ad liet aod jiaob chub out tes.

几白麻达白标昂,

Jib baid mab dad baid bioud ghax,

腊几松方昂弟写。

Lad jib songb fangb ghax dis xied.

剖奶号麻虐浪求将几怕,

Boud liet haob mab niub nangd qiub jiangs jib pab,

蒙再列照闹照叫吼拍拍。

Mengx zaib lieb zhaob laob zhaob jiaod houb pad pad.

打尼喂出太偏差,

Dad nix wed chub taib pianb chab,

蒙席列地到柔让窝昂克。

Mengx xib lieb dis daob rous rangb aod ghax ked.

窝就挂约比谷便,

Aod jiub guab yox bit guox biat,

常出得休昂难特。

Changes chub dex xiut ghax nanb ted.

为求蒙列长扛得嘎沙,

Weid qiub mengx lieb changes gangb dex gad sead,

嘎沙婆共得沙内。

Gad shab pob gongb dex sead neix.

忙拢剖列常出铁匠煮火转来乜,

Mangb longd boud lieb changes chub tieb jiangb zhub huob zhuanb laid niax,

嘎出裁缝嘎提吉。

Gab chub zaib fengb gad tib jib.

他约窝那常几差，

Tad yox aod nab changes jib chab,

那第几差出阿得。

Nab dis jib chab chub ad dex.

同桥柔挂列常加，

Tongb qiaob roud guab lieb changes jiad,

挂挂浪得列常塞。

Guab guab nangd dex lieb changd saib.

好像新春打年粑，

Haod xiangb xinb chunb dad nianx bab,

缪挂常借出柔白。

Mioud guab changes jied chub roud baid.

列扛嘎休外面好玩耍，

Lieb gangb cad xiud waib mianb haod wanb shuab,

免得内到是非小话卜几奶。

Mianb deb neix daob shid feid xiaob huab pub jib liet.

打豆喂号想板求打便，

Dad dout wed haob xiangt biab qiub dad biat,

为求蒙腊几空想同喂。

Weib qiub mengx lad jib kongb xiangt tongb wed.

阿就拢喂尼斗得听天由命莫管他，

Ad jiub longd wed nib dous dex tingb tianb youd mingx mod guanb tab,

阿内炯留阿内克。

Ad neit jongb iub ad neix kes.

忧忧闷闷把歌耍，闷闷不乐把歌说。

回忆小小孩儿家，自己想了值不得。

天公亏我来糟蹋，小小便死了娘爷。

裤脚破过大腿下，衣服破烂肉不遮。

坐在路中哭声大，哭死无人看我者。

饿饭无有什么法，经常要饭大多些。

黄皮寡瘦灾星大，差点要见阎王爷。

坐在家中想无法，才去讨饭度日月。

吃尽吉首饭百家，瓦窑里面当铺歇。

打工吉首街上扎，帮人打工好了些。

受尽风吹和雨打，似秧插在旱土色。

头上无有片皮瓦，地下插针无地也。

前前后后无牵挂，无牵无挂孙行者。

那时啊，世上开遍牡丹花，丑我面人没有客。

姻缘天公帮来大，过渡同船龙妹姐。

没有嫌我人低下，定下终身许配也。

勤俭节约来当家，省吃俭用创家业。

两人苦挣又苦爬，慢慢修成小屋宅。

一碗冷饭没有差，互相依从你我说。

男儿女儿也养大，幼儿小女笑眯眯。

满意一家笑哈哈，老少和睦喜热热。

我想那大风大浪吹不垮，稳当不怕风雨拍。

没有想到就偏差，微风细雨也来摧。

相争两句心里辣，分道扬镳各东西。

你想那每栏的猪会打架，每对夫妻会拌嘴。

人家早晨相骂夜相乜，枕头会上常亲热。　　乜：方言，指黏在一起。

那时候我们饭菜是一家，现在却是分成两餐吃。

不是死别无了法，生离忧愁哭兮兮。

我们也生生分离破了家，你还要拍手打脚吼声起。

若是我做太偏差，你要到儿女面上来看齐。

年纪快到五十哒，转做小儿哭母依。

为啥还不听孙子劝释，孙劝婆婆把心回。

现在我们要做铁匠煮火转来乜，莫做裁缝剪布扯。

解去索子接转它，索断如今又来接。

好似桥垮把岩加，垮过之处要紧塞。

好像新春打年粑，紧紧相连糯相结。

要送小孙外面好玩耍，免得是非小话讲那些。

地上我也想到上天达，为啥你不肯依我说。

今年我也只有听天由命莫管他，一日等望一日也。

七、妻子还劝歌

闷闷不乐蒙朋闹，

Ment ment bub led mengx bengd laob，

克浓腊朋苟便补。

Ked niongb lad bengd goud biat bub.

棍草尼蒙猛岔到，

Ghunb caot nid mengx mengd chab daob，

江岔棍草求巴都。

Jiangs chab ghunb caot qiub bad dous.

分家是你个人造，

Fend jid shib nis guob renx zaob，

几白尼蒙吉岔出。

Jib baid nib mengx jib chab chub.

喂炯比纵蒙夯告，

Wed jongb bib zongb mengx hangs gaox，

嘎让强强打席就。

Gad rangb qiangb qiangb dad xud jiub.

江江几白阿奶叫，

Jiangs jiangs jib baid ad lieb jiaob，

几白得抱出欧处。

Jib baid dex baod chub oud chub.

相松造萨苟喂窝，

Xiangt songt zaod sead goud wed aod，

葡巧扛牙打奶不。

Pub qiaod gangb yad dad liet bub.

不讲一点把皮哨，

Bub jiangs yid dianb bad pib xiaos，

吉年内踏牙嘎久。

Jib nianb neix tad yad gag jius.

无法召卜欧补逃，

Wub fab zhaob pub out but taob，

扛内召告吉秋几奶输。

Gangb neix zhaob gaob jib qiut jib liet shud.

休得窝冬蒙年少，

Xiut dex aod dongt mengx nianb shaod，

出牙安蒙足清楚。

Chub yad anb mengx zud qiangb chub.

让斗吉炯内苟保，

Rangb dous jib jongb neix goud baos，

从欧吉炯阿得吾。

Zongb out jib jongb ad dex wus.

阎王亏蒙柔年少，

Yuanb wangb kuid mengx roud nianb shaod，

内骂常求棍浪足。

Neix mab changs qiub ghunb nangd zub.

扛蒙达起昂昂研研吾格泡，

Gangb mengx das qit ghax ghax yanb yanb wed gies paob，

欧齐奶格夫主主。

Out qit liet gies fub zhud zhud.

欧拢爬同报溜绕，

Oud longd pad tongb baod liud raos，

窝教乖同报斗主。

Aod jiaob guat tongd baod dous zhus.

出特儿没潮苟照，

Chub ted jib meix caob goud zhaob，

吾你窝叫吹卡久。

Wud nis aod jiaob cuid kad jius.

叉起不周猛莎潮，

Chab qit bub zhoud mengx shab caob，

莎潮修斗追板竹。

Shab caob xiud dous zuib biab zhub.

吉首吉吼蒙忍叫，

Jib shoub jib houb mengx rend jiaob，

忙忙几酷同抱油。

Mangb mangb jib kud tongb baod yous.

后扎出虐苟白到,

Houd zhab chub niub goud baid daob,

良到白滚首巴都。

Liangd daob baid gunb shoud bab dous.

同秧江斗腊柔老,

Tongb yangd jiangs dous lad roud laos,

郎当就加嘎腊虐。

Langd dangs jiud jiad gag ad niub.

他拢尼蒙常急照,

Tad longs nit mengx changd jid zhaob,

话说真言自己吐。

Huab shuod zhengb yanb zid jis tub.

年到二十翻了坳,

Nianb daob erd shib fanb led aod,

同图话录虐粗粗。

Tongb tub huab lub niub cud cud.

阿去阿崩瓜崩李几羊照,

Ad qid ad bengd guab bengd lib jib yangb zhaob,

蒙号吉斗奶格几敢柳。

Mengx haob jib dous liet giet jib gand loub.

姻缘阎王配成套,

Yinb yuanb yuanb wangb peib chengd taob,

内那几转被窝组。

Neix nad jib zhuanb beid aod zus.

喂号想洞蒙休苦从安奶叫,

Wed haob xiangt dongs mengx xiud kus congb and lieb jiaob,

出内难到安昂苦。

Chub neix nanb daob and ghax kus.

内卜喂腊苟善告,

Neix pub wed lab goud shait gaox,

弄羊腊见蒙浪补。

Nongb yangb lad jianb mengx nangd bub.

吉打出家把福造,

Jib dab chub jiad bab fub zaob,

几边吉秀出家屋。

Jib bianb jid xiub chub jiad wub.

窝到窝锐阿晚号,

Aod daob aod ruit ad waib haob,

阿奶潮共补奶鲁。

Ad liet caob gongb bub liet lud.

窝纠油晚苟先照,

Aod jius youd wanb goud xiant zhaob,

能求强强吊求古。

Nongx qiub qiangb qiangb diaod qiub gud.

处录江浓苟柔报,

Chub lud jiangs niongb goud roud baob,

就然窝柔浪当母。

Jiud rax aod roud nangd dangb mus.

龙腊到浪嘎腊到,

Longd lad daob nangd gad las daob,

江江单冬昂快夫。

Jiangd jiangd danb dongt ghax kuaid fub.

几奶洞蒙浪窝起修嘎闹,

Jib iet dongb mengx nangd aod qit xiud gad laob,

郎当对牙共起酷。

Langd dangb duis yad gongb qid kus.

蒙出猴儿天宫闹,

Mengx chub houd erd tianb gongb laob,

由蒙久动傍人捕。

Yud mengx jiud dngb bangb rend pub.

出狗雅柔爬雅潮,

Chub goud yad rous pad yad caob,

雅潮雅柔会几舞。

Yad caob yad roud huib jib wus.

排天常拢苟剖跳,

Paid tianb changes longd gous boud tiaob,

就理中中同涨吾。

Jiud lid zhongb zhongb tongd zhangs wut.

图比干伞舞得到，

Tub bib ganb said wud dex daob,

抱喂毕求内抱休。

Baod wed bib qiub neix baod xius.

抱喂见内抱干盗，

Baod wed jianb neix baod ganb daob,

汝尼补首补闹出。

Rub nit bux shoud bux laod chub.

张公百忍有名号，

Zhangd gongb baid renx youd mingx haob,

我忍一百还有五。

Wod rend yis baix haid yous wud.

算盘迷龙喂抱叫，

Suanb panb mid longs wed baod jiaob,

嘎白麻达白麻虐。

Gad baid mab dad baid mab niub.

同桥挂约巴鸟告，

Tongx qiaob guad yox bab niaox gaob,

抓豆浪柔见白久。

Zhab dous nangd rout jianb baid jius.

挂见早白缪阿笑，

Guab jianb zaob baid mioud ad xiaob,

难到常见出阿图。

Nanb daob changes jianb chub ad tub.

嘎难阿爷得油告，

Gad nanb ad yex dex youd gaob,

得难阿家得狗儒。

Dex nanb ad jiad dex goud nub.

扬名四海便照告，

Yangx mingd sid haib biat zhaob gaob,

内卜弄几腊得无。

Neix pub nongb jid lad dex wus.
扛蒙汝出梅逃比齐跳，
Gangx mengd rub chub meix taob bid qid tiaob,
布绒布便得蒙布。
Pub rongx bub biat dex mengx bub.

闷闷不乐你癫了，看你也想跳悬崖。
忧愁是你个人闹，爱找忧愁上身来。
分家是你个人造，分家是你分在先。
我在下边你上敖，小孙我们共同爱。
也只是分两锅熬，分开困床做两间。
伤心造歌对我告，丑名送我背起来。
不讲一点把皮哨，不知人骂我打先。　　　　把皮哨：方言，指丢丑、丢脸。
无法只有实情告，让人一边来评哪个偏。
回想当初你年少，我知道得很清楚。
打柴我们同路道，洗衣共是一水源。
阎王亏你时年少，父母回转上西天。
让你这才哭哭啼啼无有靠，泪流哭红肿双眼。
衣服烂了无补到，身上脏黑铁锅板。
煮饭无米下锅到，水在锅中都煮干。
这才出门把饭讨，讨米站在门外边。
吉首乾州都讨了，夜夜如牛困屋外。
后来打工有了靠，得了黄粑养身来。　　　　黄粑：苞谷粑。
似秧插在泥中熬，慢慢得劲把青转。
今天是你回忆到，话说真言自己捡。
年到二十翻了坳，好似树木在青山。
那时候桃花李花开遍了，你也看在眼中心里爱。
姻缘阎王配成套，日月星斗把线牵。
我在想你从小受苦知苦套，做人难得知苦天。
媒人来讲我依了，这样你我配团圆。
勤劳苦作把福造，勤俭节约创家财。
吃菜吃瓜一锅熬，一个米合三豆连。
锅中没油水煮熬，青菜吊那锅巴盐。

好似雀儿起窝造，造成屋坐心里安。

儿媳小孙养来到，才得满意没几天。

哪知道你的心中迷了道，开始对我把心变。

你做猴儿天宫闹，由你不听旁人言。

做狗舔磨猪舔槽，舔磨舔槽不要脸。

排天回来搞吵闹，无理取闹不收敛。

舞那开山斧头操，打我好似打衣板。　　　　开山：讲脏话的傩戏子。

打我好似打强盗，哪是钢铁做的材。

张公百忍有名号，我忍一百还过点。

算盘打了无处靠，莫分死路生分开。

似桥垮了是垮了，桥身垮下不可全。

过年打粑人欢笑，捏成小坨再合难。

莫喊阿爷打牛造，儿叫阿爸是狗脸。

扬名四海有名号，外面人讲再人言。

送你好做闹马四脚跳，跳楼跳崖由你选。

八、劝炖肉的人不小心被狗把肉吃完而伤心的歌

动照蒙浪苦情由，

Dongb zhaob mengd nangd kus qingb youx，

诉汉苦从一趴拉。

Shub haid kus congb yid pab lad.

尼内洞召候几吼，

Nit neit dongb zhaob houb jib houd，

酷蒙喂扛阿然萨。

Kud mengx wed gangb ad rax sead.

挂见几到昂苟秋，

Guab jianb jib daob ghax goud qiut，

几到昂能亚到茶。

Jib daob ghax nongx yad daob chab.

茶见扳照炊炉子，

Chab jianb biab zhaob cuid lub zid，

旧蒙卡昂豆几拉。

Jiud mengx kad ghax dous jib lad.

猛岔得后拢几次，

Mengx chab dex houd longd jib cib,

你达板竹莎久牙。

Nid dad biab zhub sead jiud yab.

几没想洞狗西狗最修出丑，

Jib meix xiangt dongx gud xid goud zuid xiud chub choud,

到处理伞会几瓜。

Daob chub lid said huib jid guab.

咱昂久喂尼狗豆，

Zad ghax jiud weib nid gous dous,

咱列久能尼狗嘎。

Zad lieb jiud nongx nid goud gas.

咱个昂炖内楼楼，

Zad guob ghax dunb neid loud loud,

计叫达为吉汤兔。

Jid jiaob dad weib jib tangd mianb.

能抽弟猛寿标标，

Nongx choub dis mengx shoub bioud bioud,

干干猛岔窝得然。

Ganb ganb mengx chab aod dex rax.

扛蒙长单拿几怄，

Gangx mengd changes danb nad jib ous,

怄达相松叉出萨。

Ous dad xiangt songt chab chub sead.

挂见扛最蒙能够，

Guab jianb gangb zuix mengx nongx goud,

几斩棍香拼列卡。

Jib zhanb ghunb xiangt piongt lieb kad.

沙蒙得浓想几够，

Sead mengx dex niongb xiangb jib goud,

昂挂几偶见约嘎。

Ghax guab jib oud jianb yod gad.

打便嘎怪扛打豆，

Dad biat gad guaib gangb dad dout，

怪扛打奶巴度假。

Guaib gangb dad liet bab dub jiad.

错一次浪关一十，

Cuob yid cib nangd guanb yid shib，

苟追炖昂列吉打。

Goud zuib dunb ghax lieb jid dab.

听了你的苦情由，诉了苦情一大堆。

是人听了想不透，可怜我送歌几句。

过年没得肉星子，没得肉吃又得洗。

洗成煮在炊炉子，满屋都是肉香味。

去找豆腐添里头，懒惰没有关门口。

没有想到村寨饿狗和瘦狗，四处理味到处走。

见肉不吃哪是狗，见饭不吃是傻狗。

见了肉炖软油油，拱翻盖子就吃油。

吃饱之后跑出走，暗暗躲去屋后头。

送你回转发气死，气死伤心作歌留。

过年只得吃菌子，敬奉祖宗啥没有。

劝你也要心莫忧，肉过喉咙成了屎。

莫怪天高和地厚，只怪个人是傻子。

错一次来管一世，以后炖肉要坐守。

九、劝释夫妻莫吵架的歌

1.

劝释我把歌言造，

Qianb shib wod bab guod yanb zaob，

够扛戈歌告兰阿。

Goud gangb ged guod gaox lanb ad.

劝你夫妻二人莫吵闹，

Qianb nid fub qis erb renx mox chaod laob，

砂蒙麻汝久沙加。

Shab mengx mab rub jiud shab jiad.

飘流要把家室靠，

Piaob liub yad bab jiad shib kaob，

游玩板弟欧管家。

Youx wanb biad dis oud guanb jiad.

要讲三从四礼貌，

Yaod jiangb sanb congx sid lid maob，

崩抱出包苟娄洽。

Bengb baod chub baod gous ned qiab.

妇人不能把你傲，

Fub renx bub nengx bab nid aos，

蒙花嘎几否嘎阿。

Mengd huab gad jib woud gad as.

蒙号出崩嘎林否腊你吉绕，

Mengd haod chub bengd gad liongx woud lad nit jid raob，

让扛蒙善否嘎昂。

Rangb gangb mengx shait woud gad ghat.

天牌纵苟地牌跳，

Tianb paib zongb goud dis pianb tiaob，

拿几没惹腊见假。

Nab jib meix roud lad jianb jiad.

纵抱害否猛告教，

Zongb baod haib woud mengx gaox jiaob，

莫奈其何紧你打。

Mob nanb qib hed jingb nit das.

抱相尼斗吾格袍，

Baod xiangt nit dous wut giet paob，

抱达几没内苟边。

Baod dad jib meix neix goud bianb.

阿柔阿否你便滚浪阿告，

Ad roud ad woud nit biat gunx nangd ad gaox，

蒙愿岔通埋阿嘎。

Mengd yanb chab tongb manb ad gab.

汝久红庚苟吉报，

Rub jiud hongb gend goud jib baos,

天官赐富必得嘎。

Tianb guanb cid fub bib dex gas.

蒙列想洞恩爱同床把你靠，

Mengx lieb xiangt dongt end aib tongx chuangd bab nid kaob,

大大恩情就是她。

Dad dad end qingx jiud shib tas.

打梅比齐吉腊告，

Dad meix bit qid jib lad gaob,

哪个婆娘没有差。

Nab guob pob niangx meix youd chas.

气冬背公列吉巧，

Qid dongs bid gongb lieb jib qiaod,

当踏欧浪自列沙。

Dangb tad ous nangd zis lieb shab,

把都打奶想吉叫，

Bab dous dad liet xiangt jib jiaos,

松半嘎抱蒙浪拔。

Songb banb gad baob mengx nangd pab.

劝释我把歌言造，唱送戈歌听歌耍。
劝你夫妻二人莫吵闹，是劝好的不劝差。
飘流要把家室靠，游玩外头妻管家。
要讲三从四礼貌，花开柳巷不能耍。
妇人不能把你傲，你也不能欺负她。
你不要丈夫大了把她压倒，让送你高她矮下。
天牌总把地牌靠，多大聪明也搞傻。
打她害她痛苦熬，莫奈其何紧你打。
打伤她只有哭号，打死没有什么法。
那时候她从便滚娘家到，爱她青春美如花。　　便滚：地名。
你俩红庚合了套，天官赐福成一家。

你要想想恩爱同床把你靠，大大恩情就是她。

马有四脚也滚告，哪个婆娘没有差。

气登烟火也不要，莫骂妻子原谅大。

自己各人想全套，想透再也不能打。

2.

劝释把歌作一篇，

Qianb shid bab guod zuob yid bianb,

劝蒙依从列洞喂。

Qianb mengd yid zongb lieb dongb wed.

一层不了二层劝，

Yid cengb bub liaod erd cengb qianb,

免散秋哥窝斗奶。

Mianb saib qiud ged aod dous liet.

劝埋崩欧要浓念，

Qianb manb bengd ous yaod niongb nianb,

和和细细出家业。

Hed hed xis xis chub jiad yes.

二十年纪反心乱，

Erd shib nianb jid fanb xinb luanb,

内共窝柔久斗迫。

Neid gongb aod rout jiud dous bob.

人老会把招牌坏，

Renx laod huib bab zhaob panb huaib,

汝牙几没蒙浪会。

Rub yab jid meix mengd nangd huib.

纵飘苟出窝得害，

Zongb piaob goud chub aod dex haib,

几没当到阿奶特。

Jib meix dangb daob ad liet tes.

没昂单冬落大难，

Meix ghax danb dongt luob dad nanb,

孟达夫计久拢克。

Mengd dad fub jib jiud longd kes.

尼斗得欧把你伴，

Nit dous dex ous bab nid banb，

内内吉溜扛糖白。

Neix neix jib liud gangb tangd bais.

弟欧候蒙爬达乃，

Dis oud houb mengx pad dad naid，

乖从候蒙吉克得。

Guat zongb houb mengx jib ked dex.

妇人是个大恩爱，

Fub renx shib guob dad ens aib，

几骨当到阿从内。

Jib gud dangb daob ad congb neix.

会想对倒这层看，

Huib xiangt duib daob zheb cengd kanb，

想板打奶苟欧者。

Xiangd biab dad liet goud out zheb.

劝释把歌作一篇，劝你依从听我说。
一层不了二层劝，免散秋哥莫耍野。
劝你夫妻要恩爱，和和谐谐创家业。
二十年纪反心乱，老了年纪收敛些。
人老会把招牌坏，美女分上不可也。
飘游只有大危害，正事一点偏不得。
到了后来落大难，病死姘妇不理者。
只有妻室把你伴，天天侍事不能歇。
衣服破了她补烂，脏了她洗送明白。
妇人是个大恩爱，相好恩爱不可拆。
会想对到这层看，想遍各人回心也。

十、欢婆媳搞好关系的歌

几酷浪萨留窝冲，

Jib kut nangd sead liub aod chongb，

浪当拢除扛埋安。

Nangd dangb longs chub gangb manx ans.

巴楼浪者列达龙，

Bab loud nangd zheb lieb dad longs，

搂龙必然苟者卡。

Loud longd bib rax goud zheb kad.

虐者几必窝虐龙，

Niub zheb jib bid aod niub longd，

虐者虐龙必几达。

Niub zheb niub longd bib jib dab.

互相必有反作用，

Fub xiangt bib youd fanb zuox yongb，

冬腊浪内水弄阿。

Dongt lab nangd neix shuib nongb ad.

得休白标达文文，

Dex xiut baid bioud dad wens wens，

为人当上爹娘妈。

Weib renx dangb shangb dies niangx mab.

善你吉久兄绒绒，

Shait nit jib jiud xiongd rongb rongb，

阿奶内配阿奶拔。

Ad liet neix peib ad liet pab.

当龙单标几总炯，

Dangb longs danb bioud jib zongb jongb，

窝够吉汝几没加。

Aod gous jib rub jib meix jiad.

年长月久兵窝穷，

Nianb zhangs yued jius biongb aod qingb，

阿蒙寿龙一趴拉。

Ad mengx shoud longd yis pad lab.

萨忙够保窝内共，

Sead mengx goud baob aod neis gongb，

尼岔麻单度背瓜。

Nid chab man danb dub bis guab.

几见年轻浪告炯，

Jib jianb nianb qingb nangd gaox jongb，

欧谷打就浪窝然。

Out guox dad jiub nangd aod rax.

相安窝求岔苟令，

Xiangt anb aod qiud chab goud liongb，

能抽汝逃会几扎，

Nongx choub rub taob huib jib zhab，

兄个阿够习腊兄，

Xiongd guob ad gous xid lad xiongs，

苟冬纵嘎几水茶。

Goud dongt zongb gad jib shuid chab.

郎当沙保郎当洞，

Langb dangb shab baod nangd dangb dongb，

一切不要楚逼他。

Yid qieb bub yaod chub bid tas.

出龙浪久洞阿蒙，

Chub longd nangd jius dongb ad mengx，

骂苦得浓崩苦拔。

Mab kud dex niongb bengd kud pab.

互相团结来尊重，

Hub xiangt tuanb jied laib zunb zhongb，

卜度扛蒙扛喂昂。

Pub dub gangb mengx gangb wed ghat.

欧果求齐郎当从，

Oud guot qiub qid nangd dangb zongb，

同受然梅郎当拔。

Tongb shoub rax meib nangd dangb pab.

几苦出家几年蒙，

Jib kud chub jiad jib nianb mengd，

勤劳致富令哈哈。

Qingb laob zhid fub liongb had had.

喂卜汉拢埋列洞，

Wed pub haid longs manb lieb dongb，

出发出求同内巴。

Chub fat chub qiub tongb neix pab.

和睦的歌唱一笼，听我慢慢唱歌言。

天干久了雨要送，久雨必然要天干。

久落雨了天晴碰，久晴过后久雨来。

互相必有反作用，凡间事情是这般。

儿孙满堂喜事重，为人当上爷娘奶。

发家发人喜心中，一个女子配一男。

儿媳接得到家中，原来和谐皆喜欢。

年长月久有磕碰，婆媳二人把脸翻。

唱歌来把婆婆送，是讲真情不讲偏。

记得年轻的作用，二十几岁正当间。

不知什么家务重，吃饱好去走游玩。

休息一些也莫纵，功夫紧做做不完。

慢慢教导不急恐，一切不要楚逼来。

儿媳也要来听从，父爱儿子夫妻爱。

互相团结来尊重，讲话互相体谅全。

衣服脏了洗穿用，乱麻丝线理得开。

创家立业苦力重，勤劳致富笑开颜。

我讲这些有作用，荣华富贵到永远。

十一、劝妻子莫闹离婚

再次又把歌言提，

Zaib cid yous bab guod yanb tib，

够扛打戏作参考。

Goud gangb dad xis zuob caid kaos.

人生在世配夫妻，

Ranx shengb zaib shib peib fub qis，

总要团结才是好。

Zongb yaob tuanb jied caib shib haod.

几召苟喂苟蒙气，

Jib zhaob goud wed goud mengx qib，

差错各人自检讨。

Chab cuob guod renx zid jiand taob.

得拔得浓牙牙毕，

Dex pab dex niongb yad yad bib，

为求埋纵列吉草？

Weid qiub manx zongb lieb jid caos?

窝教弄欧阿宗提，

Aod jiaob nongb oud ad zongb tib，

能锐吉炯阿不小。

Nongx ruit jib jongb ad bub xiaos.

出茶苟当窝扛西，

Chub chas goud dangb aod gangx xid，

养儿就是为防老。

Yangd erd jiub shid weib fangb laos.

为求欧告闹分离，

Weid qiub out gaox laob fend lib，

几分得抱出欧乔。

Jib fend dex baod chub out qiaob.

跳嫁长猛加内你，

Tiaod jiad zhangs mengx jiad neix nit，

内共浪得起写巧。

Neix gongb nangd dex qid xies qiaod.

龙羊出拢几没对，

Longd yangb chub longd jib meix duib，

得休召扛几奶保？

Dex xiut zhaob gangb jib liet baod?

几尼窝冬昂得葵，

Jib nib aod dongt ghax dex kuib,

挂卡几杂往外跑。

Guab kad jib zas wangb waid paod.

年轻松汝共久配，

Nianb qiangb songt rub gongb jiud peib,

棒八累昂吉巧巧。

Bangb bab liet ghax jid qiaod qiaod.

内浪内共得长最，

Neix nangd neix gongb dex zhangs zuix,

记埋必求棍巧告。

Jib manb bib qiub gunb qiaod gaox.

崩欧欧告哨了皮，

Bengd ous out gaox xiaod les pib,

几奶候埋猛解交？

Jib liet houb manx mengd jies jiaod?

阿分钱当腊久几，

Ad fent qianb dangb lad jius jis,

几拿阿头嘎狗猫。

Jib nab ad tous gad goud maos.

够萨岔共作比喻，

Goud sead chab gongb zuob bid yus,

就是个别人数少。

Jiub shid guob bied renx shub shaod.

再次又把歌言提，唱送你们做参考。
人生在世配夫妻，总要团结才是好。
不必紧要发脾气，差错各人自检讨。
儿女高上有养齐，为啥你们紧要吵？
衣服共是布一匹，吃菜一桌各都好。
积谷就是为防饥，养儿就是为防老。
为啥双方闹分离？分开困床两下倒。
跳嫁转去走哪里，再嫁一夫难得好。

如此这般很不对，幼儿小女把谁靠？
不是年轻有作为，过时游玩往外跑。
年轻美貌老不美，脸上无肉丑面貌。
人家儿女一大堆，赶你出门无路跑。
夫妻二人哨了皮，哪个帮你来解交？
一分钱币值不起，狗屎臭得不得了。
歌唱言词作比喻，就是个别人数少。

十二、劝丈夫莫嫌弃妻子

萨袍对埋亚拢保，

Sead paob duib manb yad ongs baod，

动喂岔度照弄洞。

Dongb wed chab dub zhaob nongb dongb.

无故几水卜吉毛，

Wud dis jib shuit pub jib maod，

莎尼背瓜度窝蒙。

Sead nib beid guab dus aod mengs.

岔欧过去媒人讨，

Chab oud guob qis meix renx taod，

父母保办浪苟冬。

Fub mus baod banb nangd gous dongt.

柔让休休年纪小，

Roud rangx xiut xiut nianb jib xiaod，

苟拔送嘎内浪宗。

Goud pab songb gad neix nangd zongx.

不召内骂告玩召，

Bub zhaob neix mab gaox wanb zhaob，

靠扛度崩苦牙林。

Kaod gangb dub bengs kud yad liongx.

丈夫不善心作巧，

Zhangb fub bub sanb xind zuob qiaos，

早打夜骂拔久空。

Zaod dad yues mab pad jius kongb.

内蒙龙得则大嫂，

Neix mengd longd dex zes dad saod,

龙风内整苟扛松。

Longd fengx neix zhengb goud gangs songt.

天晴出去罗柴草，

Tianb qingb chub qib luob caib caos,

捡查告虫林几林。

Jianb chab gaox zhongx liongx jib liongx.

一日不空排天跑，

Yid rib bub kongb paib tianb paod,

长拢忙叫告瓜孟。

Zhangs longd mangb jiaob gaob guab mengx.

踏牙擂锐久到高，

Tad yab liet ruit jiud daob gaox,

读光久到阿特能。

Dub guangb jiud daob ad tes nongx.

炒菜作油不要老，

Chaob caib zuod yous bub yaod laob,

列爬龙夸几没浓。

Lieb pab longd kuab jib meix niongb.

受牙几没通大脑，

Shoub yad jib meix tongb dab laob,

必求油假抱你中。

Bib qiub youd jiad baod nib zhongb.

破口大骂不得了，

Pob koud dad mab bub dex liaod,

内内寿牙卜几炯。

Neix neix shoub yad pub jib jongb.

匆起必求松周鸟，

Congb qid bib qiub songb zhoub niaox,

活象八巴用便绒。

Huob xiangb bab bab yongb biat rongx.

那时没有一日好，

Nab shib meix youd yis rd haod，

人生在世本久通。

Renx shengb zaib shib bend jius tongt.

歌言对你我来报，听我把话讲内容。
无故不能乱讲倒，都是真心意情浓。
妻室过去媒人讨，父母包办要我从。
当时尚为年纪小，把我嫁去他家中。
分别父母把人靠，靠送丈夫苦我容。
丈夫不善心作巧，早打夜骂不留情。
公婆护儿恨大嫂，哄我蒙蔽大灾星。
天晴出去打柴草，一挑重担我担承。
一日不空排天跑，腰酸背痛一身病。
骂我打菜又得少，挑葱不够一家人。
炒菜放油不要老，煮饭煮汤没有浓。
骂我人没通大脑，好似傻牛在栏中。
破口大骂不得了，天天骂我情不通。
一身忧愁很难熬，好似蝙蝠挂黑洞。
那时没有一日好，人生在世本不通。

十三、劝夫妻珍惜好日子

萨袍几炯同草青，

Sead paob jib jongb tongb caod qings，

必求吾篓袍最最。

Bib qiub wud nes paod zuix zuix.

几郎扛弟窝声勇，

Jib langb gangb dib aod shongb yongx，

再苟婚事亚拢提。

Zaib goud hunb shib yad longs tib.

事情先唱这一种，

Shib qingx xianb changb sheb yid zhongb，

过去婚姻旧法律。

Guob qib hunb yinb jiub fab lvb.

父母包办将得从，

Fub mud baod banb jiangs dex congd，

关蒙牙要依几依。

Guanb mengx yad yaob yid jib yid.

到当梅得浪告松，

Daob dangb meix dex nangd gaox songd，

嫌贫爱富是真的。

Xianb pingb aid fub shib zhengb dex.

几江吉共求轿猛，

Jib jiangs jid gongb qiub jiaod mengx，

昂白吾梅同酒吹。

Ghax baid wut meix tongx jiux cuit.

善你吉浪排告从，

Shait nit jib nangd paid gaox congb，

召久内骂浪楚逼。

Zhaob jiud neix mab nangd chub bid.

莫奈其何猛少公，

Mob nanb qid hed mengx shaob gongd，

断送青春让提提。

Duanb songb qingb chunb rangb tid tid.

少抱几容单同同，

Shaob baod jib rongd danb tongd tongd，

久先不闭双眼皮。

Jud xianb bub bid shuangs yand pib.

幸福解放大为拢，

Xinb fub jied fangb dad weid longs，

封建枷锁抱楼齐。

Fengb jianb jiad suos baod lous qit.

得浓岔葵葵岔崩，

Dex niongb chab kuid kuid chab bengd，

双方自愿江久起。

Shuangs fangb zid yanb jiangs jiud qit.
几苦吉汝阿柔弄，
Jib kud jib rub ad rous nongd,
讲话双方几没气。
Jiangd huab shuangs fangs jib meix qit.
嘎茶绒善背苟猛，
Gad chab rongx shait bid goud mengx,
几龙阿苟笑眯眯。
Jib longd ad gous xiaob mid mid.
互教互学爱心中，
Hub jiaob hub xueb aid xinb zhongb,
一世到老炯果比。
Yid shib daob laod jongb guot bit.

歌言听我唱一笼，好似山涧的溪水。
一重不了又一重，再把婚事又来提。
事情先唱这一种，过去婚姻旧法律。
父母包办只依从，不管女儿依不依。
得钱卖女出嫁中，嫌贫爱富是真的。
不肯也抬上轿中，哭肿双眼流悲泪。
心中乱麻做一丛，都是父母的楚逼。
莫奈其何吊颈痛，断送青春命西归。
僵尸硬了做一筒，气绝不闭双眼皮。
幸福解放才免凶，封建枷锁打烂弃。
婚姻自由恋爱浓，双方自愿结夫妻。
恩恩爱爱在心中，讲话双方很和谐。
劳动生产用力冲，一路同走笑眯眯。
互教互学爱心中，一世到老齐比翼。

第四章 报恩歌

一、唱父母恩

1.

剖内炯斗几冬腊，

Boud neix jongb dous jib dongb lab，

内骂首剖炯苟虐。

Neix mab shoud boud jongb goud niub.

首剖章林苦内骂，

Shud boud zhangs liongx kud neix mab，

内骂首剖嘎养苦。

Neix mab shoud boud gad yangb kus.

内浪浓总必几加，

Neix nangd niongx zongb bid jib jiad，

骂浪苦从必几久。

Mab nangd kus congb bib jib jiud.

天地父母爷娘大，

Tianb dib fub mud yed niangx dab，

产柔吧就强强捕。

Chanb roud bab jiud qiangb qiangb pub.

我们人生普天下，为人都是靠父母。

养儿育女苦爹妈，父母养儿实在苦。

母的恩情还不下，父恩难还得清楚。
天地父母爷娘大，千年万代的根古。

2.
内骂首剖炯苟虐，
Neix mab shoud boud jongb goud niub,
冬腊无比浪林从。
Dongt lab wud bib nangd liongx congd.
十月怀胎尼内不，
Shid yued huanb tanb nit neix bub,
内浪窝求苦嘎林。
Neix nangd aod qiub kud gad liongx.
锐烈几能吾几夫，
Ruit lieb jib nongx wud jib fub,
再列闹处出苟冬。
Zaib lieb laob chub chub goud dongt.
阿虫棍草浓图图，
Ad chongb ghunb caot niongb tud tud,
洽告阿冬麻林梦。
Qiab gaox ad dongt mad lingb mengx.

人生在世靠父母，天下无比的恩情。
十月怀胎在母腹，娘亲面上苦得很。
饭菜不思多苦处，还要劳动苦力争。
一身难动很辛苦，好似一场的大病。

3.
首得尼挂内背瓜，
Shoud dex nit guab neix bib guad,
挂内背瓜窝蒙兰。
Guab neix bid guab aod engx lanb.
挂善挂缪几白嘎，
Guab shait guab mioud jib baid gag,

几瓦苟先扛剖埋。

Jib wab goud xianb gangb boud manx.

怀胎十月阿气阿，

Huanb tanb shid yues ad qis ad,

内浪窝求最苦难。

Neix nangd aod qiub zuid kus nanb.

窝锐窝列几没昂，

Aod ruit aod lieb jib meix ghax,

营养又分养儿胎。

Yinb yangd youd fend yangd erd tab.

养儿是垮母肝肺，垮下慈母的心肝。
心肝五脏都捣碎，生命活活来分开。
怀胎十月受苦累，娘的面上最苦难。
饭菜全都没口味，营养又分养儿胎。

4.

怀胎十月内苦挂，

Huanb tand shid yues neix kud guab,

锐列几能吾几夫。

Ruit lieb jib nongx wud jib fub.

几关吉哈猛出茶，

Jib guanb jib had mengx chub chab,

猛从常忙会几木。

Mengx congb zhangs mangb huib jib mud.

会苟交夫嘎吉腊，

Huib goud jiaod fub gad jib lad,

休炯交夫嘎几竹。

Xiut jongb jiaod fub gad jib zhub.

内几白猛单谷那，

Neix jib baid mengx danb gud nab,

棍草林拿阿如休。

Ghunb caot liongx nab ad rub xiub.

怀胎十月母苦难，饭菜不吃水不饮。
还要再去搞生产，披星戴月苦不停。
走路轻脚莫乱踩，行走坐卧都小心。
何时熬到十月满，大大忧愁负在身。

5.

得你吉久见谷那，
Dex nid jib jiud jianb guod nab，
阿虐见喜足吃亏。
Ad niub jianb xid zud chib kuid.
吉固阎王竹吹挂，
Jib gud yanb wangx zhud cuid guab，
年冬归命背久归。
Nianb dongt guid mingb bid jius guid.
窝闹窝斗内八八，
Aod laob aod dous neix bab bab，
几干吾弄同酒吹。
Jib ganb wud nongb tongb jiud cuit.
滚格久咱汉冬腊，
Gunx gied jiud zad haib dongx lad，
安洞列闹阿交儿。
And dongb lieb laob ad jiaod jit.

儿在母体十月满，到了见喜吃大亏。
走到阎王的门边，不知性命如何的。
浑身无力脚手软，汗水流下湿透衣。
痛得眼花心缭乱，不知活命在哪里。

6.

苟会列闹阿交儿，
Goud huib lieb laob ad jiaod jib，
排召窝起莎浓养。
Paib zhaob aod qit sead niongb yangd.

得昂首兵内叉归，

Dex ghax soub bid neix chab guid，

跳挂竹吹棍阎王。

Tiaob guab zhub cuid ghunx yuanb wangb.

死去活来见大鬼，

Sid qib huob laid jianb dab guis，

死路途中常还阳。

Sid lub tub zhongb changes haid yangx.

内儿吉难见了喜，

Neix jib jid nanb jianb led xid，

内召窝大板竹常。

Neix zhaob aod dad biab zhub changes.

路走不见在哪里，想在心里嘴不讲。

何时儿才离母体，跳过鬼门别阎王。

死去活来见大鬼，死路途中转还阳。

何时才得见了喜，苦楚苦痛儿的娘。

7.

首得尼内命吉良，

Shoud dex nib neix mingb jid langx，

内苟命良得休首。

Neix goud mingb langb dex xiut shoud.

当单得休昂吾哇，

Dangb danb dex xiud ghax wud was，

内浪报兰先几斗。

Neix nangd baod lanb xianb jid dous.

谷万郎内没阿吧，

Guox wanb nangd neix meix ad bab，

村村寨寨都见有。

Cunb cunb zhanb zhanb dous jianb youd.

喂卜汉拢实情话，

Wed pub haib longd shid qingb huab，

洞萨浪总想理由。

Dongb sead nangd zongs xiangt lid youx.

儿是娘的命换下，娘把生命换儿子。

等到婴儿哭呜哇，娘的鼻息气没有。

十万的人有百巴，村村寨寨都见有。

我讲都是实情话，听歌人众想理由。

8.

分骨分肉儿白兵，

Fend gud fend rous jib baid bingb,

郎当能列常补夫。

Langd dangs nongx lieb changes bub fud.

没当抱嘎苟补充，

Meix dangb baod gad goud bub chongd,

要当尼口列夫书。

Yaod dangb nis koud lieb fub shud.

白那相没绒长拢，

Baid nab xiangt meix rongx changes longd,

窝埋共娘阿苟吾。

Aod manb gongb nangx ad gous wud.

营养麻汝几白兵，

Yinb yangs max rub jib baid biongx,

几柔苟扛扛得休。

Jib roud gous gangb gangb dex xiut.

分骨分肉分出来，慢慢吃饭又来补。

有钱杀鸡补养添，钱少是吃饭红薯。

满月力气未登边，勉强脚色把门出。

好的营养喂儿来，娘的嘴内吃糙粗。

9.

交夫得休嘎召斩，

Jiaod fut dex xiut gad zhaob zhanb,

就剖苟照报常兰。

Jub boud gous zhaob baob zhangs lanb.

夜困时常要喂奶，

Yued kunb shid changes yaob wed nais,

再列良嘎袍川川。

Zaib lieb langb gad paob chuant chuant.

昂茶不得摘生产，

Ghax chab bub dex zhanb shengd chans,

巴内达龙不几关。

Bab neix dad longs bub jib guanx.

包儿不穷昂窝块，

Baod jib bub qiongd ghax aod kuaib,

不弟阿充欧窝抬。

Bub dib ad chongb oud aod tanb.

照顾小儿小心待，小儿抱在身胸怀。
夜困时常要喂奶，还要时常换尿片。
农忙还要搞生产，晴雨背在娘腰间。
背得肩痛腰又酸，衣服身上都背烂。

10.

得休西特苟妈岔，

Dex xiut xid teb gud mab chab,

出内耐烦扛妈背。

Chub neit nanx fand gangb mab bib.

能妈叟先林得昂，

Nongx mat shoud xianb liongd dex ghax,

能章能周苟奶摧。

Nongx zhangb nongx zhoub goud nait cuid.

能妈能单补谷那，

Nongx mab nongx danb bub guod nas,

苟内营养莎能齐。

Goud neix yinb yangs sead nongx qit.

补就断奶苟列岔，

Bub jiub duanb naid gous lieb chab,

能内包常卡最最。

Nongx neix baod changes kad zuis zuis.

小儿饿了找奶吃，娘亲耐烦喂儿奶。

吃奶养命长成气，儿吃母瘦受苦挨。

三年乳哺不容易，娘体瘦黄大危险。

三年断奶把饭吃，把娘营养都吃完。

11.

得休单冬昂能例，

Dex xiut danb dongt ghax nongx liab,

当内苟列苟吾虫。

Dangb neix goud lieb goud wud chongb.

昂你背免留阿泻，

Ghax nit bid mianb liub ad xies,

够闹背公留阿同。

Goud laob bid guos liub ad tongb.

麻矮够猛苟首内，

Mad ans goud mengx goud shoub neix,

麻江留扛得休能。

Mab jiangs liub gangb dex xiut nongx.

补就达起水冲这，

But jiub dad qis shuit chongb zheb,

叉要阿仰得旦松。

Chab yaod ad angb dex danb songt.

小儿大了要吃饭，娘亲喂饭又喂水。

娘吞苦来儿吃甜，好的要把孩儿喂。

苦的娘吃肚里面，甜的喂送孩儿吃。
三年才能拿得碗，娘才宽怀放心里。

12.

得休章单便照就，

Dex xiut zhangs danb biat zhaob jiub,

炯就送猛学堂你。

Jongx jiub songb mengx xueb tangd nit.

钱米花了无算数，

Qianb mid huab les wub suanb sud,

见嘎用猛没拿几。

Jianb gad yongb mengx meid nad jit.

盘得尼想扛得汝，

Panb dex nit xiangt gangb dex rub,

望子成龙懂道理。

Wangb zid chengd longs dongs daob lid.

猛阿就浪林阿就，

Mengx ad jiub nangd liongx ad jiub,

得林窝就二十几。

Dex liongx aod jiub erd shid jib.

小儿年纪到四五，七岁送去学堂里。
钱米花了无算数，钱米用去不可惜。
盘儿养女多苦处，望子成龙懂道理。
一年长大一年数，孩儿年纪二十几。

13.

盘得窝就欧谷养，

Panb dex aod jiub out guox yangs,

欧谷打就好青春。

Out guox dad jiub haod qingb chunb.

内骂内秋苟扛邦，

Neix mab nait qiut goud gangb bangs,

尽大责任费心林。

Junb dad zeb rens feib xinb liongx.

内骂儿叟周儿刚，

Naib mab jib shoud zhoub jib gangs,

花费不少的钱银。

Huab fei bub shaob dex qianx yind.

孩儿年纪二十几，二十几岁好青春。

父母把儿来讨妻，尽大责任费苦心。

父母心中暗暗喜，花费不少的钱银。

14.

林得单昂列叉柔，

Liongx dex danb ghax lieb chab roud,

同录叉柔窝加潮。

Tongb lub chab roud aod jias caob.

阿标几白出欧标，

Ad bioud jib baid chub out bioud,

阿灶背斗出欧灶。

Ad zaob bid dous chub out zaob.

内骂几分嘎养秀，

Neix mab jib fenb gad yangs xiub,

夯告没总苟头窝。

Hangb gaox meix zongb goud toud aot.

没内吉白香炉子，

Meix neix jib baid xiangt lub zid,

窝浪起写叉茶高。

Aod nangd qit xued chab chad gaox.

长大以后要立家，好似雀儿起窝巢。

一家分开做两家，一灶火烧分两灶。

父母分家担心大，祖宗有人把纸烧。

有人承根接祖下，放心得下少烦恼。

15.

窝浪起写叉茶高，

Aod nangs qit xied chad chab gaod,

两老内共纵吉打。

Liangd laob neix gongb zongb jid dab.

巴内求高偶窝浓，

Bab neix qiub gaod oud aot niongb,

达龙浪昂炯留嘎。

Dad longs nangd ghax jongb liub gad.

炯谷打就内久闹，

Jongb guot dad jiub neix jiud laob,

会嘎号几几单阿。

Huib gad haob jib jib dans ad.

卜度吉交抓吾鸟，

Pub dex jib jiaod zhab wut niaox,

九松九然同达帕。

Jiux songb jiub rax tongx dad pab.

放心得下少烦恼，两位父母老了身。

天晴上山割柴草，落雨在家守家门。

七十几岁力气小，行走不到坐不稳。

讲话口水流出了，人老不比年轻时。

16.

乙共乙猛腊乙晚，

Yib gongb yib mengx lad yib waib,

闹嘎背叫豆嘎斗。

Laob gad bib jiaob dous gad dous.

列吾列斗苟得难，

Lieb wut lieb dous goud dex nanb,

烈列烈龙抓扛否。

Lied lieb lied nongx zhab gangb woud.

嘎休首拢没阿占，

Gad xiut shoud longd meix ad zhanb,

嘎让高得出阿标。

Gad rangb gaox dex chub ad bioud.

出得出龙想吉板,

Chub dex chub longb xiangt jib biab,

麻共麻休腊列首。

Mab gongb mab xiut lad lieb shoud.

越老越去越困难,脚架膝头臂架手。

要水要饮把人喊,要饭要菜递上手。

孙儿养来一大片,金孙银儿满屋子。

儿媳儿孙宽想点,老少三班要担忧。

17.

忙拢剖见得浪骂,

Mangd nongs bioud jianb dex nangd mab,

阿柔剖尼骂浪得。

Ad rous bioud nib mab nangd dex.

当家才知米值价,

Dangb jiad cais zhib mid zhib jiab,

首得叉年龙照业。

Shoud dex chab nianb longd zhaob yed.

内骂浪柔酷剖挂,

Neix mab nangd roud kud boub guab,

毕求剖酷剖浪得。

Bib qiub bioud kub bioud nangd dex.

出内打奶烈吉拿,

Chub neix dad liet lied jib nab,

打奶吉拿良松克。

Dad liet jib nab langb songt ked.

我们老了成爹妈,过去我是娘的崽。

当家才知米值价,养儿才知米值钱。

父母他们养我大，好似我养我儿来。
做人要讲良心话，各人自己来打点。

18.

人吃良心树吃根，

Ranx chid langx xinb shub chid gens,

内骂共约靠得酷。

Neix mab gongb yod kaob dex kut.

阿逃度拢相蒙浓，

Ad taob dub longs xiangt mengx niongx,

弄儿将到几娄吾。

Nongb jib jiangs daob jib ned wus.

世上的人有几等，

Shib shangb dex renx youd jib dengs,

麻汝麻加没几都。

Mat rub mat jiad meix jib dous.

内骂首剖献爱心，

Neix mab shoud boud xianb aid xinb,

毕求剖酷剖得休。

Bib qiub boud kub boud dex xiut.

内骂浓纵够照拢，

Neix mab niongb zongb goud zhaob longd,

阿半度拢要紧足。

Ad banb dub longd yaob jingb zub.

人吃良心树吃根，父母老了靠儿孙。
这句话儿道理深，不能不讲这良心。
世上的人有几等，好的坏的都有人。
父母养育献爱心，胜如我们疼儿孙。
父母恩情比海深，这些话儿很当紧。

二、敬老歌

1.

剖埋秋兄几冬炯，

Boud manx qiut xiongb jib dongt jongb，

几到迷冬昂茶七。

Jid daob mid dongb ghax chas qit.

足加阿冬窝内共，

Zub jiad ad dongb aod neix gongb，

乙共乙猛乙吃亏。

Yib gongb yib mengx yib chid kuis.

吉久共昂要久绒，

Jib jiud gongb ghax yaod jius rongx，

会苟必求内闹提。

Huib goud bib qiud neix laob tib.

炯照绒补吉浓浓，

Jongb zhaob rongx bud jib niongd niongd，

窝闹吉抓哭加西。

Aod laob jib zhab kut jiad xit.

我们投胎到人世，多是活在苦难里。
最差人老的时候，越老越去越吃亏。
人老无力来做事，走路摇摆踩布匹。
坐在炉边低了头，双脚踩在火炉灰。

2.

见约内共差巴同，

Jianb yod neix gongb chab bab tongb，

奶格窝求克几咱。

Liet giet aod qiub kes jib zas.

麻穷吉克出麻滚，

Mat qiongb jib ked chub mat gunt，

吉头麻光见麻假。

Jid tous mat guangb jianx mat jiad.

麻岭麻穷克几充，

Mat liongx mat qiongb ked jis chongt,

张家牙难李家拔。

Zhangs jiad yab nanb lid jiad pab.

高锐高列吉交能，

Gaox ruit gaox lieb jib jiaod nongx,

能召号几算号阿。

Nongx zhaob haob jid sunb haob ad.

成了老人差眼睛，什么也看不见差。
红的看成绿色青，看那真的变成假。
红的绿的看不清，张家我喊作李家。
饭菜合起一齐吞，吃在哪里不管它。

3.

共约炯标强强善，

Gongb yox jongb bioud qiangd qiangd shait,

吉同窝声嘎计鲁。

Jid tongb aod shongt gad jib lub.

卡卡咕咕善出占，

Kad kad gud gud shait chub zhanb,

五鸟嘎缪哈出图。

Wut niaot gad mioub had chub tub.

教鸟抱常强强然，

Jiaob niaot baod zhangs qiangb qiangb rax,

板宗几弟五鸟补。

Biad zongb jid dis wut niaot bub.

几奶克咱几奶船，

Jib lieb kes zad jib liet chuant,

反剖内共告然鲁。

Fanb boud neix gongb gaox rax lub.

老了在家咳不散，咳了把那浓痰吐。
卡卡咕咕不自在，口水鼻涕一齐出。　　卡卡咕咕：咳痰声。
胸中湿了一大片，地上浓痰遍到处。
是人见了不敢看，就怕老人肮脏腐。

4.

共约窝就都中缪，
Gongb yod aod jiub dous zhongx mioud,
板弟豆耸腊久浪。
Bbiab dib dous songb lad jius nangd.
走内吉难久浪斗，
Zoud neit jib nanb jiud nangd dous,
内卜锐声否卜光。
Neit pub ruit shongt woud pub guangd.
列会能特候没够，
Lieb huib nongx ted houb meix goud,
出豆出斗包否浪。
Chub dous chub doub boud woud nangs.
内共年老下口口，
Neix gongb nianb laob xiab koud koud,
内干内莎反上双。
Neix ganb neix sead fanb shangb shuangd.

人老耳朵听不见，外头打雷只见光。
碰见路人不敢喊，人说青菜我葱洋。
吃饭要人递送来，做那手势报来当。
年纪老了轻慢慢，人见人嫌不好讲。

5.

共约窝求莎共板，
Gongb yox aod qiub sead gongb biad,
共内共就共窝然。
Gongb neix gongb jiud gongb aod rax.

比先吉溜同够然，

Bid xiant jid liub tongb goud rax，

邦巴浪昂吉哈哈。

Bangb bad nangd ghax jib had had.

天晴落雨气候变，

Tianb qingb luob yud qis houb bianb，

几梦背叫列梦瓜。

Jib mengx bid jiaod lieb mengx guab.

除乙除矮把气叹，

Chub yid chub and bab qib tans，

卜度同容几篓嘎。

Pub dub tongb rongb jib ned gas.

老了什么都老完，老年老岁老邋遢。
额头皱纹都布满，脸上无肉皮都垮。
天晴落雨气候变，不痛腰杆痛头花。
整天整日把气叹，讲话如羊子屎粒。

6.

阿柔剖腊到让挂，

Ad rous boud lab daob rangb guab，

求绒求便几安难。

Qiub rongx qiub biet jib and nanx.

补斗几北标无免，

Bub dous jib biex biaot wud biad，

窝且且潮剖几台。

Aod qieb qieb caob boud jib tans.

想闹号几号阿加，

Xiangt laob haod jid haob ad jiab，

列嘎号几腊达千。

Lieb gad haob jib lad dad qians.

几尼偷苟卜度抓，

Jib nib toud gous pub dub zhad，

豆古柔共内老班。
Dous gud roud gongb neix laod banb.

从前我们年轻过，上坡上岭不知难。
跳过三张大方桌，跳过风车的上边。
想走哪里都到过，要去不怕路途远。
不是故意讲缘故，不信可去问老班。

7.

窝昂柔让剖腊打，
Aod ghax roud rangb boud lad dad,
会苟压记背够缪。
Huib goud yad jib bid goud mioud.
堂内苟拳苟棍沙，
Tangb neix goud quanb goud ghunb shab,
同扣报常几没搂。
Tongb koud bad zhangs jib meix loud.
共虫刀要边担哈，
Gongb chongb daod yaod bianb danb has,
头寿头共漂欧候。
Toud shaot toud gongb piaod out houb.
久总难剖出内他，
Jud zongb nanb boud chub neix tab,
召告内克内秋剖。
Zhaob gaox neit ked neix qiut boud.

年轻之时我也狠，走路风飘耳朵头。
武术堂中拳脚奔，刀砍胸脯血不流。
挑担扁担抛得轻，边跑边唱喊欧候。　　欧候：欢呼声。
力大无穷多人称，好多人群称赞有。

8.

剖让阿冬奶格明，

Boud rangd ad dongt liet giet mingx,

召内难挂猫儿眼。

Zhaob neix nanb guab miaod erd yans.

录你打便几炯用，

Nub nit dad biat jib jongb yongb,

窝内报告剖腊安。

Aod neit baod gaox boud lad ans.

亚汝中缪苟吉龙，

Yad rub zhongx mioud gous jid longd,

留油留业洞秀先。

Liub youd liub yed dongb xiub xianb.

隔够隔远隔夯共，

Geb goud geb yuanb geb hangd gongx,

浪内吉岔板来彩。

Nangd neix jib chab biab laid cais.

年轻之时眼睛亮，被人称作猫儿眼。
鸟儿飞在天空上，是公是母我知全。
耳朵也尖听力强，隔山牛气听得见。
隔长隔远听得上，隔山可听人默念。

9.

柔让窝冬剖腊汝，

Roud rangb aod dongt boud lad rub,

同崩麻汝豆阿冬。

Tongb bengd max rub dous ad dongt.

报梅通先得比豆，

Baod meix tongd xianb dex bib dous,

巴先果腊窝先恩。

Bad xianb guot lad aod xianb ghongx.

会苟窝斗牙不不，

Huib goud aod dous yas bub bub,

他瓜他炯汝英雄。

Tad guab tad jongb rub yind xiongb.

尼内克咱几卜录，

Nit neix ked zas jib pub lud,

排子排样充腊充。

Paib zid paib yangx chongb lad chongb.

年轻之时我也好，帅气帅哥多人称。

脸上通红有光照，牙齿整齐白如银。

走路起风足舞蹈，帅腰直背好雄英。

是人见了帅容貌，排子排样好得很。

10.

得哈得篓窝柔让，

Dex had dex ned aod rous rangb,

见到扣搂板照拢。

Jianb daob koud loub biab zhaob nongb.

阿去阿喂号求苟娄绒娄炯藏，

Ad qis ad wed haob qiub gud ned rongx ned jongb zhangs,

娄挂打绒藏挂炯。

Ned guab dad rongx zhangs guab jongb.

沙宝狮子舞见况，

Shab baod shid zis wud jianb kuangb,

忙弄安洞喂浪阿修绒汝嘎儿猛。

Mangd nongb and dongx wed nangd ad xiud rongx rub gad jib mengd.

共约叉见龙弄羊，

Gongb yod chab jianb longd nongb yangd,

吉良阿冬昂年轻。

Jid liangb ad dongb ghax nianb qingb.

年轻之时有力气，仍然记得很清楚。

那时候我也上山捉龙捉虎骑，捉过龙来骑过虎。

耍宝狮子舞起飞，现在不知我的一身力气哪里躲。
老了我才怕苦累，回忆那时我不服。

11.

出内苟虐几冬炯，

Chub neix goud niub jib dongt jongb,

迷奶腊列共阿冬。

Mid liet lad lieb gongb ad dongs.

吉关蒙没拿几令，

Jib guanb mengx meix nad jib liongx,

几洽蒙出乖麻林。

Jib qiad mengx chub guat mab liongb.

共约窝柔吉浓浓，

Gongb yod aod rous jib niongb niongb,

几尼偷勾出扛松。

Jib nib toud gous chub gangb songt.

剖列嘎反窝内共，

Boud lieb gad fanb aod neix gongb,

几腊几上共单蒙。

Jid lad jid shangb gongb dans mengx.

我们都是凡间人，每人都要老年临。
不管你富或你贫，不怕做官大权力。
人到老了坏体形，不是各人装故意。
对待老人要尊敬，不快不慢老到你。

12.

嘎反阿高窝内共，

Gad fanb ad gaox aod neit gongb,

纵列耐烦照否判。

Zongb lieb nanb fanb zhaob woud piad.

敬老养老要尊重，

Junb laob yangb laod yaos zunb zhongb,

埋酷否浪内酷埋。

Manx kud woud nangd neix kud manx.

首得首嘎莎苦红，

Shoud dex shoud gas sead kub hongb，

其埋从汝见几然。

Qib manx congb rub jianb jid rax.

出内列苟良松冲，

Chub neix lieb goud liangx songt chongb，

列出子孝父心宽。

Lieb chub zid xiaob fud xinb kuans.

善恶到头有报用，

Shait ed daob toud youb baod yongb，

阿逃度拢尼麻单。

Ad taob dus longd nit max dans.

不要难着老人众，总要耐烦再耐烦。
敬老养老要敬奉，尊敬老人是应该。
养儿育女恩情重，老人恩大深如海。
人的良心要有用，子女孝敬父心宽。
善恶到头总有碰，这句话儿记心间。

第五章 原根歌

一、唱双喜的根源

1.

唱
changd

出卡拢通埋无吹，
Chub kab longd tongt manx wud cuib,
恭贺双喜浓腊浓。
Gongb hes shuagb xid niongb lad niongb.
热情招待好无比，
Rax qiangx zhaob daib haob wud bis,
酒平服浪昂平能。
Jiud pingb hud nangd ghax pingx nongx.
能抽赶格苟豆起，
Nongx choub ganb lub goud dous qis,
扛剖炯照弄板总。
Gangb boud jongb zhaob nongb biax zongs.
够萨堂卡苟剖陪，
Goud sead tangb kad gous bioud peit,
告他无比浪林从。
Gaox tab wud bib nangd liongb zongb.
将忙剖够萨双喜，
Jiangs mangb boud goud sead shuangd xib,

吉候度标几浓朋。

Jib houb dus bioud jib niongb bengd.

荣发富贵上云梯，

Rongx fab fub guid shangb yunb tid，

福如东海流吾冬。

Fub rub dongs haid liux wud dongt.

苟度商量蒙阿岁，

Goud dub shangd liangx mengx ad suib，

歌唱双喜浪原根。

Guod changb shuangd xid nangd yanx gend.

哪代哪朝吉岔起，

Nad daib nad zhaox jib chab qit，

吉岔双喜是何人。

Jid chab shuangd xid shib hed renx.

这个根原有道理，

Zheb guob gend yans youd daob lis，

动萨浪总乖久捧。

Dongb sead nangd zongx guat jiud bangb.

萨袍交边轮到你，

Sead paob jiaod bianb lunb daob nit

当蒙照追候拢分。

Dangs mengx zhaob zuib houb longd fens.

做客我们到这里，恭贺双喜笑盈盈。

热情招待好无比，酒醉肉饱好心情。

饭饱烧火热心意，请坐凳子高堂厅。

又唱歌言把客陪，你们情义盖天庭。

一夜歌唱贺双喜，帮助东家陪客人。

荣华富贵上云梯，福如东海坐凡尘。

把话商量我和你，歌唱双喜的根源。

哪代哪朝才讲起，讲出双喜是何人。

这个根源有道理，听歌人众耳朵清。

歌言交边轮到你，等你在后来分明。

2.

将萨动喂阿从度，

Jiangb sead daob wed ad zongb dus，

歌唱古典的来历。

Guod changb gud dians dex laid lib.

最内动萨人无数，

Zuid neix dongb sead renx wux shub，

堂卡洞萨内茶起。

Tangx kad dongb sead neix chab qit.

双喜虐满没缘故，

Shuangd xid niub mans meix yand gub，

典故西昂有道理。

Diand gub xid ghax youd daob lis.

后人照倒前人步，

Houb renx zhaob daob qiand renx bub，

剖抢西虐浪哭吹。

Boud qiangd xid niub nangd kus cuid.

猛阿虐浪挂阿虐，

Mengx ad niub nangd guab ad niub，

水有源头话有底。

Shuid yous yanx toud huab youd dis.

双喜儿奶起出葡，

Xhuangd xis jib liet qit chub pub，

出葡双喜阿柔儿。

Chub pub shuangd xid ad rous jib.

交边萨忙腊达吾，

Jiaod bianb sead mangb lad dad wus，

江萨召追候儿最。

Jiangb sead zhaob zuib houb jib zuit.

歌师听我把言述，歌唱古典的来历。
堂中听歌人无数，堂内高人就是你。
双喜从前有缘故，典故古人有道理。
后人理了前人步，依照前人脚印启。

一层过了一层数，水有源头话有底。
双喜哪个把名做，名叫双喜哪朝起。
交边歌言到你述，歌师在后要理齐。

3.

答
dab

交边萨袍长单剖，
Jiaod bianb sead paob zhangs danb boud,
歌言交送我来搞。
Guod yanb jiaod songb wod laid gaos.
蒙浪声音响亮几吼豆，
Mengx nangs shengd yind xiangt liangb jib houd dout,
出个题目把我考。
Chub guob tid mub bab wos kaod.
埋拢出卡剖浪斗，
Manx longd chub kab boud nangd dous,
你们做客来到了。
Nid menx zuob ged laid daob les.
嫁妆配女足楼吼，
Jiad zhuangt peib nit zud lous houb,
庆贺双喜乐滔滔。
Qinb heb shuangd xid les taod taod.
言度双喜楼腊楼，
Yanb dus shuangd xis loub lad loub,
锦上添花好又好。
Jinx shangd tians huab haod youb haod.
你问双喜的来由，
Nid wenb shuangd xid des laid yous,
始叫双喜是哪朝。
Shid jiaob shuangd xid shhib nad zhaox.
度卜双喜浪背够，
Dub pub shuangd xid nangd beib goud,

这个根原要找倒。

Zheb guob gend yans yaob zhaob daob.

加喂浪求要知识，

Jiad wed nangd qiub yaod zhid shis,

抱愧我的文化少。

Baod kuib wod des wenx huab shaod.

毕萨堂卡管否求，

Bid sead tangb kad guanb woud qiub,

答毕不到莫心焦。

Dab bis bub daob mox xinb jiaod.

宋朝有个王安石，

Songb zhaob youd guob huangb and shib,

腹内文才八斗高。

Fub neix wenx caid bab dous gaos.

出葡双喜否召豆，

Chub pub shuangd xid woud zhaob dous,

双喜起名他先搞。

Shuangd xid qis mingx tad xianb gaos.

亚到状元亚到欧，

Yad daob zhuangb yuanb yad daos oud,

状元一喜妻一好。

Zhuangb yand yis xid qis yid haos.

流传后代岔保剖，

Liub chuanx houb daib chab baod bous,

阿柔岔度欧柔保。

Ad rous chab dub oud rous baod.

安喂毕度搂几楼，

Anb wed bib dub lous jib lous,

尼浓几棍拔老表。

Nib niongb jib ghunt bab laod biaod.

交边歌言我接手，歌言交送我来搞。

你的声音响亮昂声吼，出个题目把我考。

你们客人费心忧，你们做客来到了。

嫁妆配女富足有，庆贺双喜乐滔滔。
奉承双喜大好事，锦上添花好又好。
你问双喜的来头，始叫双喜是哪朝。
要理双喜的根由，这个根原要找到。
我的面上少知识，抱愧我的文化少。
堂中歌唱我出丑，答陪不到莫心焦。
宋朝有个王安石，腹内文才八斗高。
名叫双喜他起头，双喜起名他先搞。
又中状元得妻子，状元一喜妻一好。
流传后代有根由，一代流传一代保。
不知答对或答走，或是混账混老表。

二、皇帝穿龙衣的根原

1.

唱
changb

谈今讲古你们会，
Tanb jinb jiangs gud nit menx huib,
历史典故你明白。
Lid shid dians gud nit mingx baid.
和你商量话一句，
Hed nit shangd liangx huab yd jius,
岔度古典出闹热。
Chab dub gud dians chub laob rax.
听歌的人才有味，
Tingd guos dex renx cais youd weib,
堂卡洞萨内茶乖。
Tangb kad dongx sead neix chab guat.
历代王朝有皇帝，
Lid daib wangb zhaox youd huangs dib,
亚难天子麻林乖。
Yad nanb tianb zid max liongx guat.

他是元首第一位，

Tad shib yuanb shoud dis yid weib,

百送莎尼否浪内。

Baid songb sead nib woud nangd neix.

阿柔猛约阿柔气，

Ad rous mengx yox ad rous qit,

代代天子尼阿奶。

Daib daib tianb zid nit ad liet.

喂卜蒙洞尼几尼，

Wed pub mengx dongt nit jib nit,

尼度郎当吉岔克。

Nit dub langd dangs jib chab kes.

谈今讲古你们会，历史典故你明白。
和你商量话一句，理那古典做闹热。
听歌的人才有味，堂中听歌得明白。
历代王朝有皇帝，叫作天子大帝爷。
他是元首第一位，百姓都服他管也。
一朝老了一朝替，代代天子坐朝阙。
我讲这些对不对，听话要听话情节。

2.

帝王头戴金龙帽，

Dib wangb toud daib jinb longd maos,

身穿龙袍弄大衣。

Shengd chuanb longx paod nongb dad yis.

这种穿着很巧妙，

Zheb zhongb chuanb zhed hens qiaod miaob,

尼汉几奶吉岔起。

Nib haib jid liet jib chab qit.

蒙阿逃浪喂阿逃，

Mengx ad taob nangd wed ad taob,

服吾列岔源头水。

Fub wut lieb chab yanx toud shuid.

交边萨莽喂吉要，

Jiaod bianb sead mangs wed jib yaob,

扛蒙照追理根基。

Gangb mengx zhaox zuib lid gens jid.

帝王头戴金龙帽，身穿龙袍和大衣。

这种穿着很巧妙，这是何人提倡起。

你一套来我一套，吃水要寻源头水。

交边歌言把你到，送你在后理根基。

3.

答

dab

自从盘古开天地，

Zid congb panb gud kaid tianb dib,

辟地开天叉没内。

Pib dib kaid tianb chab meix neix.

没内达起没王记，

Meix neix dad qib meix wangb jib,

王记自尼窝比乖。

Wangb jib zid nib aod bis guat.

天地国亲和师位，

Tianb dib guob qinb hed shid weib,

敬照神龛雄克克。

Junb zhaob shengb choub xiongb ked ked.

君不开口口要闭，

Junb bub kaid kous koud yaob bid,

百送达起到充白。

Baid songb dad qit daob chongb baib.

欧绒起弄尼刘季，

Oud rongx qit nongb nib liub jib,

刘季刘邦阿奶内。

Liub lib liub bangs ad liet nex.

喂不蒙洞尼几尼，

Wed bub mengx dongb nib jib nib，

几尼几见嘎踏喂。

Jib nib jib jianb gad tab wed.

自从盘古开天地，辟地开天有人也。

有人这才有皇帝，皇帝就是大官爷。

天地国亲和师位，敬在神龛中堂节。

君不开口口要闭，百姓才能得清白。

龙袍穿从刘季起，刘季刘邦大老爷。

我讲你说对不对，若是不对莫心舍。

4.

刘邦王记弄欧绒，

Liub bangd wangb jib nongd out rongx，

身穿龙袍弄大衣。

Shengd chuand longx paob nongb dad yis.

龙带金腰转虫虫，

Longx daib jinb yad zhuanx chongb chongb，

龙袍龙桂在一起。

Longd paob longd guab zaib yid qis.

阿汉道理冬腊冬，

Ad haib daob lis dongt lad dongt，

单意郎当列怕背。

Danb yib nangd dangs lieb pad beis.

刘邦限内否腊从欧炯照处格冬，

Liux bangd xianb neix woud lad congb oud jongb zhaob chub giet dongt，

久忙否照打绒推。

Jud mangb woud zhaob dad rongx tid.

苟追酷骂弄格同，

Gud zuib kub mab nongb giet tongx，

崩绒脱形照内槌。

Bengd rongx tuod xingb zhaob neix zuib.
刘匪列否把刘从，
Liub feib lieb woud bab liub congb，
强占许配他为妻。
Qiangb zhanb xud peib tad weib qis.
阿虐否猛四月中，
Ad niub woud mengx sid yued zhongs，
你炯刘家单那乙。
Nit jngb liux jiad danb lab yib.
毕得炯照内浪纵，
Bid dex jongb zhaob neix nangd zongb，
异名外姓叫刘基。
Yud mingx waib xinb jiaod liub jid.
苟追出约乖麻林，
Goud zhuib chub yod guat max liongx，
他穿龙袍有道理。
Tad chuanb longd paob youd daob lis.
龙骨龙体龙子孙，
Longd gus longd tid longd zid suns，
纪念龙德好风水。
Jib nianb longd deb haod fengd shuis.

刘邦皇帝衣穿龙，身穿龙袍穿大衣。
龙带金腰捆腰中，龙袍龙褂在一起。
这些道理有得浓，慢慢说来慢慢理。
刘邦他是那个洗衣坐在湖边中，不觉他被龙王推。
以后他进到龙宫，龙花脱形被人槌。
刘匪要他把刘从，强占许配他为妻。
那时正是四月中，坐到刘家一日归。
养儿生下幼崽龙，异名外姓叫刘基。
日后登基坐朝中，他穿龙袍有道理。
龙骨龙体龙子孙，纪念龙德好风水。

三、八人秋的原根一

1.

疗花几奶吉岔起，

Liaod huab jib lieb jib chab qit,

几奶吉岔疗花客。

Jib liet jib chab liaod huab ked.

龙汉元年就窝比，

Longd haib yuanb nianb jiud aod bis,

吉年那阿过春节。

Jib nianb lab ad guob chunb jied.

卜汉剖油三小女，

Pub haib boud yous sanb xiaod nit,

夜里困告包几乖。

Yued lib kunx gaob baod jib guat.

亚猛背叫亚猛比，

Yab mengx beid jiab yad mengx bis,

到孟窝教费了烈。

Daob mengx aod jiaob feib led lieb.

列炯几关要人推，

Lieb jongb jib guanb yaod renx tis,

吉哈几料病好些。

Jib had jib liaod bingb haod xies.

剖油思想无了计，

Boud yous sid xiangb wud led jib,

苟度卜保鲁班说。

Go0ud us pub baod lud banb shuod.

鲁班仙师多伶俐，

Lub banb xianb shid duos lingb lid,

出见疗花青阿奶。

Chub jianb liaod huab qiangb ad lieb.

锐内几瓜心畅意，

Ruit neix jib guab xinb changb yib,

炯汉疗花出闹热。

Jongb haib liaod huab chub laod rax.

原根疗花够阿气,

Yanb gend liaod huab goood ad qib,

吉岔柔嘎包柔得。

Jib chab roud gad baod roud dex.

荡秋何人提倡起,哪个提倡荡秋千。

龙汉元年正月里,正月欢喜过新年。

讲那剖油三小女,夜里困觉不能眠。　　　剖油:蚩尤、尤祖

又痛头来又痛膝,得病在身最心烦。

要坐吊凳要人推,双脚吊下才安然。

剖油思想无了计,把话讲送鲁班仙。

鲁班仙师多伶俐,照计做成一秋千。

荡起旋转畅心意,坐上秋千闹热天。

原根秋千唱几句,传下子孙到永远。

2.

龙汉元年窝就狗,

Longd haib yuanb nianb aod jius goud,

那阿月半月当中。

Lad as yued banb yue dangb zhongb.

你卜龙王三女子,

Nit pub longd wangb sanb nit zid,

家内闲空炯爬崩。

Jiad neix xianb kongx jongb pad bengx.

夜困家床龙板娄,

Yued kunb jiad chuangb longd biab loux,

相蒙汝抱足宽松。

Xiant mengx rub bad zud kuangb songt.

皮干佛爷浪狮子,

Pib ganb fob yed nangd shid zis,

渣鸟喳弄嘎养雄。

zhab niaox zhab nongb gad yangb xiongb.

吉乖到梦召吉久，

Jib guat daob mengx zhaob jib jiud,

单弄欧牙莎特通。

Danb nongb oud yad sead ted tongb.

充到药师拢单标，

Chongb daob yox shid longd dans bioud,

莎拿几到否浪梦。

Sead nab jib daob woud nangd mengx.

叉难鬼谷老仙师，

Chab nanb guid guob laod xinb shid,

卜约阿课叉克充。

Pub yod ad kuob chab ked chongb.

列就阿奶八人秋，

Lieb jiub ad liet bab renx qiub,

再列欧奶欧告候几庆。

Zaib lieb out liet out gaox houb jib qinb.

列岔乙奶炯照弄图苟萨友，

Lieb chab yid liet jongx zhaob nongb tub goud sead yous,

弄羊叉汝拔浪梦。

Nongb yangb chab rub pab nangd mengx.

龙汉元年是属狗，正月月半月当中。
话讲龙王三女子，家内闲空绣花红。
夜困家床在家休，舒服畅意乐融融。
梦见佛爷的狮子，威武跳跃好英雄。
醒时得病痛苦久，浑身出汗衣湿通。
请得药师来到此，也治不了她病重。
才问鬼谷老仙师，卜了一卦才晓通。
要做一个八人秋，再要两边人推来转动。
又要八个男女坐上把歌游，如此痊愈病轻松。

3.

叫到鬼谷浪度捕，

Jiaob daob guis guod nangd dub pub，

难到鲁班在家中。

Nanb daob lub banb zaib jiad zhongs.

张良李良同作主，

Zhangd langb lid langb tongx zuob zhud，

共抬斧凿来帮工。

Gongb tanb fud zaob laix bangb gongd.

岔图列求帮绒儒，

Chab tub lieb qiub bangx rongx nud，

伞到阿得图首林。

Saib daob ad dex tub shoud liongx.

头桐自尼把高图，

Toud tngx zid nib bab gaod tub，

列苟丧出告告青。

Lieb goud sanb chub gax gaox qingd.

二桐苟出窗千抢几吾，

Erd tongx coud chub chuanb qianb qiangd jib wud，

充个况乔照打虫。

Chongb guob kuangb qiaod zhaob dad chongb.

叉苟歌娘岔达务，

Chab gud guob niangx chab dad wus，

炯奶得让阿苟拢。

Jongx liet dex rangb ad gous longd.

起歌作词苟萨出，

Qid guob zuod cid gous sead chub，

炯求辽花汝兵声。

Jongb qiub liaod huab rub biongb shongx.

龙王囊三女洞召起江久，

Longx wangb nangd sanb nix dongx zhaob qid jiangs jiud，

吉年汝牙否浪孟。

Jib nianb rub yab woud nangd mengx.

辽花根原龙拢捕,

Liaox huab gend yuanb longd longd pub,

虐满辽花浪原公。

Niub manb liaod huab nangd yanb gongx.

照着鬼谷的话做,喊得鲁班在家中。

张良李良同作主,共抬斧凿来帮工。

要去山林去砍树,选得一根铁树用。

头桐就是苑苑树,要来削做横梁冲。

二桐削做窗穿来串住,挽起竹圈套当中。

才把歌娘请来坐,八个男女都来朋。

起歌作词把歌述,坐上吊凳转半空。

龙王的三女坐了得好处,欢喜好病不再痛。

秋千根源如此述,古代荡秋原根通。

四、八人秋的原根二

荡秋我把歌来扭,

Dangb qiud wod bab guod laid niub,

苟度古人弟拢拔。

Goud dub gus renx dis longb ab.

辽花唐王浪标旧,

Liaod huab tangx wangb nangd bioud jius,

旧召玉村豆补阿。

Jius zhaob yud cunb dous bub ad.

充到鲁班汝吉构,

Chongb daob lub banb rub jib goub,

告冲排方嘎养打。

Gaox chongb paid fangb gad yangs dad.

唐王内内炯吉留,

Tangx wangb neix neit jongb jid liubb,

旧扛翠连汝几扎。

Jiub gangb cuib lianb rub jid zhab.

心中爱喜想得透，

Xinb zhongb aid xid xiangb dex toub,

窝乖王记几挂拔。

Aod guat wangb jib jid guab pad.

惊动八仙曹国舅，

Jingb dongb bab xianb caos guod jiub,

乙图神仙拢架萨。

Yid tub shenb xianb longd jiad sead.

何仙姑歌浪术溜，

Hed xianb gud guod nangd shud liub,

少将声够达惹惹。

Shaod jiangb shongx goud dad rous rous.

拐李够萨篓油油，

Guab lid gous sead loud youd youd,

逃逃礼松干嘎嘎。

Taob taod lis songt ganb gad gad.

韩湘子吹起笛子好节奏，

Haib xiangt zis cuid qis dis zid haod jies zout,

荡漾山谷飘天涯。

Tangb yangd shanb guod piaod tianb yas.

几炯八仙阿苟求，

Jib jongb bab xianb ad gous qiub,

乙图神仙读几瓜。

Yib tub shengd xianb dus jib guab.

名扬千秋传后世，

Mingx yangd qians qiud chuanb houb shib,

冬豆吉岔求辽花。

Dongt dout jib chab qiub liaod huab.

荡秋我把歌来扭，要讲古人的原根。

秋迁唐王起打头，建在玉村坡脚岭。

请得鲁班好结构，心内排方稳得很。

唐王天天坐到守，起送翠连好宽心。

心中爱喜想得透，大爷皇帝女人稳。

惊动八仙曹国舅，八位神仙答歌声。

何仙姑歌头熟溜，唱那歌声上天云。

拐李唱歌笑油油，句句都是好理行。

韩湘子吹起笛子好节奏，荡漾山谷飘天庭。

八仙一同来荡秋，八位神仙现真身。

名扬千秋传后世，凡间才荡秋千云。

五、赶秋原根

1.

交秋萨袍唱一首，

Jiaod qiut sead paob changb yid shoud,

表达几句话心怀。

Biaod dad jib jius huab xinb huans.

一度一年庆丰收，

Yid dub yid nianb qinx fengd shous,

一年一度庆丰年。

Yid nianb yid dub qinx fengd nianx.

牛望清明人望秋，

Niud wangb qingd mingx renx wangb qiut,

忙得当梦崩泡先。

Mangd dex dangb mengx bengd paod xianb.

剖内冬腊几叟抖，

Bud neix dongt lad jib soud liaob,

脸上起了桃花颜。

Lianb shangb qid les taod huas yand.

男女老少会出苟，

Nanx nit laod shaob huib chub goud,

声无声除够几产。

Shongx wud shongx chub goud jis chant.

有说有笑几叟周，

Youd shuob youd xiaob jib shoud zhoub,

喜度金秋乐无边。

Xid dub jinb qiut led wub bianb.

交秋歌言唱一首，表达几句话心怀。
一度一年庆丰收，一年一度庆丰年。
牛望清明人望秋，蜜蜂等望百花开。
我们人人笑开口，脸上起了桃花颜。
男女老少一路走，歌声歌唱皆喜欢。
有说有笑乐悠悠，喜度金秋乐无边。

2.

得得单昂片背辽，

Dex dex danb ghax pianb bid liaob,

内共单昂周斗免。

Neix gongb danb ghax zhoub dous mianb.

忙叫昂约公读哨，

Mangb jiaob ghax yox gongb dub shaod,

明当几台巴告贪。

Mingb dangb jib tanb bab gaox tans.

内图昂约告最禾，

Neix tub ghax yod gaox zuid yaos,

格热爬昂干冉冉。

Gied rax pab ghax ganb zaid zaid.

苞尔穷约吾马潮，

Baod erb qiongb yod wud mab caos,

几葡苟楼拿内干。

Jib pub goud lous nab neix gans.

山乐水喜人欢笑，

Shanb led shuib xid renx huanb xiaob,

窝虐交秋他弄单。

Aod niub jiaod qiut tad nongb dand.

小孩摘得野果到，老人到了时节欢。
夜里纺车娘虫叫，天亮蚂蚱跳高远。
中午叫了告最天，格热爬叫干冉冉。　　　告最天、干冉冉：虫叫声。
芭谷起了黄色好，田中稻穗把腰弯。
山乐水喜人欢笑，赶秋又逢在今天。

六、吃樱桃的原根一

1.

龙汉元年浪窝就，
Longd haib yaunb nianx nangd aod jiub,
自尼那阿阿谷便。
Zid nib lad ad ad guos biat.
老君炼丹无其数，
Laod junx lianb danb wux qid shub,
板照葫芦内久咱。
Biab zhaob hub lud neix jiud zas.
偷丹猴儿几没母，
Toud dans houb erd jid meix mud,
吾空几尼窝内假。
Wud kongs jib nib aod neix jiad.
等到夜间窝昂布，
Dengx daob yuex jianb aod ghax bub,
仙丹便其久牙鸦。
Xianb danb biat qib jiud yad yab.
老居安约气不住，
Laod zhaob and yox qib bub zhub,
炯照号阿想无法。
Jongb zhaob haod ad xiangt wud fab.

龙汉元年的缘故，正月十五的时间。
老君炼丹无其数，摆在葫芦的里面。
偷丹猴儿有法术，悟空想法在心间。

等到夜间扎埋伏，把那仙丹偷了完。
老君知晓气不住，真是无法又无天。

2.

老君无法否想板，

Laod junb wud fab woud xiangt biab,

用汉排方纵嘎养。

Yongb haid paid fangs zongb gad yangs.

吉亚葫芦苟拢贯，

Gud yad hub lub goud longd guaib,

白抓欧奶闹苟夯。

Baid zhab put liet laod goud hangs.

图瓦章善苟吉传，

Tub wab zhangs shait goud jib chuanb,

接到老君丹一双。

Jied daob laod junb danb yis shuangd.

在天日月叉克干，

Zaib tianb rid yues chab ked gans,

几冬内岔背瓦江。

Jid dongt neix chab beid was jiangs.

苟萨拢够卜吉板，

Goud sead longs goud pub jib biab,

扛内到度拢宣扬。

Gangx neix daob dub longd xuanb yangx.

老君办法都想遍，用计铺摆用排方。
才把葫芦来打开，掉下两粒到凡阳。
樱桃树上枝叶满，接得老君丹一双。
在天日月才看见，世人的人心里想。
对着此情唱歌言，人间得话来传扬。

3.

老君炼丹浪缘故，

Laod junb lianb danb nangd yanb gub,

八卦炉中炼仙丹。

Bab guab lub zhongb lianb xianb dans.

三回炉中留不住，

Sanb huib lub zhongb liux bub zhub,

白抓欧奶闹凡间。

Baid zhab out liet laob fans jianb.

几忙抓单樱桃树，

Jib mangb zhab dans yinb taod shub,

结那果子樱桃来。

Jied nat guod zis yinb taod laid.

七七炼烤才成熟，

Qib qib lianb kaod cais chengd shub,

得吃一个成了仙。

Dex chid yib guob chengd liaod xians.

老君仙丹相蒙汝，

Laod junb xianb dans xiangt mengx rub,

尼内尼总江几占。

Nix neix nix zongb jiangs jib zhanb.

背瓜背李要内柳，

Beid guab beid lis yaod neix liub,

背然背绕内能反。

Beid rax beid raox neix nongb fans.

几占背瓦你邦处，

Jib zhanb beid wab nit bangb chud,

窝高麻让足吉年。

Aod gaox mab rangb zud jib nianb.

岔秋岔兰忙不住，

Chab qiut chab lans mangd bub zhub,

情歌一唱满青山。

Qingx guod yis changb manb qingb shanb.

青年男女来会吾，

Qingb nianb nanx nit laix huib wud，

几够到秋亚到兰。

Jib goud daob qiut yad daob lanb.

红线仙丹来牵注，

Jiangs xianb xiand dans laid qianb zhub，

相好永远到百年。

Xiangt haod yongb yuanb daob baid nianb.

苟萨拢够龙拢除，

Goud sead longs goud longd longb chub，

尼卜樱桃会上浪根原。

Nit pub yind taox huib shangd nangd genb yans.

众人听歌莫辞住，

Zhongb renx tingb guod mos cid zhub，

哪个有话哪个板。

Nab guob youd huab nad guob biab.

老君炼丹的缘故，八卦炉中炼仙丹。

三回炉中留不住，掉下两颗到凡间。

仙丹掸在樱桃树，结那果子樱桃来。

七七炼烤才成熟，得吃一个成了仙。

老君仙丹有好处，人人总想要摘来。

桃李果子少人顾，栗子核桃人不采。

上山去爬樱桃树，得了樱桃心意满。

去找对象忙不住，情歌一唱满青山。

青年男女来会唔，歌唱相亲又相爱。

红线仙丹来牵注，相好永远到百年。

依理原根歌言述，讲那樱桃会上的根源。

众人听歌莫辞住，哪个有话哪个摆。

七、吃樱桃的原根二

1.

列除背瓦浪原根，
Lieb chub beid was nangd yanb gens,
朝朝代代浪萨叭。
Chaob chaob daid daid nangd sead bab.
故事情节传到今，
Gub shid qingb jied chuanb daob jinb,
开天辟地没打便。
Kaid tianb pib dib meix dad biat.
内那几够定婚姻，
Neix nad jib goud dingb hunb yins,
内尼得拔那尼那。
Neix nib dex pab lad nib nat.
干那单昂求了亲，
Ganb nat danb ghax qiub led qinx,
咱内松汝配几良。
Zas neix songt rub peib jib langb.
美貌如花动了心，
Meix maob rub huab dongb led xins,
你排抱想莎无法。
Nib paid baod xiangb sead wud fab.
媒人几到窝得请，
Meix renx jib daob aod dex qings,
心中苦闷如针扎。
Xinb zhongb kud menx rub zhengd zhab.

要唱樱桃的原根，朝朝代代有歌发。
故事情节传到今，开天辟地有古话。
日月相恋定婚姻，太阳美貌月追她。
月亮到时求了亲，看见太阳美如花。
美貌如花动了心，昼思夜想也无法。
媒人没有地方请，心中苦闷如针扎。

2.

媒人几到窝得请，

Meix renx jib daos aod dex qiangd，

心中苦闷如针扎。

Xinb zhongb kud menx rub zhengd zhas.

西虐图瓦章汝很，

Xid niub tub was zhangs rub hens，

章章少求单打便。

Zhangs zhangs shaod qiub danb dad biat.

比瓦先穷同绒穷，

Bib was xianb qiongb tongb rongx qiongb，

先汝窝冬四月八。

Xianb rub aod dongb sid yued bab.

月亮摘得樱桃吞，

Yued liangb zhanb dex yinb taod tuod，

江汝全全拿糖扎。

Jiangs rub quanb quanb nab tangd zhab.

心情舒畅放歌声，

Xinb qingb shud changb fangb guod shengd，

够萨照寿汝背瓦。

Goud sead zhaob shout rub bid wab.

媒人没有地方请，心中苦闷如针扎。

从前樱桃树高很，一直长到天宫下。

樱桃果子熟透新，熟透日期四月八。

月亮摘得樱桃吞，甜在心里如糖扎。

心情舒畅放歌声，歌声称赞樱桃花。

3.

够萨照寿汝背瓦，

Goud sead zhaob shoud rub beid wab，

内你阿告郎当浪。

Neix nib ad gaox langd dangs nangd.

寿拢腊列能背瓦，

Shoud longd lad lieb nongx beid wab，

拢龙干那否吉抢。

Longd longb ganb nat woud jib qiangd.

阿奶柳休图阿洽，

Ad liet liud xius tub ad qiab，

皮能皮岔萨吉两。

Pib nongx pib chab sead jib liangb.

炯内炯乙够几达，

Jongb neit jongb yib goud jib dad，

炯乙炯内够吉胖。

Jongx yib jongx neit goud jib pangb.

越够越到加几怕，

Yued gous yued daob jiad jib pab，

越除越得到背江。

Yued chub yued dex daob beid jiangs.

几除单约阿谷便，

Jib chub danb yox ad guox biat，

月到十五捆了绑。

Yued daob shid wud kunb led bangb.

几内加乙图约洽，

Jib neit jiad yib tud yangx qiad，

加乙少寿同帮郎。

Jiad yib shaod shoub tongb bangd langs.

干那照追寿几踏，

Ganb nat zhaob zhuib shoud jib tad，

吉记几内同内帮。

Jib jib jid neit tongb neix bangb.

剖内冬腊龙否沙，

Boud neix dongb lad longs woud sead，

求苟猛岔背瓦两。

Qiub goud mengx chab beid was liangb.

樱桃合会浪根芽，

Yinb taod hed huib nangd gens yab,
阿柔岔扛阿柔浪。
Ad roud chab gangb ad roud nangs.

唱起赞叹樱桃赋，太阳听见喜心肠。
跑来近了樱桃树，她和月亮两边抢。
一人一边来站住，边吃樱桃边歌唱。
七天七夜把歌述，七日七夜歌声响。
越唱越想心越悟，越唱越得心事想。
一直唱到月十五，月到十五成了帮。
二人心内热乎乎，不知不觉配成双。
月亮追她停不住，夫妻二人情义长。
人间效仿有缘故，上山摘那樱桃享。
樱桃合会根源述，朝朝代代来传扬。

4.
内那打绒见崩欧，
Neix lab dad rongx jianb bengd ous，
姻缘起召能背瓦。
Yinb yuanx qid zhaob nongx beid was.
告虐背瓦先汝偷，
Gaox niub beid was xianb rub toud，
当送窝冬四月八。
Dangb songb aod dongt sid yued bab.
谈情说爱日月羞，
Tanb qingx shuob aid ris yued xiud，
窝虐成亲阿谷便。
Aod niub chengd qinb ad guox biat.
生下满天的星斗，
Shend xiab manx tianb ded xings dous，
天罡地宿炯几达。
Tianb gangb dib shud jongb jid dab.
几奶炯照几奶标，

Jib liet jongb zhaob jid liet bioud，
酷蒙酷喂同耸良。
Kud mengx kud weid tongb songd langx.
划定银河成天沟，
Huab dingb yinb heb chengd tianb goud，
修召号阿将声昂。
Xiud zhaob haod ad jiangs shongx ghax.
再斗冬腊窝柔头，
Zaib dous dongb lad ad rous toud，
七十二丈溜溜大。
Qib shid erd zhangb liud liud dab.
内那你阿兄阿柔，
Neix lab nit ad xiongd ad rous，
拥抱亲嘴久阿瓦。
Yongb baod qinb zuid jiud ad wab.
经过年长日已久，
Jingd guob nianb changes rid yis jiud，
豆就挂约万年八。
Dous jiud guab yox wanb nianb bad.
窝柔苟汉得免叟，
Aod roub goud haib dex mianb shoud，
首汉得乖得免麻。
Shoud hab dex guat dex mianb mab.

日月成了一家子，姻缘起在樱桃花。
樱桃到期才熟透，时期就是四月八。
谈情说爱日月羞，十五成亲做一家。
生下满天的星斗，天罡地宿多有发。
各人面上情义有，阴阳相会来交叉。
织女牛郎来牵手，分离下下哭声大。
再有凡尘把情守，七十二丈厚土扒。
日月歇了一阵子，拥抱亲小有古话。
经过年长日已久，时间过了万年八。
岩崖生出小石猴，生出石猴传天下。

八、四月八的原根

西虐苟汉大容书，

Xid niub goud haib dad rongx shud，

阿气虐满熟大容。

Ad qib niub manb shud dad rongx.

内号冲汉大容出阿儒，

Neix haob chongb haib dad rongx chub ad nub，

比便照偶候几崩。

Bid biat zhaob oud houb jib bengx.

大中将犁吉哭哭，

Dad zhongb jiangs lid jib kud kud，

自书告包犁窝容。

Zid shud gaox baod lis aod rongx.

帮处少没打油偶，

Bangb chub shaod meix dad youd ous，

尼否浪绒纵嘎林。

Nit woud nangd rongx zngb gad liongx.

内叉将容猛娄油，

Neix chab jiags rongx mengx ned yous，

尼否熟娘阿夯冬。

Nit woud shut niangx ad hangd dongt.

阿气西虐浪原古，

Ad qib xid niub nangd yans gud，

四月八虐苟油冲。

Sid yued bab niub nangd yans gud.

力大无穷眼又古，

Lib dad wut qiongx yanb youd gus，

阿秋背斗拿窝冲。

Ad qiut beid dous lab aod chongb.

出茶浪内解累苦，

Chub chab nangd neix jied leis kud，

就就腊苟虐首能。

Jub jiub lad gous niub shoud nongx.

那比乙内虐首油,

Lab bit yid neit niub shoud youb,

尼纵兄油几没冲。

Nit zongx xiongd youd jib meix chongb.

阿气虐西龙拢捕,

Ad qib niub xid longs longd pub,

阿柔打油浪原公。

Ad rous dad youb nangd yans gongx.

古代用羊来犁土,从前用羊来犁田。

人们套起群羊做一处,四五六只做一排。

一放犁头羊群缩,一犁就倒在田间。

山上野牛有无数,牛的力气大如山。

人们才把牛套住,用它犁地又耕田。

过去从前的原古,四月八日牛生来。

力大无穷眼又鼓,尾巴拖下到地边。

耕春的人解累苦,四月八日生日开。

四月初八不犁土,休牛不犁这一天。

四月初八的根古,过去牛生的根源。

九、唱上十里歌师

1.

交秋他拢很热闹,

Jiaod qiut tad longs hend rax laob,

三班老少久阿充。

Sanb band laod shaob jiud ad chongs.

声松声萨几然哨,

Shongb songb shongb sead jib rax shaod,

汝兰照告拢几朋。

Rub lanb zhaob gaox longd jib bengd.

赶秋浪萨同流袍,

Gand qiut nangd sead tongx liud paob，

朝朝代代善歌容。

Chaob chaob daid daid shait guod rongx.

龙生龙子虎生豹，

Longd shengd longd zid hub shengd baos，

阿柔够挂阿柔拢。

Ad rous goud guab ad roud longs.

交秋浪萨够几叫，

Jiaod qiut langd sead gous jib jiaob，

纠内谷乙岔几通。

Jud neit guox yid chab jib tongt.

老老达拢善歌造，

Laod laod das longd shait guod zaob，

老仰补梅拔够充。

Laod yangb bub meix pab goud chongb.

老猴够充炯苟绕，

Laod houb goud chongb jongb goud raob，

贵生造汝萨古人。

Guib shengd zaob rub sead gud renx.

比奶便久有名号，

Bit liet biat jiud yous mingx haob，

考岁够汝挂猛冬。

Kaod suit goud rub guab mengx dongt.

培养阿高得年少，

Peib yangd ad gaox dex nianb shob，

再比麻共够嘎充。

Zaib bid mas gongb goud gad chongb.

进户背周木够到，

Jinb hud beid zhoub mud goud daob，

古人吉溜同松炯。

Gud renx jid lius tongb songb jongb.

正发够萨汝告饶，

Zhengb fad gous sead rub gaox raos，

吉柔萨莽同者穷。

Jid roub sead mangb tongb zheb qiongd.

排打乙浪最老乔，

Paid dad yis nangd zuib laod qiaob，

吉除堂抢充腊充。

Jid chub tangb qiangd chongb lad chongb.

拔夫浪萨同热潮，

Pad hub nangd sead tongb rax chaob，

萨拔萨浓腊够兵。

Sead pab sead niongb lad gous biongd.

吉生久内吉捕照，

Jib shengd jius nex jib pub zhaob，

吉岔水口内忘昏。

Jib chab shuid kous neix wangb hund.

凤连汝萨很深奥，

Fengb lianb rub sead hend shengd aob，

够汝炯你花垣猛。

Goud rub jongb nit huab yuanb mengd.

贵良出萨腊出到，

Guib langx chub sead lad chub daob，

够挂花垣通乾城。

Guod guab huad yuanb tongb qianb chengd.

五生够萨瓜瓜叫，

Wud shengd goud sead guab guab jiaob，

毕萨堂卡汝理松。

Bid sead tangx kab rub lid songt.

拔青排比得牙要，

Pad qings paid bib dex yad yaob，

够扛窝声旦同同。

Goud gangb aod shongx dans tongd tongd.

昌书浪萨有一套，

Changb shud nangd sead yous yid taob，

几够堂卡汝英雄。

Jid goub tangx kad rub yind xiongb.

成忠堂萨久吉乔，

Chengd zhongd tangd sead jiud jib qiaod,

暗地造萨扛内用。

And dib zaob sead gangb neix yongb.

朝西够萨没告跳，

Chaob xid goud sead meix gaox tiaob,

巴二阿告候兵声。

Bab erd ad gaox houb bingd shongx.

官清够萨苟葡到，

Guanb qingd goud sead goud pub daob,

拔拐够汝龙否拼。

Pad guanb goud rub longd woud pingx.

胜本炯你半坡坳，

Shengd benb jongb nit banb pod aod,

水口吉溜同舞绒。

Shuid koud jib liub tongx wud rongx.

号几号阿莎够叫，

Haod jib haod ad sead goud jiaob,

对唱阿充拔没能。

Duib changb ad chongd pab meix nongx.

汝秋汝兰便照告，

Rub qiut rub lanb biat zhaob gaox,

各路高师莎单弄。

Geb lud gaod shid sead danb nongd.

画眉齐嘴大家叫，

Huab meix qid zuis dad jiad jiaob,

嘎扛阿奶几浪公。

Gad gangb ad liet jib nangd gongt.

爱唱的人有一套，

Aid changb des renx youd yib taob,

同柔告能内录兵。

Tongd rous gaox nongx neit nud biongd.

同心团结拿补闹，
Tongb xinb tuanb jied lad bub laob，
吉记帮渣扛兵炯。
Jid jib bangd chab gangb bingd jongb.

交秋今天很热闹，三班老少很多人。
歌声唱声都很高，亲戚六眷都来临。
赶秋的歌一大套，朝朝代代有歌云。
龙生龙子豹生豹，一代传去一代兴。
交秋的歌唱不了，几天十夜唱不登。
老老达拢善歌造，老仰补梅唱得清。
老猴会唱坐苟绕，贵生造好歌古人。
四个五人有名号，可惜唱好过了行。
培养一些歌年少，再比老班唱得登。
进户背周蹲凳靠，古典熟溜好古人。
正发唱歌好音调，好似戏班拉胡琴。
排打乙的是老乔，歌唱堂更浓得很。
拔夫的歌有一套，男女的歌他也行。
吉生多人讲有道，唱即水口人忘昏。
凤连好歌很深奥，唱歌她坐花垣城。
贵良造歌很奥妙，唱远花垣通乾城。
五生唱歌呱呱叫，答歌清韵好理行。
拔青排碧歌巧妙，歌声美妙好歌云。
昌书的歌有一套，歌唱堂中好雄英。
成忠堂歌大有巧，暗地作歌送人用。
朝西唱歌有门道，巴二在后帮出声。
官清唱歌有名手，拔拐唱歌和他拼。
胜本坐在半坡坳，水口唱如龙飞奔。
各处地方都唱到，对唱许多女才能。
亲戚五方六面告，各路高师都来临。
画眉齐嘴大家叫，莫让哪个不满心。
爱唱的人有一套，都是高师大能人。
同心团结才可靠，撵那老虎出山林。

老老、老仰：人名、地名。以下同。

2.

十里浪萨够几叫，

Shid lib nangd sead goud jib jiaod,

阿柔够挂阿柔猛。

Ad rous goud guab ad rous mengx.

阿气阿老朝浪萨同流泡，

Ad qis ad laod chaob nangd sead tongb liud paob,

纠内谷乙岔几通。

Jud neit guox yib chab jid tongt.

嘎休没约照谷照，

Gad xiut meix yox zhaob guox zhaob,

雕刻画画算成忠。

Diaos keb huab huab suand chengd zhongs.

数日爱把歌言造，

Shub rd aid bab guod yand zaob,

几空出萨炯堂根。

Jid kongb chub sead jongb tangd gens.

排碧拔青牙得要，

Paid bib pad qings yad dex yaob,

汝萨亚汝阿得声。

Rub seax yad rub ad dex shongt.

朝西岩罗歌巧妙，

Chaod xis yand luob guod qiaod miaob,

巴二照告候兵声。

Bab erd zhaod gaox houb bingd shongt.

昌书浪萨有一套，

Changb shud nangd sead youd yib taob,

吉大水口浓腊浓。

Jib das shuid koud nongb lad nongb.

老猴炯你豆勾饶，

Laod houb jongb nit dous goud raob,

告比告够得否能。

Gaox bib gaox goud dex woud nongx.

五百年前天宫闹，

Wud baid nianb qiand tianb gongd naob，

苟否压照背苟浓。

Goud woud yad zhaob beix goud niongb.

进户共约几哭报，

Jinb hud gongb yod jib kud baos，

几够堂卡汝古人。

Jid goud tangb kab rub gud renx.

贵生爱把歌言造，

Guib shengd aid bab guod yanx zaob，

造萨传板阿者冬。

Zaob sead chuanb biab ad zheb dongs.

贵良浪声同豆炮，

Guib langb nangd shongt tongx dous paob，

没几都浪小胆得牙拿几崩。

Meix jid dout nangd xiaod dans dex yab lab jid bengs.

胜本炯你半坡坳，

Shengd benx jongb nid banb pod aos，

水口吉溜同舞绒。

Shuid kous jib liud tongb wud rongx.

凤连浪萨汝告饶，

Fengd lianb nangd sead rub gaox raos，

龙崩炯闹凤凰猛。

Longd bengx jongb laob fengd huangb mengx.

正华够充最年少，

Zhengb huab goud chongb zuid nianx shaob，

拔夫真心实意苟否炯。

Pad fub zhengb xinb shid yib goud woud jongb.

春元汝萨生美貌，

Chunb yuanb rub sead shengd meix maob，

杨门女将汝英雄。

Yangx mend nit jiangb rub yinb xiongb.

兰美够萨炯抓叫，

Lanx meix goud sead jongb zhab jiaob,

壮汝水口苟内碰。

Zhuangb rub shuid kous goud neix pengb.

老杨够萨内酒窝，

Laod yangb goud sead neix jiux aot,

条元够汝阿得声。

Tiaox yuanb goud rub ad des shongt.

元隆汝萨你学校，

Yuanb longd rub sead nit xued xiaob,

出卡号几充吾猛。

Chub kab haod jib chongb wud mengd.

共初够萨腊巧妙，

Gongb chub goud sead lab qiaod miaob,

杨名够汝通北京。

Yangb mingx goud rub tongb baid jings.

香连共约几又教，

Xiangd ianb gongb yox jib youd jiaob,

出萨堂卡汝威风。

Chub sead tangx kab rub weid fengs.

家荣浪萨最老靠，

Jiad rongb nangd sead zuid laob kaob,

弄否算到苟古通。

Nongb woud suanb daob goud gus tongd.

否浪得休腊出到，

Woud nangd dex xiut lad chub daob,

接台几扛几篓容。

Jiad tanb jib gangb jib ned rongb.

明清江够烂谈笑，

Mingx qingd jiangs goud lanb tanx xiaob,

几关三班老少炯阿冬。

Jib guanb sand bans laod shaod jongb ad doongt.

珍刚爱把歌言好，

Zhengd gangs aid bab guod yans haos,

窝声必求广播筒。

Aod shongt bid qiub guangs bod tongd.

到欧年轻很美貌，

Daob ous nianb qingd hend meix maob,

求清吉内否浪炯。

Qiud qings jib neit woud nangd jongb.

萨休卜单排达窝，

Sead xiut pub danb paid dad aos,

造汝萨忙尼腾云。

Zaob rub sead mangb nid tengx yund.

喂浪阿半萨拢同内苟约柔节招，

Wed nangd ad banb sead longd tongb neix goud yos roud jied zhaob,

吉招蜂王扛用兵。

Jid zhaod fengd wangb gangb yongb biongd.

深山老林有虎豹，

Shengd shanb laod linb youd hub baob,

会闹浪图吉记炯。

Huib laod nangd tub jid jib jongb.

十里的歌唱不了，一朝唱过一朝兴。

那时候老朝的歌如牛毛，九天十夜唱不登。

孙儿六十六有到，雕刻画画成忠行。

数日爱把歌言造，不肯出口坐堂更。

排碧拔青小妹高，好歌又好那歌音。

朝西岩罗歌巧妙，巴二在后帮出声。

昌书的歌有一套，唱那水口浓得很。

老猴坐在豆勾饶，果子果实平他吞。

五百年前天宫闹，把他压在大山岭。

进户老了驼背靠，歌唱堂更好古人。

贵生爱把歌言造，作歌传遍四方兴。

贵良的歌如放炮，有很多的小胆姐妹不敢云。

胜本坐在半坡坳，水口熟溜如龙奔。

凤连的歌有韵绕，和夫坐去凤凰城。

正华正当最年少，拔夫真心实意教他行。
春元好歌生美貌，杨门女将好雄英。
兰美唱歌声音高，仗好水口来吓人。
老杨唱歌有酒烧，条元唱好那歌声。
元隆好歌在学校，做客各处请他云。
共初唱歌也巧妙，杨名唱好到北京。
香连老了鸡又叫，堂中歌唱好威灵。
家荣的歌最老靠，他本算得通古人。
他的儿子也做到，接坛不送断歌根。
明清爱唱烂谈笑，不管三班老少在当行。
珍刚爱把歌言好，声音好似广播筒。
得妻年轻很美貌，求清自软他的根。
歌言唱到排达窝，造好歌师是腾云。
我的这些歌儿好似岩头打来造，要赶蜂王飞出营。
深山老林有虎豹，要撵老虎出山林。

3.

堂内堂总苟萨说，
Tangx neix tangx zongb goud sead shuob,
借住歌场够阿柔。
Jieb zhub guod changes goud ad rous.
列除踏弄浪窝内，
Lieb chub tad nongb nangd aod neit,
专唱我们的歌师。
Zhuan changb wod menx des guod shid.
埋阿板弄莎尼江够江除歌情热，
Manx ad biab nongb sead nib jiangs goud jiangs chud guod qings rex,
南天门下浪阿标。
Nanb tianb menx xiab nangd as bioud.
阿奶尼拢阿堂得，
Ad liat nit longd ad tangx dex,
共同喜爱这杯酒。
Gongb tongx xid aib zheb beid jiux.

同航同教同礼节,

Tongb hangb tongb jiaob tongb lid jies,

都是歌朋老歌友。

Dous shib guod bengx laod guod yous.

够发够求窝比内,

Goud fab goud qiub aod bis neix,

都是高才老歌手。

Dous shib gaod cais laod guos shoud.

大堂里面把歌说,借住歌场唱一缕。

要唱今天的情节,专唱我们的歌师。

你们大家都是爱唱爱歌歌情热,南天门下一家子。

各人来自东西北,共同喜爱这杯酒。

同行同教同礼节,都是歌朋老歌友。

唱发唱旺大有得,都是高才老歌手。

4.

阿从够约欧从岔,

Ad congb goud yox oud congb chab,

情节吉岔扛埋安。

Qingx jied jib chab gangb manx ans.

江萨浪内列嘎踏,

Jiangs sead nangd neix lieb gad tab,

不要乱讲话拨然。

Bub yaob luanb jiangs huab pad rax.

莎尼够毕够包炯冬腊,

Sead nib coud bib goud baos jongb dongb lab,

嘎弄江求亚没先。

Gad nongx jiangs qiub yas meix xiant.

金口玉牙值千价,

Jinb oud yud yas zhib qianb jiab,

好话要等你们圆。

Haod huab yaod dengd nib menx yuans.

够阿吼浪发阿吧，

Goud ad houb nangd fab ad bab,

阿吧几长发阿万。

Ad bab jib zhangs fab ad wanb,

越够剖埋越到踏，

Yued goub boud manx yued daob tas,

冬腊到踏架否派。

Dongb lab daob tab jiad woud pait.

一层唱了二层话，情节歌唱唱起来。
唱歌的人不要骂，不要乱讲忘昏天。
都是爱鸣唱旺又唱发，口中有油又有盐。
金口玉牙值千价，好话要等你们言。
唱一声发一百大，一百发千发一万。
越唱我们越发大，荣华富贵得长远。

5.

嘎踏阿腊巴江萨，

Gad tab ad lab bab jiangx sead,

江萨江度列嘎则。

Jiangx sead jiangx dub lieb gad zex.

几列久计阿交嘎，

Jid lieb jiud jib ad jiaod gas,

列拢值价拿补格。

Lieb longd jiab zhid lad bub gies.

没虐埋走阿气阿，

Meix niub manx zoud ad qib as,

召挂叉安洞起亏。

Zhaob guab chab ans dongx qis kuid.

要格扛当腊水茶，

Yaod gies gangb dangb lad shuid chab,

要萨扛格腊白白。

Yaod sead gangb gied lad bais bais.

莫骂那些大歌师，礼郎歌师要莫闲。

不要不值一堆屎，要来值价大如天。

有日你要把他求，求过才知吃亏来。

少银送钱也了事，少歌送金也没完。

第六章　小儿神话歌

一、小儿歌

1.

打嘎吉嘎白，

Dad gas jib gad bais,

达狗下溶吾。

Dab guod xiax yongx wut.

内图内西吉良列，

Neit tub neit xit jid liab lieb,

吉良奶奶妈妈图。

Jid liab neit neit mab mab tub.

鸡爪刨雪里，狗去开水沟。

到了中午想饭吃，想吃妈妈奶水头。

2.

得矮照追李，

Dex ant zhaob bid lis,

得穷照声果。

Dex qiongd zhaob shongx guot.

就巴达起起，

Jub bab dad qis qis,

就拢达起几偶够。

Jub nongd dad qis jib oud goub.

小罐装果李，小篓装白菜。
去年才唱起，今年才学唱歌来。

3.

　　阿竹背干麻休奶，

　　Ad zhub beix ganb max xiut liet,
　　背干休奶背干江。
　　Beid ganb xiut liet beid ganb jiangs.
　　埋嘎他喂出得得，
　　Manx gab tab wed chub dex dex,
　　得得不度窝内章。
　　Dex dex pub dub aod neit zhangs.

　　一株野果小小甜，野果小小甜得很。
　　你莫骂我做小孩，小孩讲话如大人。

4.

　　录久求嘎油，
　　Nub jiud qiub gad yous,
　　录边豆楼内。
　　Nub bab dous loud neix.
　　西吧剖林埋共久，
　　Xib bab boud liongx manx gongb jiud,
　　西吧剖章埋共内。
　　Xib bab boud zhangb manx gongb neix

　　画眉啄牛屎，麻雀飞天腾。
　　我们大了你老头，我们长大你老人。

5.

得青不吾腊,

Dex qiongd bub wut lab,

吉江吉尼阿得板。

Jid jiangs jib nib ad dex biab.

几内几批陪内卡,

Jib neitt jib pib peix neix kab,

忙叫苟萨拢陪埋。

Mangb jiaob goud sead longd peix manx.

水车来背水, 旋旋转圈在溪边。

白天不空把客陪, 夜晚唱歌陪你来。

6.

得矮吉干公,

Dex ant jib gand gongb,

吉干公浪得矮先。

Jib gand gongb nangd dex ant xianb.

埋骂梅蒙闹抓猛,

Manx mab meix mengd laob zhab mengx,

几安列会迷得街。

Jib and lieb huib mid dex jies.

小罐小瓶颈, 小瓶颈内装油盐。

你爸卖你远远行, 不知要过几条街。

7.

阿偶吉口欧况况,

Ad ous jib koud out kuagb kuangb,

欧奶况况就松然。

Out liet kuagb kuangb jiud songt rax.

嘎克兄头埋克羊,

Gad kes xiongb toud manx ked yangb,

嘎洞声够埋洞萨。

Gad dongx shongt goud manx dongb sead.

一双裤脚两叉口，两个叉口尿味嗅。
莫看穿着看样子，莫听童音听歌游。

8.

翁剖几拿得抱久，

Wengd boud jib nab dex baod jius,

翁喂几拿抢久善。

Wengd wed jib nab qiangd jius shait.

每堂内卡剖腊出，

Meix tangb neit kab boud lab chub,

当欧内难喂猛玩。

Dangb oud neix nanb wed mengx wangd.

看我不及小草凳，不及草凳高一半。
每堂陪客我也云，接亲请我唱歌言。

9.

阿柔剖休剖卡爬，

Ad rous boud xit boud kab pab,

单虐剖林剖让斗。

Danb niub boud liongx boud rangb dous.

阿得毛千阿况那，

Ad des maob qianb ad kuangb lab,

内内腊求麻善苟。

Neit neit lab qiub max shait goud.

从前小时我牧猪，以后大了去打柴。
一根茅钎两根索，天天也上那高山。

10.

崩挂斗吉哈，

Bengd guab dous jib has,

崩李斗几炯。

Bengd lis dous jib jongb.

兄吾茶梅扛埋茶，

Xiongt wut chab meib gangb manx chas,

出列叫巴扛埋能。

Chub lieb jiaob bab gangb manx nongx.

桃花开得美，李花开得齐。

热水送你把脸洗，煮饭鼎罐你们吃。

11.

阿气剖休剖卡爬，

Ad qib boud xiut boud kab pab,

单柔剖林剖卡油。

Danb rous boud liongx boud kab yous.

达爬能锐配干腊，

Dad pab nongx ruit peib ganb lab,

打油能锐求邦儒。

Dad yous nongx ruit qiub bangd rus.

从前小时我守猪，以后长大我守牛。

猪儿吃草填饱肚，牛儿吃草上山头。

12.

阿奶得得相蒙葵，

Ad liet dex dex xiangt mengd kuib,

阿图苟休相蒙养。

Ad tub goud xiut xiangt mengx yangd.

窝够窝肥莎庆弟，

Aod gous aod feib sead qiongt dib.

包龙照列庆吉江。

Baod longd zhaob lieb qinb jid jiangs.

一个小孩鬼得很，一个小哥手脚搔。
板凳打倒地上困，饭篓他也推倒了。

13.

得录求图能背瓦，

Dex nub qiub tub nongx beid wab,

用求窝走能背免。

Yongb qiub aod zous nongd beid miand.

剖内几空扛喂妈，

Boud neix jib kongb gangb wed mat,

几到妈能炯单干。

Jib daob mat nongx jongb dand gans.

小鸟树上戏樱槐，飞上树头吃柿泡。
阿娘不肯送我奶，没得奶吃生气了。

14.

阿偶得公你弄见，

Ad ous dex gongb nit nongb jianx,

得公弄见公花岭。

Dex gongb nongb jianx gongd huas lingb.

休得窝冬蒙久干，

Xiut dex aod dongt mengd jius gand,

挂约达就喂章林。

Guab yox dad jius wed zhangs liongx.

林约扛蒙得吉现，

Liongx yox gangb mengx dex jib xianb,

扛蒙吉现亚爬崩。

Gangb mengx jib xianb yab pab bengx.

一只小虫在上面，小虫上面绿色杂。
小儿时节你不见，过了几岁我长大。
大了送你物留念，送物留念打带花。

15.

几偶拢汉吉口崩，
Jib oud longd haib jib koud bengx，
阿告茶善阿告矮。
Ad gaox chax shait ad gaox ans.
嘎克忙弄喂松松，
Gad kes mangb nongd wed songt songt，
苟追章林到汝拔。
Goud zhuib zhangs liongx daob rub pab.

裤衩有花绞二道，一边高来一边低。
看我小小又萎弱，长大以后娶美女。

16.

呜鲁强、呜鲁强，
Wud lus qiangx、wud lus qiangx，
得起照列吉高糖。
Dex qit zhaob lieb jib gaod tangx.
呜鲁扣、呜鲁扣，
Wud lus koud、wud lus koud，
得起照列你苟娄。
Dex qit zhaob lieb nit goud nes.

呜鲁强、呜鲁强，小肚装饭又合糖。
呜鲁扣、呜鲁扣，小肚装饭在前头。

二、瓜菜盘问歌

1.

西昂光背为求状？

Xid ghax guangs beib weib qiub zhangb？

刀滚为求几巴比？

Daob gunx weid qiub jib bad bis？

内蒙卜保弄几羊？

Neix mengx pub baod nongb jid yangx？

刀腊为求列捕西？

Daod lad weid qiub lieb pub xid？

从前蒜头为啥胀？ 黄瓜为啥瘪圆头？

问你讲出什么样？ 冬瓜为啥有灰留？

2.

西昂那麻配那光，

Xid ghax nad mab peib nad guangs，

否腰那麻龙否以。

Woud yaob nad mab longd woud yis。

休龙几抱阿郎忙，

Xiut longd jib baos ad nangs mangb，

那麻告召哭加西。

Nad mab gaox zhaob kub jiad xis。

汝古刀滚几开上，

Rub gud daob gunx jib kaid shangb，

内堂刀滚几八比。

Neix tangd daob gunb jib bad bib。

几抱弄几腊几娘，

Jid baod nongb jid lab jib niangx，

营排杂照告架吹。

Yinb paid zab zhaob gaob jaid cuib。

从前那麻配那光，他邀那麻和他搞。
起来相打半夜上，那麻倒在灰堂了。
好那黄瓜劝得当，人打黄瓜贬头倒。
相打没有强力量，营排扎在灰堂高。

3.

内蒙阿炯度背够，

Neix mengd ad jongb dub beid gous，

内浓阿炯背够萨。

Neid nongb ad jongb beid goud sead.

西昂图瓜见背留，

Xid ghax tub guat jianb beid liub，

窝图头油尖水抓。

Aod tub toud youb jianx shuid zhab.

问你一句话根由，问你一层歌言话。
从前桃树结桃子，桐树高上结椒辣。

4.

阿奶就阿得就够，

Ad liet jiud ad des jiud goub，

得就麻够得就扎。

Dex jiub mab goud dex jiud zhab.

埋让图瓜见背留，

Manx rangb tub guat jianb beid liub，

剖让得浓见水抓。

Boud rangb des nongb jianb shuib zhab.

奇年奇月出怪事，奇年怪事出得有。
你村桃树结柑子，我寨桐树结辣子。

5.

堂萨几吼同拢朋，

Tangd sead jib houb tongb longd bengx,

卜度几辽同录边。

Pub dub jib liaox tongb nub biant.

加松加萨内难洞，

Jiad songb jiad sead neix nanb dongb,

内反几奶蒙几安。

Neix fanb jib liet mengx jib ans.

歌堂欢声吼阵阵，讲话声似雀儿欢。

丑了歌言丑了韵，人众难着你有脸。

6.

堂萨浪内吼绒绒，

Tangx sead nangd neit houb rongx rongx,

吉乔窝声几空哉。

Jid qiaob aod shongx jib kongb zhanb.

喂列嘎白龙埋浪嘎弄，

Wed lieb cad baid longd manx nangd gad nongs,

扛埋阿忙几通先。

Gangb manx ad mangx jib tongd xians.

歌堂话声多杂众，讲话不肯小声点。

我要用粑来塞你口中，让你一句讲不开。

7.

阿奶得拢扛王无，

Ad liet dex longd gangx wangb wus,

扛王必求阿奶斗。

Gangb wangb bib qiub ad liet dous.

岁抱几岁几关术，

Suid baod jib suid jib guanb shub,

岁堂几岁吉关斗。

Suid tangb jib suid jib guanb dous.

尼到师夫保巴都，

Nib daob shid fub baod bab doub,

扛剖乙堂腊乙溜。

Gangb dous yib tangb lad yib liud.

一个小鼓圆又圆，团圆好似一个斗。

教我如何打起来，会打不会舞槌手。

若得师父教我转，送我越打越熟溜。

8.

得牙抱拢久抱抓，

Dex yab baod longs jiud baod zhab,

抱抓达千朋几吼。

Baod zhab dad qianb pengd jib houb.

师父炯斗窝如岔，

Shib fub jongb dous aod rub chab,

蒙列师夫最难休。

Mengx lieb shid fub zuid nanb xius.

小姐打鼓好个样，打这小鼓声音吼。

师父坐在砂堆上，你请师夫哥接手。

三、吃烟歌

有了机会才相碰，

Youd led jib huib caid xiangd pengb,

几没忙照走久埋。

Jib meix mangb zhaob zoud jiud manx.

克蒙浪久汝嘎弄，

Ked mengx nangd jius rub gad nongb,

难汉老表袍川川。

Nanb haib laod biaod paob zhuand zhuand.

弄剖见约窝内共，

Nongb boud jianx yox aod neix gongb，

假鸟假弄尼汪然。

Jiad niaox jiad nongb nib wangd rax.

再差奶格苟吉龙，

Zaib caib liet giet goud jib longd，

碰着哪个不敢喊。

Pengb zheb nad guob bub ganx hans.

中缪再加苟都红，

Zhongx mioud zaib jiad goud dous hongb，

卜度休声久浪单。

Pub dub xiut shongt jiud nangd dans.

松巧松加浪告炯，

Songb qiaot shongb jiad nangd gaox jongb，

因味弟怕把衣穿。

Yinb weib dis pab baby yid chuanb.

拢欧背巧莎久从，

Longd ous beid qiaob sead jius congb，

吉图吾鸟腊几安。

Jib tub wut niaox lad jib ans.

拢单炯够吉相纵，

Longd dans jongb goud jib xiangt zongb，

跟倒只扛阿中烟。

Gend daob zhid gangb ad zhongb yans.

双手扛剖单手冲，

Shuangd shoub gangx boud dans shoud chongb，

阿全礼松腊几安。

Ad quanb lid songt lad jib ans.

跟倒服单浪嘎弄，

Gend daos hub dans nangd gad nongb，

口味相蒙江尖尖。

Koud weib xiangt mengd jiangs jianb jianb.

阿板烟拢腊汝红，

Ad biab yand longs lab rub hongb,

阿包纵尼打大款。

Ad baob zongb nib dad dab kuanb.

几扣窝兰卜扛洞,

Jid kout aod lanb pub gangb dongb,

了大好多的银钱。

Liaox dad haob duos dex yinb qiangx.

弄剖浪久要嘎弄,

Nongb boud nangd jius yaob gad nongb,

言语几板拿满全。

Yanb yud jib biab lad manb quanx.

有了机会才相碰, 没有料到你会来。
你的嘴巴情义重, 喊我老表热情开。
我今老了不中用, 言迟口笨是枉然。
再差眼睛差瞳孔, 碰着哪个不敢喊。
耳听不见实在聋, 话声小了听不全。
人老生丑差音容, 因为衣服脏烂穿。
穿这烂衣不和众, 口水鼻涕流出来。
到边坐凳还没动, 马上就送一支烟。
双手递送我手中, 我的礼仪不周全。
吃在嘴里香口浓, 口味真的浓又甜。
这些草烟烟瘾重, 一包总要几十块。
感谢你来把烟送, 了大好多的银钱。
我的话语不出众, 言语不到不满全。

四、古苗河传说歌

1.

古苗河的形成
Gud miaox hed des xingb chengd

几踏声除够几单,

Jib tab shongb chub goud jib dans,

古苗河流没萨叉。

Gub miaox hed liub meix sead chab.

吾雄西虐没根原，

Wut xiongb xid niub meix gend yanx,

照古传说够几拉。

Zhaob gud chuanb shuod goud jib lab.

阿气西虐召水灾，

Ad qib xid niub zhaob shuid zais,

汝楼汝弄吾抱把。

Rub liud rub nongb wud paob bab.

内绒克干足可怜，

Neix rongx ked ganb zud ked lianx,

帮助农民把山挖。

Bangb zhub nongx mingb bad shanb was.

辽抗几娄苟足善，

Liaox kangb jid nes goud zub shait,

丛便奎金册出免。

Zongx biat kuid jinb chanb chud mianx.

夏溶内忙几安难，

Xiab rongx neix mangb jib and nans,

窝绒窝便否抱昂。

Aod rongx aod biat woud baod ghax.

层层障碍她推翻，

Cunx cunb zhangs aid tad tis fans,

吾篓闹昂通哈哈。

Wut ned laob ghax tongt had had.

内绒汝就在身间，

Neix rongx rub jiud zaib shengd jianx,

窝虐首得拢单阿。

Aod niub shoud dex longd dans ad.

休息坐下一点点，

Xiud xib zuob xiab yid diand diand,

打中到孟格难查。

Dad zhongb daob mengx gied nanb chab.

先够吉久告蒙兰,

Xianb goud jib jiud gaox mengd lanx,

内绒达照棒走卡。

Neix rongx dad zhaob bangb zoud kab.

接着歌唱歌连连, 古苗河流有歌言。
苗河古代有根源, 照古传说唱一点。
过去从前遭水灾, 稻禾粮食水冲坏。
龙婆看见很可怜, 帮助农民把山挖。
辽抗村前大高山, 高山悬岩又悬崖。
开渠日夜不知难, 高山悬岩挖开下。
层层障碍她推翻, 大水流下出山崖。
龙婆怀孕在身间, 养儿期到喜哈哈。
休息坐下一点点, 得病一场难了她。
喉咙不久把气断, 龙婆死在棒走卡。

2.

内绒达照棒走卡,

Neix rongx dad zhaob bangb zoud kab,

郎当变化见补柔。

Langd dangx bianb huab jianb bud rous.

抱照紫霞背苟阿,

Baod zhaob zid xiab beid gous ad,

缪绒到葡万古留。

Mioud rongx daob pub wanb gud liub.

吉哈团占奶奶咱,

Jib had tuanb zhanb liet liet zas,

三班老少拢出抽。

Sanb band laod shaob longd chub choud.

秀个内绒汝窝然,

Xiub guod neix rongx rub aod ranx,

昂白吾梅同紧受。

Ghax baid wut meix tongb jingx shoud.

内共剖尤拢达莎，

Neix gongb boud yous longd dad sead，

藏度否拢寿标标。

Zhangb dub woud longs shoud bioud bioud.

吉追浪总拢出嘎，

Jib zhuib nangd zongx longd chub gas，

文臣武将显本事。

Wens chengd wus jiangb xiand bens shib.

跟刀发算排人马，

Gend daod fab suanb paid renx mab，

奋战齐心猛抱柔。

Hunx zhanb qid xinb mengd baod rous.

抱柔窝便柔麻打，

Baod roud aod biat roud max das，

声除声萨几吼豆。

Shongx chub shongx sead jib houb dout.

玉帝打便莎想甲，

Yub dis dad biat sead xiangt jiad，

否洞尼悟空二次拢打斗。

Woud dongx nit wud kongb erd cib longd dad doub.

窝绒窝便否抱垮，

Aod rongx aod biat woud baod kuab，

剖夯剖共阿充够。

Boud hangs boud gongb ad chongb goud.

比谷纠内事出茶，

Bit guob jiud neit shid chub chab，

吾巧洞度你几吼。

Wud qiaod dongb dub nit jib houb.

根除水患吾麻加，

Gend chub shuid huanb wud max jiad，

茶踏宽松乐悠悠。

Chab tad kuanb songd led youd youd.

剖尤林葡你弄阿，
Boud youd liongx pub nit nongb ad,
到葡弄阿最合适。
Daob pub nongb ad zuis hed shib.

龙婆死在棒走卡，后来变化成岩头。
卧在河边起紫霞，龙婆名誉万古留。
吉哈团占有古话，三班老少传得有。
纪念龙婆功劳大，回忆悲哀泪水流。
老祖剖尤才到达，飞上九霄腾云走。
后头跟来人群大，文臣武将显本事。
马上发算排人马，奋战齐心打岩石。
奋力大众打悬崖，歌声震动云里头。
玉帝天上想无法，他恐是悟空二次来打斗。
悬崖悬岩他挖垮，山谷挖通到了头。
四十九天才挖下，引水乖乖往下流。
根除水患功劳大，安居宽心乐悠悠。
剖尤名誉满天下，名声远大最合适。

3.

古苗河蚩尤碾的传说
Gud miaox hed chib youd nians des chuans shuod

苟萨然埋会长闹，
Goud sead rax manx huib zhangs laob,
吉由萨休快步赶。
Jib youb sead xiut kuaid bub gans.
羊吾羊豆闹跑跑，
Yangd wus yangd dous laob paod paod,
下闹下叫郎当踩。
Xiab laob xiab jiaob nangd dangt caid.
打飘飘眼克欧告，
Dad piaod piaod yand ked out gaox,

干干儿兵排排奶。

Gand gand jib biongd paid paid liet.

千里有缘又走召,

Qianb lid youd yans chab zoud zhaob,

转见度虫腊达千。

Zhuanb jianb dub chongb lad dad qianb.

杨业点来七星庙,

Yangx yed dianb laid qib xingd miaox,

到牙佘家周吉研。

Daob yad yus jiad zhoud jib yand.

打便锐埋苟吉报,

Dad biat ruix manx goud jib paox,

够寿吾兄候岔兰。

Goud shoud wud xiongd houb chab lans.

炯埋猛克吾便哨,

Jongb manx mengd kes wut biat shaod,

吾娑闹便炯见善。

Wud nes laod biab jongb jianb shait.

潮吾哈哈召绒闹,

Chaox wut had had zhaob rongx laob,

必求仙女西宗牌。

Bib qiub xians nit xid zongs panx.

赤橙黄绿莎没叫,

Chid chengd huangb lvb sead meix jiaob,

夕阳光照彩色染。

Xid yangx guangb zhaob cais sed rad.

郎图还有新套套,

Nangd tub haid yous xind taob taob,

内共剖尤旧水碾。

Neix gongb boud youd jiub shuid nianx.

碾子旧配又巧炒,

Nianx zid jiub peib youd qiaod miaos,

牙样强强活先先。

Yad yangb qiangx qiangx huob xianb xianb.

蚩尤旧青苟柔潮，

Chid youb jiud qingd goud rous chaos,

柔潮扛内到公先。

Roud chaob gangx neix daob gongd xians.

用歌请你往下考，跟着歌言快步赶。
沿河往下走几坳，轻身轻脚慢慢踩。
打飘飘眼看热闹，暗暗看那水影山。
千里有缘才碰到，本是天赐好姻缘。
杨业点来七星庙，得妻佘家心喜欢。
天作之合本巧妙，媒人两下把线牵。
带你去看吾便哨，水流下漂彩虹间。
潮水流来有七道，好似仙女打花带。
赤橙黄绿色本妙，夕阳光照彩色染。
里头还有新套套，老祖剖尤旧水碾。
碾子建得巧又妙，样子还在活显显。
蚩尤建的水碾老，代代朝朝把米碾。

4.

古苗河七妃浴缸的传说
Gud miaox hed qis feid yud gangx des chuanx shuod

剖尤溶吾潮然然，

Boud yous rongx wut chaox rax rax,

同绒标闹麻冬夯。

Tongx rongx bioud laob max dongt hangd.

声无声萨够吉话，

Shongx wub shongx sead goud jib huab,

几抓声除排内浪。

Jib zhab shongx chub paid neix nangx.

得录得迷抱长沙，

Dex neb dex mis paod changs shab,

甲架几叟苟卡当。

Jiad jias jib shoud goud kad dangs.

傍苟苟久欧先良，

Pangx goud goud jius ous xianb langs,

告图发录长吉两。

Gaox tub fad nub changes jib langs.

得声得缪发白昂，

Dex shongx dex mioud fas bais ghax,

寿报吉吾吉两长。

Shoud paob jid wut jid liangx changs.

得免得乖你傍便，

Dex mianb dex guat nid pangd bias,

柳到背能嘎养江。

Liub daob beid nongx gad yangs jiangs.

狮子苏乖抱投那，

Shid zid sud guat baod toud nas,

扛朗声朋同者挡。

Gangb langd shongx pengd tongd zheb dangb.

炯从堵干篓吉化，

Jongb congd dus ganb ned jib huab,

流入七个好浴缸。

Liub rub qid guob haod yub gangs.

阿奶接倒阿奶嘎，

Ad liat jied daob ad liet gas,

告傍浴缸面光光。

Gaox pangb yud gangs mianb guangs guangs.

剖尤汝欧炯奶牙，

Boud youb rub oud jongb liet yas,

炯奶炯图松配养。

Jongb liet jongb tub songb peib yangx.

从忙酷吾号阿八，

Congb mangd kus wut haod ad bab,

茶齐窝教果同光。

Chab qit aod jiaob guot tongx guangs.

拿拔嫦娥你干那，

Nab pab changes ed nit gans lab，

汝拿西施炯苟夯。

Rub nab xid shid jongb goud hangs.

耳听其言埋洞夸，

Erd tingb qis yand manx dongb kuab，

眼见为实弄阿朗。

Yanb jianb weid shid nongb ad langs.

剖尤河水潮涨大，如龙漂流下海江。
歌声欢声来配搭，声音欢唱如雷响。
山鸡喜鹊的老家，喜鹊欢叫把客当。
水秀山清景色大，林木绿荫遍生长。
鱼儿虾子满水下，游在水中聚成帮。
猴母猴子爬山崖，摘那野果来当粮。
狮群卧在月光下，打呼如同扯风箱。
七层水漂流得大，流入七个好浴缸。
一个接着一个下，浴缸四面滑光光。
剖尤妻妾七姐花，七位美貌多人讲。
每日洗澡浴缸下，洗得美貌透红光。
与那嫦娥月光华，美过西施好名堂。
耳听其言不是假，眼见为实多人想。

5.

七梯岩的传说
Qib tid yans des chuanx shuod

牙除萨莽苟埋炯，

Yad chub sead mangx goud manx jongb，

嘎洽肖闹吾弄单。

Gad qiab xiaod laod wut nongd dans.

炯层堵炯号阿冬，

Jongx cunb dus jongb haod ad dongt,

克嫁窝得麻新鲜。

Ked jiad aod dex max xind xiant.

传说岔共够保蒙,

Chuans shuod chab gongb goud baod mengx,

内然聪明楼理解。

Neix rax congd mingb loud lid jies.

炯层吾闹告格溶,

Jongb cunb wut laob gaox giet rongx,

比求松同哈出善。

Bib qiub songd tongb had chub shait.

取名难葡竹吹绒,

Qub mingx nanb pub zhub cuid rongx,

好个美名江甜甜。

Haod guob meix mingx jiangs qiand qiand.

打缪吉提同帮弓,

Dad mioud jib tib tongd bangb gongs,

几台猛挂周吉研。

Jid tanb mengx guab zhoud jib nians.

哭耸达中留几朋,

Kub songt dad zhongb liub jib bengd,

不准何物冲过关。

Bub zhunb hed wub chongd guod guans.

否少包洞缪呀埋:

Woud shaod baod dongs mioud yad manx:

打奶猛求台子棚,

Dad liet mengx qiub tand zid bengx,

斩龙关过才脱险。

Zhanb longd guans guob caid tuod xians.

龙羊达起变见绒,

Longd yangx dad qib bianb jiand rongx,

可以成龙飞上天。

Ked yis chengd longs feid shangb tians.

姐唱歌声带你们，不怕酸脚汗水开。
七层岩梯好风景，都是优美地新鲜。
传说古话有古根，你们聪明会理解。
七层下滩水流清，好似绵绣多光彩。
取名叫作古龙门，好个美名扬四海。
鲤鱼跳跃河中心，跳过荡起浪花开。
雷公洞内显英灵，不准何物冲过关。
他传话报鱼儿说：
你们上去台子行，斩龙关过才脱险。
如此这般把龙成，可以成龙飞上天。

6.

映龙潭的传说
Yinb longd tans des chuanx shuod

春夏秋冬难阿就，
Chunb xiab qiud dongs nanb ad jiub,
阿谷欧那足足满。
Ad guox out lab zud zud mand.
三月初三郎内虐，
Snad yued chud sand nangd neix niub,
汝虐三月昂初三。
Rub niub sand yued ghax chab sand.
老少三班人无数，
Laod shaob sanb band renx wux shub,
出忙修单映龙潭。
Chub mangb xiud dand yinb longd tans.
浪格兵偶窝求葡，
Nangd giat biongx oud aod qiub pub,
同绒尼要巴格千。
Tongx rongx nib yaob bad giet qiand.
同潮汝斗寿吉录，
Tongx chaod rub dous shoud jib nub,
身长三丈有六掰。

Shengd changes sand zhangb youd liub biab.

游猛游长偶骨骨，

Youd mengd youd zhangs oud gud gud,

扛王骨无寿几旋。

Gangx wangb gud wud shoub jib xianb.

几奶克咱几奶汝，

Jid liet ked zab jib liet rub,

百病消除灾难免。

Baid bingb xiaod chub zaid nanb mians.

发家吉标令不不，

Fab jiad jib bioud lingx bub bub,

栏满猪羊牛满山。

Lanx manx zhud yangx niux manx shand.

丰收五谷白热图，

Fengd shoud wud guos baid rax tub,

到老一世足平安。

Daob laod yis shib zud pingx ans.

春夏秋冬称一年，一十二月足足满。
三月初三的时间，好个三月又初三。
来了老少和三班，大家都到映龙潭。
河中出了大新鲜，似龙又多龙角尖。
麒麟祥瑞现身来，身长三丈有六瓣。   瓣：方言，指约五尺的长度。
游去游来叫声开，团圆四下打转转。
哪个见这好世面，百病消除灾难免。
发家致富跟着来，栏满猪羊牛满山。
丰收五谷笑开颜，到老一世都平安。

7.

古苗河黑白水
Gud miaox hed heid baid shuid

吾果吉报吾乖篓，

Wut guot jib baod wut guat ned,

内内忙忙篓几达。

Neit neit mangb mangb ned jid dab.

吉江单老篓闹苟,

Jid jiangb dans laob ned laod gous,

得兄到踏汝出家。

Dex xiongd daob tab rub chub jiad.

吾果炯甲打产就,

Wut guot jongb jiab dad chanb jius,

吾乖炯甲打产柔。

Wut guat jongb jiab dad chab roux.

解放拢单篓吉录,

Jied fangb longd danb ned jib nub,

得兄又到电灯果。

Dex xiongd chab daob dianb dengd guot.

塔里背苟相蒙兰,

Tab lid beix goud xiangt mengd lanx,

背苟兰兰背苟穷。

Beid gous lanx lanx beid goud qiongb.

炯吾几篓拢发电,

Jongb wut jib ned longd fab dians,

发电明久几冬兄。

Fab dians miongx jiud jib dongt xiongs.

白水合那黑水流,日日夜夜流一起。
水流下到河里头,苗家发达又富裕。

白水流了几千年,黑水流下千年月。
解放变了新世界,苗家才得电灯白。

塔里高山尖又尖,山顶尖尖山高云。
引水这里来发电,发电照亮苗家人。

五、吕洞神话歌

1.

萨兄几拉堂内卡，

Sead xiongd jib lad tangb neix kab，

盘问歌郎歌一首。

Panb wend guod nangd guod yis shoud.

虐西留传苟吉岔，

Niux xid liub chuanb goud jib chab，

造到萨忙召豆周。

Zaob daob sead mangb zhaob dous zhoub.

几奶私奔阿奶牙，

Jib liet sid bend ad liet yab，

美貌好比国色子。

Meid maob haod bib guob sed zid.

两山兵个窝内抓，

Liangd shanb biogd guob aod neix zhab，

西虐为求几占欧。

Xid niub weid qiub jib zhanb oud.

小姐富贵他不嫁，

Xiaod jied fub guib tad bub jiad，

要嫁贫穷崩阿久。

Yaod jiab pingb qiongd bengd ad jius.

两边动刀拢吉大，

Liangd bianb dongb daob longd jib dab，

小姐克照叉气死。

Xiaod jied kes zhaob chab qis sid.

西昂留传出共岔，

Xid ghax liub chuanb chub gongb chab，

尼浓翻头西腊走。

Nit niongb fanb toud xid lad zous.

岔沙斗你堂内卡，

Chab shab dous nit tangx neit kab，

列浓分明少包周。

Lieb niongb fenb miongx shaod baos zhoub.

苗歌堂中唱一下，盘问歌郎歌一首。
古代以前传的话，作成歌言内容有。
何人私奔女子她，美貌好比国色子。
两山出了人力大，从前他们争妻室。
小姐富贵她不嫁，要嫁贫穷的汉子。
两边动刀来打杀，小姐看见才气死。
从前流传有古话，歌师翻书有没有。
堂中有歌都放下，要你分明报我知。

2.

吉峒叟兵阿奶牙，

Jid tongb shoud biongb ad liet yab,

生汝丫内伴梅绒。

Shengd rub yad neit band meix rongx.

贫穷寒苦浪内骂，

Pingx qiongx haid kus nangd neix mab,

家贫本召得年很。

Jiad pingx bend zhaob dex nianb hend.

得兄自叟尖不达，

Dex xiongd zid shoud jianb bud dax,

纵列投内排不兄。

Zongb lieb toud neix paid bub xiongd.

生乖好比阿奶那，

Shengd guat haod big ad liet nat,

美貌如似桃花红。

Meix maob rub sid taob huad hongx.

王生公子溜溜抓，

Wangx shengd gongb zid liud liud zhab,

求亲浪总如潮涌。

Qiub qinb nangd zongx rub chaos yongd.

生乖名巧传天下，

Shengd guat mingb qiaod chuanb tianb xiab,

浪运吉说阿告猛。

Nangd yunb jib shuob ad gaox mengd.

许口阿剖背苟便，

Xud koud ad boud beid goud biat,

休得将度扛内从。

Xiud dex jiangd dub gangd neix congs.

吕舍古亲格各大，

Lvd sheb gud qinb giet ged dab,

龙单充内嘎标忍。

Longd danb chongb neit gad bioud rend.

格从造着是非话，

Gied congb zaob zheb shid feid huab,

度汝度巧照否拢。

Dub rub dub qiaod zhaob woud longs.

吕舍苟否转阿那，

Lvd sheb goud wous zhuanb ad lab,

龙羊叉转吉干公。

Longd yangx chab zhuanb jid ganb gongs.

共戒吉读踏几挂，

Gongb jieb jid dub tad jib guab,

两下兴兵动了勇。

Liangd xiab xinb biongd dongb led yongd.

正图摆常共吉打，

Zhengd tub biab changes gongb jid das,

吉记通干苟内能。

Jid jib tongb gans goud neit nongx.

几最服酒你加卡，

Jib zuix hub jiux nit jiad kab,

安共劳让不戒共。

And gongb laod rangb bub jied gongb.

插旗夯吉召阿岔，

Chab qib hangd jib zhaod ad chab,

万代传名内吉拢。

Wanb daib chuanb mingb neix jib longd.

吉峒有了一女花，美貌好比龙女人。

贫穷寒苦的爹妈，家贫但是年纪轻。

苗女养出三早达，总要投去排不兴。　　排不兴：地名。

生乖好比月亮华，美貌好似桃花新。

王孙公子想娶她，求亲人众如潮奔。

声乖名巧传天下，传到吕舍的耳听。

许口苗祖圣山大，小女从小就许亲。

吕舍古亲心里挂，一到地边把人请。

格从造着是非话，好话丑话从他兴。

吕舍用索来绑他，这样才绑成打捆。

拿起梭镖刺一下，两下动勇兴了兵。

阵图摆在共吉打，追赶追到苟内能。　　共吉打、苟内能：地名。

聚汇饮酒在加卡，知古的人分得清。　　加卡：地名。

红旗拿在夯吉插，万代依古来传名。

3.

歌唱列岔度根基，

Guod changb lieb chab dus gend jis,

听我来唱这首歌。

Tingb wod laib chengb zheb shoud guod.

吕洞这么不讲理，

Lvd dongb zheb mod bub jiangs lid,

三路兵马下夯各。

Sanb lub bingb mab xiab hangb gied.

骑龙叫做龙皮嘴，

Qib longd jiaod zuob longd pib zuid,

过岗龙上过了河。

Guod gangb longd shangb guod led heb.

藏骡会挂共绒鸡，

Zhangs luob huib guab gongb rongx jib,

藏梅会挂四方坡。

Zhangs meix huib guab sid fangb pos.

逃奔各层山马尾,

Taod bengd geb cunb shanb mad weid,

夯瓦后面有马骆。

Hangb wab houb mianb youd mas lob.

会挂便吾通夯水,

Huib guab biat wud tongb hangd shuid,

兵马三处增许多。

Bingb mad sanb chub zund xud duos.

龙羊吕舍叉龙吹,

Longd yangs lvd shed chab longd cuit,

哥兄老弟才跑脚。

Guod xiongd laod dib cais paod jiaox.

三弟梭那召扛比,

Snab dib junb nas zhaob gangb bid,

兵到人马把头削。

Bingb daob renx mas bab toub xiaos.

阿柔扛内苟萨比,

Ad rous gangb neix goud sead bis,

闲话把他来作乐。

Xinb huab bab tad laid zuob led.

歌唱要唱话根基,听我来唱这首歌。

吕洞这么不讲理,三路兵马下夯各。　　　　夯各:地名。

骑龙叫作龙皮嘴,过岗龙上过了河。

骑骡走过共绒鸡,骑马走过四方坡。　　　　共绒鸡:地名。

逃奔逃过山马尾,夯瓦后面有马骆。

走过便吾到夯水,兵马三处增许多。　　　　便吾、夯水:地名。

这样吕舍才来催,哥兄老弟才跑脚。

三弟梭镖刺头起,兵到人马把头削。

那时让人把歌比,闲话把他来作乐。

4.

吕洞吕舍吉抢欧，

Lvd dong blvd sheb jib qiangd oud,

两下兵马动刀枪。

Liangd xiab bingd mas dongb daos qiangd.

吕舍召大几服抖，

Lvd sheb zhaob dad jib hub liaod,

怀恨永远心不良。

Huanb hend yongb yuanb xind bub liangx.

吕洞到容几扛周，

Lvd dongb daob rongx jib gangx zhoub,

得胜无比的喜方。

Dex shengd wut bid des xid fangs.

得胜回营乐悠悠，

Dex shengb huib yinx led youd youd,

陪伴小姐二三娘。

Peix banb xiaod jies erd sanb niangx.

吕舍召大拿几怄，

Lvd sheb zhaob dab nad jib oux,

叉充流见候拢帮。

Chab chongb liud jianb houb longd bangt.

朗松朗忙几咱苟，

nangx songb nangx mangb jib zad gous,

达中抱怕绒斗当。

Dad zhongb baod pab rongb dous dangx.

抱挂共干夯几柔，

Baod guab gongb ganx hangd jib roud,

共干才变矮子光。

Gangb ganb cais bianb and zid guangs.

龙羊收兵夯几油，

Longd yangx shoud biongd hangs jib youd,

打梅咱拔通夯当。

Dad meix zad pab tongb hangx dangx.

暗地三娘气昏死，

Anb dib sand niangx qid hunb sid,

不得不乙才交抢。

Bub deb bub yid caid jiaod qiangd.

充到吉绒国为首，

Chongb daob jib rongx guod weid shous,

一断两边才平昂。

Yid duanb liangd bianb caid pingb ghax.

抽求列岔补奶欧，

Choud qiub lieb chab bub liet oud,

世界不可害忠良。

Shid jieb bub ked haid zhongd liangx.

无义良松最可耻，

Wud yib liangx shongt zuid ked chis,

好女不佩双子郎。

Haod nit bub peib shuangd zid langx.

吼声发怒腊见苟，

Houd shongt fab nub lad jianb goud,

三娘大骂在草堂。

Sanb niangx dad mab zaid caos tangx.

阿柔炯得曹闹首，

Ad rous jongt dex caod laod shoud,

万代儿常本苗乡。

Wanb daib jib changes bend miaox xiangd.

吕洞吕舍争妻室，两下兵马动刀枪。

吕舍被杀梭镖刺，怀恨永远在心肠。

吕洞赢了笑开口，得胜无比喜洋洋。

得胜回营乐悠悠，陪伴小姐二三娘。

吕舍被刺心里怄，才请流见来帮忙。   流见：地名。

半夜三更大黑头，一下打到绒斗当。   绒斗当：地名。

打过共干夯几柔，共干才变矮子光。   共干、夯几柔：地名。

这才收兵夯几油，战马见过到夯当。   夯几油、夯当：地名。

暗地三娘气昏死，不得不依才交枪。
请得吉绒官为首，一断两边才平行。　　　吉绒：山名。
为啥要讨三妻子，世界不可害忠良。
无义良心最可耻，好女不佩双子郎。
吼声发怒大声吼，三娘大骂在草堂。
她才带儿下吉首，万代不转本苗乡。

5.
歌唱原根出萨袍，

Guod changb yand gens chub sead paob,

埋洞喂比度西昂。

Manx dongx wed bib dub xid ghax.

雅果吕洞纵吉草，

Yad guot lvd dongb zongb jib caos,

两下兴兵动刀抢。

Liangd xiab xinb bingb dongb daod qiangs.

因为贪花到处漂，

Yinb weid tanb huab daob chub piaod,

咱葵流翠苟否江。

Zad kuis liud cuib goud woud jiangs.

找个媒人讨做小，

Zhaod guob meix renx taod zuod xiaos,

思下想她做婆娘。

Sid xiab xiangt tad zuob pod niangx.

流翠小姐志气高，

Liud cuib xiaod jies zhid qib gaos,

荣华富贵不相当。

Rongx huab fub guib bub xiangt dangs.

自爱人勤劳动好，

Zid aib renx qings laod dongs haod,

喜爱贫苦太平郎。

Xid aib pingx kud taid pingd langs.

吕洞年纪都不小，

Lvd dongb nianb jib dous bux xiaos,

因为到手自为强。

Yinb weid daob shoud zid weid qiangt.

两下兴兵才动刀,

Liangd xiab xinb bingb caid dongb daos,

两边抄斗无比忙。

Liangd bianb chaod dous wud bib mangs.

好像二龙来抢宝,

Haod xiangb erd longd laid qiangd baos,

用个法术来交良。

Yongb guob fab shub laid jiaos liangx.

雅果变作够来跑,

Yad geb bianb zuob goud laix paos,

后人叫作苟脑山。

Houd renx jiaod zuob goud laos shanb.

吕洞变做牛来跳,

Lvd dongb bianb zuod niub laid tiaob,

变作水牯赶豺狼。

Bianb zuob shuid gud gand cais langd.

苟大如同苟阿少,

Goud dad rub tongx goud ad shaod,

雅果逃命心慌张。

Yad guot taod mingb xinb huangd zhangs.

又变猛虎来现爪,

Youb bianb mengx hub laid xianb zhas,

咆哮要把牛来伤。

Baod xiaob yaod bab niub laid shangd.

吕洞看见不得了,

Lvd dongb kan jianb bux dex liaod,

变作蜈蚣去战场。

Bianb zuob wud gongs qid zhanx changx.

爬上虎头动口咬,

Pab shangd hub toub dongb koud yaos,

嘎弟到比楼堂堂。

Gad dib daob bis loud tangx tangx.

你在胡录才看到，

Nid zaob hud lub caid kanx daob，

如今还在田中央。

Rub jinb haid zaib tianx zhongb yangd.

雅果才变一只鸟，

Yad guot caid bianb yid zhid niaos，

变作雄鸡气昂昂。

Bianb zuob xiongd jib qid ghax ghax.

查鸟查弄自吉巧，

Chab niaod chab nongb zid jib qiaos，

准备把它吞入肠。

Zhunb beib bad tad tund rub changb.

吕洞眼快功夫高，

Lvd dongb yanb kuais gongb fud gaos，

变作蓦莺吉投降。

Bianb zuob yand yinb jib toud xiangx.

在后追赶苟否搞，

Zaid houb zhuib gans goud woud gaox，

几到内苟搞慌江。

Jid daob neix goud gaod huangs jiangd.

原形暴露用梭镖，

Yanb xingb baod lub yongb junb bioud，

一枪穿破他胸膛。

Yid qiangb chuanb pob tad xiongd tangb.

吕洞得病把药找，

Lvd dongb dex bingb bab yaox zhaod，

暗地思想心不良。

And dib sid xiangt xinb bub langx.

养兵兴兵亚长搞，

Yangd bings xinb bings yad zhangs gaod，

飞动大刀砍山梁。

Feib dongb dad daob kans shand liangx.

歌唱原根把歌造，你们听我古言章。
雅果吕洞两相吵，两下兴兵动刀抢。
因为贪花到处漂，见了流翠爱心肠。
找个媒人讨做小，思下想她做婆娘。
流翠小姐志气高，荣华富贵不相当。
自爱人勤劳动好，喜爱贫苦太平郎。
吕洞年纪都不小，以为到手自为强。
两下兴兵才动刀，两边抄斗无比忙。
好像二龙来抢宝，用个法术来较量。
雅果变作狗来跑，后人叫作苟脑衷。
吕洞变作牛来跳，变作水牯赶豺狼。
苟大如同苟阿少，雅果逃命心慌张。
又变猛虎来现爪，咆哮要把牛来伤。
吕洞看见不得了，变作蜈蚣去战场。
爬上虎头动口咬，咬烂头颈才搞慌。
你在葫芦才看到，如今还在田中央。
雅果才变一只鸟，变作雄鸡气昂昂。
又张牙来又舞爪，准备把它吞入肠。
吕洞眼快功夫高，变作暮莺打投降。
在后追赶把他搞，无路可走搞慌张。
原形毕露用梭镖，一枪穿破他胸膛。
吕洞得病把药找，思想怀恨在心肠。
养兵兴兵又来搞，飞动大刀砍山梁。

雅果、吕洞：山名。
流翠：山名。

6.

各本瓦内苟孟到，
Geb bend was neix goud mengx daob,
到孟亚害你吉久。
Daod mengx yad haib nis jib jiud.
到孟叉充药师照，
Daob mengx chab chongb yod shid zhaob,
叉苟药师充单标。
Chab goud yaox shid chongb dans bioud.

第三请祖召苟闹，

Dib sand qingb zud zhaod goud laob，

弟二清通高主够。

Dib erd qingb tongd gaod zhud gous.

苟剖没嘎否久照，

Goud bioud meix gad woud jiud zhaob，

绒休好扛药师口。

Rongx xiut haod gangb yaox shid kous.

号几药师腊充到，

Haob jid yaox shid lad chongb daob，

吉想几合会兵苟。

Jib xiangt jib hed huib biongd goud.

药师暗想不敢叫，

Yaox shid and xiangt bub gand jiaob，

暗地把他留几手。

And dib bab tad liub jib shoud.

挂孟强强袍穷报，

Guab mengx qiangd qiangd paod qiongd baob，

阿柔保来斗口子。

Ad rous baod lais doud kous zis.

各本得病在身劳，得病又害了身子。　　　各本：山名。
得病才请药师到，药师请到家里头。
第三请祖下山了，第二请到高主够。　　　高主够：山名。
苟剖有药他不要，小龙煮送药师口。　　　苟剖：阿公山。
四处药师请来到，没有愈合就出走。
药师暗想不敢叫，暗地把他留几手。
过后血出止不了，胸膛才留有伤口。

第七章 愁老歌

一、男人愁老歌

1.

内共松方比萨乔，

Neit gongb songt fangb bid sead qiaot，

动喂够扛埋亲朋。

Dongb wed goud gangb manx qinb bengx.

记着当初昂年少，

Jid zheb dangb chud ghax nianx shaob，

口楼见到照拢冬。

Koud loud jianx daob zhaob longd dongx.

西列少昂苟内潮，

Xid lieb shaob ghax goud neix chaob，

内抓达吾自当能。

Neix zhab dad wus zid dangb nongx.

内骂炯得几扛吵，

Neix mab jongb dex jib gangb chaob，

父爱儿子送成龙。

Fub aib erd zid songb chengd longx.

长大成人把亲讨，

Zhangs dab chengd renx bab qinb taod，

二十几岁结了婚。

Erd shid jib suib jied liaod hunb.

年少游玩到处跑，

Nianb shaob youd wanb daob chub paod，

几没卜照出苟动。

Jib meix pub zhaob chub goud dongt.

歌言爱唱不得了，

Guod yanx aid changb bub dex liaod，

卜照出萨拿几浓。

Pub zhaob chub sead lab jib niongb.

不觉很快老得早，

Bub jued hend kuaid laod dex zaos，

又到自己白头公。

Youd daob zid jis baid toud gongx.

前事歌言放丢跑，

Qianb shid guos yanb fangb dius paod，

布闹窝格吾麻冬。

Bub laob aod gied wut max dongt.

为人难坐千年好，

Weid renx nanb zuob qianb nianb haod，

世上无花百日红。

Shid shangb wud huab baid rs hongx.

人生不及山中草，

Renx shengd bub jid shand zhongb caos，

剖内几拿阿够浓。

Boud neix jib lab ad gous niongb.

开春当就长发高，

Kaid chunb dangb jiud zhangs fab gaod，

新春当就亚常明。

Xinb chunb dangb jiud yad changes miongx.

一年过去一年老，

Yid nianb guob qis yid nianb laod，

几斗告岔尼斗松。

Jid dous gaox chab nid dous songb.

人生好似同林鸟，

Renx shengd haod sid tongx linb niaod,
大限来时各西东。
Dad xianb laid shid ged xid dongs.
吉追斗求腊保召,
Jix zhuib dous qiub lad baod zhaob,
生来不带去归空。
Shengd laid bub daib qus guid kongb.
排召松方炯心交,
Paid zhaob songd fangx jongb xinb jiaod,
剖内冬腊本久通。
Boud neix dongb lab bend jius tongt.
世上寡公有多少,
Shid shangb guab gongd yous duos shaod,
腊冬吉年嘎要抄。
Lad dongt jib nianb gad yaod chaod.

人老心慌把歌造,听我唱报众友亲。
记着当初时年少,都有回忆记在心。
饿饭哭着跟娘要,娘装米饭喂我们。
父母抚养痛儿小,父爱儿子送龙成。
长大成人把亲讨,二十几岁结了婚。
年少游玩到处跑,没有心思做工人。
歌言爱唱不得了,讲到唱歌很高兴。
不觉很快老得早,又到自己白头人。
前事歌言放丢跑,丢下水里到海深。
为人难做千年好,世上无花百日新。
人生不及山中草,我们不比草木青。
开春来岁又发好,新春过后又转明。
一年过去一年老,一句狠话也不能。
人生好似同林鸟,大限来时各自奔。
百样事情丢开了,生来不带去空行。
想起忧愁心打交,我们人事不通情。
世上寡公有多少,少有欢笑多操心。

2.

愁老萨休够几板，

Choub laod sead xiut goud jib biab,

人生事务难捕齐。

Renx shengd shid wud nanb pub qit.

剖内苟虐多磨难，

Boud neix gud niub duos mob nans,

窝虐受苦没拿几。

Aod niub shoub kud meix nab jid.

年轻无知几安半，

Nianb qins wux zhid jib and bans,

钱米浪费久考岁。

Qianx mid nangd feid jius kaod shuit.

不觉转眼老得快，

Bub jued zhuanb yand laod des kuaib,

光阴似箭把我逼。

Guanb yinb sid jianb bab wod bib.

几奶空出几奶害，

Jid liet kongb chub jib lied haib,

西昂西虐挂猛齐。

Xid ghax xid niub guab mengx qit.

人生不及山中菜，

Renx shengd bub jid shanb zhongd chaib,

剖内几拿阿高锐。

Boud neix jib nab ad gaox ruit.

草木春秋转发快，

Caod mub chunb qiud zhuanb fab kuaib,

发照背高让提提。

Fab zhaob beid gaod rangb tit tit.

青山绿水经常在，

Qingd shanb lvb shuid jingd changes zais,

万世千秋强强你。

Wangb shib qianb qiud qiangd qiangd nib.

腊吾背苟几水变，

Lab wut beid gous jib shuid bianx，

可是人生不长期。

Ked shib renx shengd bub changes qis.

人老会把招牌坏，

Renx laod huib bab zhaob pianx huaib，

拿几生汝腊久配。

Nab jid songt rub lad jius peib.

红尘没有好久在，

Hongb chengb meix youd haod jius zaib，

尼喂内共几单几。

Nib wed neix gongb jib dans jid.

没内归常天罗殿，

Meix neix guid changs tianb luob dianb，

几白事务莎拢齐。

Jid baid shib wud sead longd qit.

想单过程把气叹，

Xiangt dans guod chengd bab qis tanx，

白闹苟虐几冬你。

Baid laob goud niub jib dongb nit.

人生不及人所愿，

Renx shengd bub jib renx suod yanb，

缪共内咱内江起。

Mioud gongb neit zas neit jiangx qit.

越排越想心越乱，

Yueb paid yued xiangd xinb yued luanb，

人生过去难转回。

Renx shengd guob qib nanb zhuand huib.

比萨实情做纪念，

Bid sead shib qingd zuod jib nianx，

从小到大浪古历。

Congx xiaod daod das nangd gud lib.

愁老的歌唱不遍，人生事务难讲全。
我们人生多磨难，受苦日子是不浅。
年轻无知不消算，钱米浪费都不管。
不觉转眼老得快，光阴似箭逼我来。
哪个碰到哪个害，过去的人都不免。
人生不及山中菜，我们不及草木秆。
草木春秋转发快，发在菀根又长来。
青山绿水经常在，万世千秋接接连。
山中田土不会变，可是人生不长远。
人老会把招牌坏，再你美貌有多全。
红尘没有好久在，是我老人还不转。
有日归了天罗殿，凡间事务忘了完。
想到过程把气叹，白白生下凡尘间。
人生不及人所愿，鱼大见了人喜欢。
越排越想心越乱，人生过去难转来。
唱歌实情做纪念，从小到大的古源。

3.
共约松方比萨乔，
Gongb yox songt fangs bid sead qiaox，
洞剖够扛打细浪。
Dongb bud goud gangb dad xid nangs.
从小生有照内到，
Congb xiaod shengd yous zhaob neit daob，
都是爷娘父母养。
Dous shib yed niangx fub mud yangs.
三年内久怀中抱，
Sanb nianb neit jiud huanb zhongb baod，
阿就腊林河就章。
Ad jiub lad liongx hed jiub zhangs.
年轻好比同内潮，
Nianx qings haod bis tongx neit chaos，
如同叉豆崩窝江。

Rub tongb chab dous bengd aod jiangs.

走花巷柳讲热闹，

Zoud huab xiangb liub jiangd rex laob，

告冬麻让吉年养。

Gaox dongt max rangb jid nianb yangs.

任我自己心所号，

Renx wod zid jis xinb suod haob，

内骂教育不听讲。

Neit mab jiaod yus bub tingb jiangs.

游玩乱心同内闹，

Youb wand luanb xinb tongb neit laob，

内内江会闹强抢。

Neit neit jiangs huib laod qiangd qiangb.

吉标苟冬不理料，

Jib bioud goud dongt bub lid liaob，

苟散苟茶几没浪。

Goud said goud chas jib meix nangd.

日月如梭过年少，

Rd yueb rub junb guob nianx shaob，

光阴似箭同内帮。

Guangb yinb sid jianb tongb neit bangs.

到了中年心多造，

Daob led zhongs nianb xinb duos zaob，

柴米油盐都要想。

Caib mid youx yand dous yaod xiangs.

立业成家莎抄叫，

Lid yued chengd jiab sead chaod jiaob，

吧汉产谷把心伤。

Bab haib chans guod bab xind shangd.

几笔达为老面貌，

Jib bib dad weix laod mianx maos，

同内闹挂秋久夯。

Tongx neit laod guab qius jiud huangx.

好比日头过西坳，

Haod bib rd toud guob xid aos，

留住不能停一刚。

Liub zhud bub nengd tingx yid gangs.

岁岁终身总有造，

Suid suid zhongd shengd zongb youd zaob，

难免行岁有死亡。

Nanb mianb xingb suid yous sid wangx.

图单冬炯腊水告，

Tub dans dongb jongb lad shuid gaox，

山上本堤会垮夯。

Shanb shangb bend tib huib kuangs hangs.

共久窝柔长几到，

Gongb jiud aod rout changes jib daob，

让到腊朋让几常。

Rangb daob lad bengd rangb jib changes.

柔休挂猛同内劳，

Roud xiut guab mengx tongd neit laox，

阿内腊共阿内浪。

Ad neit lad gongb ad neit nangs.

老了忧愁把歌造，大众耐烦听我讲。
从小生有母生到，都是爷娘父母养。
三年乳哺怀中抱，一年也大一年长。
年轻好比日头照，如同开花在山岗。
走花巷柳讲热闹，年轻时代闹热享。
任我自己心所好，父母教育不听讲。
游玩乱心不礼貌，天天都爱去赶场。
家中功夫不理料，生产劳动没去帮。
日月如梭过年少，光阴似箭催得忙。
到了中年心多造，柴米油盐都要想。
立业成家都苦到，千种百样挂心肠。
不知不觉老面貌，好似太阳落西方。

好比日头过西坳，留住不能停一刚。
岁岁终身总有造，难免行岁有死亡。
山中大树也会倒，山上本堤会垮夯。
老了年纪回不到，想转年轻是空想。
年岁过了心冒操，一日难过一日当。

4.

愁老萨休够几娘，

Choud laod sead xiud goud jib niangx，

吉柳打内腊几茶。

Jid liub dad neit lad jib chas.

人生能有几何样，

Renx shengd nengd yous jib hed yangb，

功名富贵眼前花。

Gongb mingx fub guib yans qiangd huab.

见了多少英雄夯，

Jianb led duos shaod yinb xiongb hangs，

合像浪里水淘沙。

Hed xiangb nangd lis shuid taod shad.

日月长明灯可亮，

Rd yued changes mingb dengb ked liangx，

难免鬼刮卜几咱。

Nanx mianb guid guad pub jid zas.

三反不老生世上，

Sand fand bub laod shengd shid shangd，

总是本堤也会垮。

Zongb shid bend tib yed huib kuas.

年轻变成年老样，

Nianx qings bianb chengx nianx laod yangx，

棒八累昂同同剐。

Bangb bab leid ghax tongb tongb guas.

不及当日年粗壮，

Bub jid dangb ris nianb cud zhangb，

合像同内格朗把。

Hed xiangb tongb neit gied nangd bab.

人老没有强力量，

Renx laod meix youd qiangs lid liangb，

会闹号几几单阿。

Huib laod haod jib jib dans ad.

年过三十收了样，

Nianx guob sand shid shoud led yangb，

安居乐业来当家。

And jiud led yues laid dangs jiad.

人生总有老一倡，

Renx shengd zongb youd laod yid changs，

不是松柏长青丫。

Bub shid songd pad changs qingd yas.

拢松拢萨然牙样，

Longd songb longd sead rax yad yangb，

几没心事常够萨。

Jib meix xinb shid changes goud sead.

愁老的歌不敢唱，要数几日唱不下。
人生能有几何样，功名富贵眼前花。
见了多少英雄夯，活像浪里水淘沙。
日月长明灯可亮，难免鬼劫到了家。
三反不老生世上，总是本堤也会垮。
年轻变成年老样，脸上瘦肉似刀刷。
不及当日年粗壮，活像日头中午大。
人老没有强力量，要走哪里都难达。
年过三十收了样，安居乐业来当家。
人生总有老一倡，不是松柏长青丫。
歌言忘了没一样，没有心事把歌耍。

5.

人老愁闷作歌言，

Renx laod choud menx zuod guos yanx，

比见萨袍打打然。

Bid jianb sead paob dad dad rax.

人生经过世间难，

Renx shengd jinb guob shid jianb nanx，

越排想照腊越加。

Yued paid xiangs zhaob lad yues jiad.

内闹苟虐通凡间，

Neix laod goud niub tongx fans jianx，

幼年时代苦娘妈。

Youb nianb shid dais kud niangx mas.

引动随身不离开，

Yinb dongb shuib shengd bub lib kais，

会闹号儿不闹阿。

Huib laob haod jis bub laod as.

炯乙纠就苟头排，

Jongb yib jiud jiub goud toud paib，

学而时习儿没昂。

Xued erb shid xid jib meix ghax.

年纪到了十八年，

Nianx jid daos led shid bab nianx，

苟散苟茶儿没沙。

Goud said goud chas jib meix shad.

将太干抢袍川川，

Jiangs taib gand qiangd paob chuans chuans，

见到年轻阿气阿。

Jianb daob nianx qings ad qib ad.

二十来岁把婚完，

Erd shid laid suib bab hunb wangx，

夫妻成配成一家。

Fub qis chengd peib chengd yis jiad.

三十几岁成中年，

Sand shid jib suib chengd zhongd nianx，

指望有儿来喊爸。

Zhid wangb youd erd laid hais bab.

比谷打就见老班，

Bit guox dad jiub jianb laod bans，

内龙当梦冬没嘎。

Neix longd dangb mengx dongs meix gas.

告就求单五十年，

Gaox jiub qiub dans wud shid nianx，

心爱称肉打酒洽。

Xinb aid chengd roub dad jius qiab.

六七十岁几偏偏，

Liux qib shid suib jib piant piant，

内共挂柔猛哈哈。

Neit gongb guab roud mengx has has.

一切歌唱忘了完，

Yid qieb guod changb wangs led wangx，

萨休见到尼没然。

Sead xiut jianb daob nit meix rax.

行路勾腰头不抬，

Xingb lub goud yaos toud bub tanx，

弓背腰陀几酷瓜。

Gongd beib yaod tuob jib kud guas.

同吾闹昂挂久滩，

Tongb wut laob ghax guad jius tand，

水下东流几常咱。

Shuid xiab dongs liub jib changs zas.

人老过去难转来，

Renx laod guob qis nanb zhuanb laid，

山坡中、草木花。

Shanb pob zhongs、caos mux huas.

嘎处青草几水变，

Gad chub qingb caos jib shuid bianb,

来春当就亚常发。

Laid chunb dangb jius yad changs fab.

排单浪样莎斩善,

Paid dans nangd yangb sead zhans shait,

骨似软弱内巴巴。

Gud sib rand rous neit bas bas.

辛苦一世腊几开,

Xind kud yis shib lad jib kaid,

受苦折磨拿几加。

Shoub kud zheb mob lad jib jias.

达尼走了路黄泉,

Dad nib zoud les lub huangs qianx,

别爱儿孙背公打。

Bieb aid ers sunb beid gongd das.

够萨内共苟几见,

Goud sead neix gongb goud jib jianx,

龙剖阿半拢耳朵又聋眼睛差。

Longd boud ad banb longs erd duob youd longs yans jingd chat.

人老愁闷作歌言,比成歌言几首耍。

人生经过世间难,越排想到也越差。

投胎世上到凡间,幼年时代苦娘妈。

引动随身不离开,走到哪里都跟她。

七八九岁把书盘,学而时习记不假。

年纪到了十八年,生产劳动我不耍。

排天都往场上转,记得年轻玩柳花。

二十来岁把婚完,夫妻成配成一家。

三十几岁成中年,指望有儿来喊爸。

四十几岁成老班,讨个儿媳来当家。

年纪上了五十年,心爱称肉打酒洽。 洽：方言,指吃。

六七十岁身偏偏,老人走过一叭拉。

一切歌唱忘了完,歌言我也不记它。

行路佝腰头不抬，弓背腰驼软卧卧。
如同水流过了滩，水下东流回老家。
人老过去难转来，山坡中、草木花，
野外青草不会变，来春新岁又转发。
想到这些冷心怀，骨似软弱心里卡。
辛苦一世划不来，受苦折磨不服差。
若是走了路黄泉，别爱儿孙我心怕。
歌唱人老做纪念，像我们这些耳朵又聋眼睛差。

6.

作首歌言解闷心，

Zuob shoud guod yanx jied menx xinb，

关够打逃萨消愁。

Guanb goud dad taob sead xiaod chous.

不唱一切古旧新，

Bub changb yid qieb gud jiub xins，

单唱愁老浪情由。

Danb changb choud laod nangd qings youd.

来世投胎从母生，

Laid shid toud tans congd mux shengd，

休得年幼不知事。

Xiut dex nianx youd bub zhid shib.

补就江江会到稳，

Bub jiub jiangs jiangs huib daod wengx，

尼安能列几安求。

Nid ans nongx lieb jib and qiub.

一年长大一年很，

Yid nianx zhangs dad yid nianb hend，

炯乙纠就苟头欧。

Jongb yib jiud jius goud toud ous.

十七八岁正年轻，

Shid qib bab suib zhengb nianx qings，

花街柳巷任我游。

Huad jied liub xiangs renx wod yous.

游玩排天不春耕，

Youd wangs paid tianb bub chunb gend，

闲事不贪一丝丝。

Xianb shid bub tans yid sid sid.

年到二十结了婚，

Nianb daob erd shid jiex liaod huns，

内骂当欧苟扛剖。

Neix mab dangb ous goud gangb boud.

岁到中年定了心，

Suid daob zhongb nianx dingb led xins，

不爱花柳事玩游。

Bub aid huab liub shid wangd yous.

虚度红尘过光阴，

Xud dub hongb chengd guob guangs yings，

再不想看万花楼。

Zaid bub xiangb kanb wans huad lous.

记得年少齐草根，

Jid dex nianx shaod qis caos gend，

如今到我又白头。

Rub jingd daob wos youb baid tous.

君子三件事为本，

Junb zid sand jianb shid weid bens，

想照孔某良言词。

Xiangs zhaob kongd moud liangs yand cid.

年过花甲几斗很，

Nianb guod huad jias jid dous hens，

万事丢抛下河流。

Wand shid diud paos xiab hed liux.

合像风前一盏灯，

Hed xiangb fengd qianb yid zhans dengs，

片记列标腊达次。

Pianb jid lieb bioud lad dad cis.

歌唱言词板照拢，
Guod changb yans cid biab zhaod nongs，
人生一事久本事。
Renx shengd yis shib jiud bend shib.

作首歌言解闷心，也唱几句歌消愁。
不唱一切古旧新，单唱愁老的情由。
来世投胎从母生，小儿年幼不知事。
三岁才学走路稳，只知吃饭余不知。
一年长大一年狠，七八九岁学知识。
十七八岁正年轻，花街柳巷任我游。
游玩排天不春耕，闲事不贪一丝丝。
年到二十结了婚，父母把我讨妻室。
岁到中年定了心，不爱花柳事玩游。
虚度红尘过光阴，再不想看万花楼。
记得年少吃草根，如今到我又白头。
君子三件事为本，想起孔某良言辞。
年过花甲走不稳，万事丢抛下河流。
好像风前一盏灯，风吹一下熄灯油。
歌唱言辞是这等，人生一事了本事。

7.
粗糙作成歌几首，
Cud zhaob zuob chengd guod jib shoud，
列除人生讲不凡。
Lieb chub renx shengd jiangs bub fans.
人坐红尘无好久，
Renx zuob hongx chengd wud haod jius，
几笔亚共见老班。
Jid bib yad gongb jianb laod bans.
回忆幼年浪哈楼，
Huib yib youd nianb nangd hab lous，
口楼见到吉想然。

Koud lous jianb daob jid xiangt rax.

三年两岁才学走,

Sanb nianx liangd suib caid xued zous,

七八九岁苟头排。

Qid bab jiud suib goud toud pais.

斗炯学堂苟头抽,

Dous jongb xued tangx goud toud choud,

逍遥法外吉管天。

Taod yaob fab waib jid guans tiant.

易过光阴度春秋,

Yib guod guangd yinb dub chuns qius,

窝就上了十八年。

Aod jiub shangb led shid bab nianx.

二十来岁配婚欧,

Erd shid laix suib peib hunb oud,

脚下有妻佩团圆。

Jiaox xiab youd qis peib tuanb yuanx.

各是各人的心思,

Ged shib ged renx dex xinb sid,

人生各是各喜欢。

Renx shengd ged shib ged xid huans.

人到中年万事休,

Renx daob zhongd nianx wans shid xiud,

窝萨窝度莎苟然。

Aod sead aod dub sead goud rax.

脚下有儿有孙子,

Jiaox xiab youd erd yud sund zis,

得让首兵同太矮。

Dex rangb shoud biongd tongx tans ans.

出家吉风苟得首,

Chub jiad jib fengd goud dex shoud,

心中苦难如针连。

Xind hongb kud nanb rub zhengd lianx.

求送五十浪内苟，

Qiub songb wud shid nangd neit goud,

好比月亮往西偏。

Haod bib yued liangb wangd xid pians.

干强江岔比级酒，

Gand qiangx jiangs chab bid jis jiud,

得了酒醉愁解完。

Dex liaod jiud zuib choud jies wangx.

年满六十拍几斗，

Nianx mans liud shid paid jib dous,

当真难过这圈圈。

Dangs zhengd nanb guob zheb quans quans.

八九十岁难你头，

Bab jiud shid suib nand nit toud,

人生难满上百年。

Renx shengd nanx mans shangb baid nianx.

想照窝蒙冷秋秋，

Xiangd zhaob aod mengx lengd qiud qiud,

排照起写同溶先。

Paix zhaob qid xies tongx rongs xians.

大限来时都要走，

Das xianb laid shid dous yaod zoud,

驾鹤西归到蓬莱。

Jiab hed xid guis daob fengd laix.

人坐红尘都要死，

Renx zuob hongx chengd dous yaob sid,

前后不免路黄泉。

Qianx houb bub mianx lud huangx quanx.

粗糙作成歌几首，要唱人生讲不完。

人坐红尘无好久，不觉到我成老班。

回忆幼年的日子，仍然记得在心间。

三年两岁才学走，七八九岁把书盘。

坐在学堂读孔某，逍遥法外不管天。
易过光阴度春秋，年纪上了十八年。
二十来岁配妻室，脚下有妻配团圆。
各是各人的心思，人生各是各喜欢。
人到中年万事休，一切歌话忘了完。
脚下有儿有孙子，儿孙高上都有全。
创家立业苦心思，心中苦难如针连。
年纪五十路上走，好比月亮往西偏。
赶场爱吃四两酒，得了酒醉愁解完。
年满一上到六十，当真难过这圈圈。
八九十岁坐不久，人生难满上百年。
想到这些冷秋秋，想在心里苦连连。
大限来时都要走，驾鹤西归到蓬莱。
人坐红尘都要死，前后不免路黄泉。

二、女人愁老歌

1.

几得洞剖浪萨除，

Jid dex dongb boud nangd sead chub,

洞喂内共苟萨玩。

Dongb wed neit gongb goud sead wanx.

告柔共猛挂窝就，

Gaox roud gongb mengx guab aod jiub,

秀达柔休常几单。

Xiub dad roud xiut changes jib dans.

同油干格加长偶，

Tongx youd ganb gied jiad changes oud,

内共出萨内水台。

Neix gongb chub sead neit shuid tanx.

几同窝考内哈固，

Jid tongb aod kaod neit has gub,

安钢达吾亚常先。

And gangb dad wut yad changs xianb.

同内秋聪打虫路，

Tongb neit qiud congs dad chongb lub，

活像太阳往西偏。

Hed xiangb taid yangx wangd xid pians.

共内好比热录图，

Gongb neix haod bib rax lud tub，

照豆哈公几关关。

Zhaob doub had gongb jib guanb guanb.

洽扛兵苟闹嘎处，

Qiab gangx biongd goud laod gas chub，

吉他几单麻善干。

Jib tab jib dans max shait gans.

放手出门怕走路，

Fangb shoud chub menx pad zous lub，

召散召荼几没贪。

Zhaob sait zhaob chab jid meix tans.

养儿防老靠得住，

Yangx erd fangx laod kaob dex zhus，

泡扛龙休久尖尖。

Paod gangb ongd xiut jiud jians jeans.

拢欧迷台腊久汝，

Longd ous mid tans lad jiud rub，

乖从弟爬列靠埋。

Guat congb dis pab lieb kaod manx.

古久奶格几咱录，

Jid jius liet giat jib zad lus，

抓列扛剖嘎出干。

Zhab lieb gangx boud gad chub gans.

泡埋出喂浪够求，

Paod manx chub wed nangd gous qiub，

放心一下将久善。

Fangb xinb yid xiab jiangs jiud shait.

同炯抱你帮儒图，

Tongb jongb baob nit bangd rud tub,

处图洽喂乖干干。

Chub tub qiab wed guat ganb ganb.

汝得毕喂浪内虐，

Rub dex bis wed nangd neix niub,

阿娘从汝埋毕单。

Ad niangx congb rub manx bid dans.

归天求单棍浪屋，

Guid tianb qiub dans ghunx nangd wud,

补奶背叫卜几单。

But liet beid jiaob pud jid dans.

我有儿孙帮保护，

Wod yous erd sunb bangd baod hub,

列扛炯气古老浪寿年。

Lieb gangb jongb qis gud laod nangs shoub nianx.

后来我儿有好处，

Houd laix wod erd yous haod chub,

一重恩报九重翻。

Yid chongb end baos jiud chongb fans.

卜个得嘎浪窝固，

Pub guob dex gas nangd aod gub,

荣华富贵得长远。

Rongx huab fub guib dex changs yuanx.

发家吉标达不不，

Fab jiad jib bioud dad bub bub,

得让首拢同太矮。

Dex rangx shoud longd tongb tans ans.

号松几见喂浪度，

Haod songd jib jianb wed nangd dub,

出潮长拢苟朝埋。

Chub chaob changes longd goud chaos manx.

众人听我把歌出，听我老人唱歌言。
年纪老去过时苦，想要年轻回不转。
如同老牛又来做，老人唱歌人会谈。
不比铁锄挖溶缩，安钢又可挖起来。
好比日头过山处，好像太阳往西偏。
老人好比叶落树，霜打树叶掉下来。
也怕出门走山路，脚撑不登那土坎。
放手出门怕走路，丢下活路不去管。
养儿防老靠得住，望靠儿媳把事揽。
身穿几件旧衣裤，洗脏补烂靠她来。
眼睛差了不见路，装饭递我莫心烦。
望靠你们帮我做，放心落肠我心宽。
好似林中的老虎，你们盖我人不见。
好儿陪情到了数，阿娘恩情你已还。
归天我走到阴路，三拜九叩讲真言。
我有儿孙帮保护，要让坐到古老的寿年。
后来我儿有好处，一重恩报九重翻。
讲到儿孙的缘故，荣华富贵得长远。
发家发人发无数，承根接祖发登天。
要把我话牢记住，做龙朝向你们来。

2.

就把歌言唱几次，

Jiub bad guod yanb changb jid cib,

洞喂内共苟萨容。

Tongb wed eix gongb goud sead yongx.

阿气阿剖腊尼个王花小姐拿几楼，

Ad qib ad bous lad nib guod wangb huab xiaod jies lad jib loud,

美貌如花让同同。

Meix maob rub huab rangb tongd tongd.

喂够喂浪汉吼油，

Wed gous wed nangd haib houb youd,

照追嘎苟出笑容。

Zhaob zhuib gad goud chub xiaob rongx.

同够叉泡照吾秀，

Tongb goud chab paob zhaob wud xiut.

同免无拢苟内通。

Ongb mianb wud longd gous neix tongt.

几炯干抢腊楼求，

Jib jongb ganbd qiangd lad lous qiub.

内骂扛剖图靠公。

Neix mab gangb boud tub kaod gongs.

几炯会苟同双周，

Jib jongb huib goud tongb shuangd zhoub.

告教到拢提周滚。

Gaox jiaob daob longd tib zhous gunx.

无愁无忧不愁漏，

Wud choub wud yous bub choub loub.

吉飘追主单同同。

Jib piaod zhud zhub dans tongd tongd.

送通内标阿闹求，

Songb tongx neit bioud ad laod qiub.

出嫁牙林愁了心。

Chub jiad yad liongx choud led xins.

盘儿养女浪吼油，

Panb erd yangd nit nangd hous youx.

棍免求喂几个林。

Ghunt mianx qiub wed jib guob liongx.

到了三十浪左右，

Daob leb sand shib nangd zuob youb.

发很嘎茶出苟冬。

Fab hend gad chab chub goud dongt.

虫下虫浓打奶透，

Chongb xiab chongb niongb dad liet toub.

出牙到夯窝虫浓。

Chub yad daob hangb aod chongb niongb.

三十四十亚拢求，

Sanb shib sib shib yad longs qiub，

毕求打油到单炯。

Bib qiub dad yous daob dans jongb。

五十六十窝柔够，

Wud shid liux shid aod rous goud，

告报几苦同打声。

Gaox baob jib kub tongx dad shongx。

算盘抱久够仇仇，

Suanx panb baod jius goud choub choub，

吃饭不忙卡江颈。

Chib fanb bub mangx kad jiangs jings。

吾鸟再哈苟吉油，

Wud niaox zai had goud jib youb，

丑了形象坏名声。

Choud led xingb xiangb huaid mingx shengd。

没内怕常打便求，

Meix neit pad changs dad biat qiub，

几怕列求让打绒。

Jib pab lieb qiub rangb dad rongx。

喂猛将埋列嘎秀，

Wed mengx jiangs manx lieb gad xiut，

列出得让常拢扛内炯。

Lieb chub dex rangx changes longd gangx neit jongx。

孝敬父母这一次，

Xiaob junb fus mud zheb yib cis，

坟墓秋明哈头岭。

Fenx mob qiub miongx had tous liongd。

埋列加豆添土苟吉油，

Manx lieb jiad dous tianx tud goud jib youx，

嘎扛墓坟洽单冬。

Gad gangx mod fenb qiad dand dongt。

共昂共白高得厚，

Gongb ghax gongb baid gaox dex houb,
拼散几干阿娘拢。
Piongx said jib gand ad niangx longs.
心愁忧扰声莫做,
Xinb choud youd youd shengd mob zuob,
皇上不能坐长松。
Huangb shangb bub nengx zuob changes songd.
沙埋出萨苟吉油,
Sead manx chub sead goud jib youb,
出绒出潮朝埋拢。
Chub rongx chub chaos chaob manx longd.

就把歌言唱几次,听我老人唱歌音。
那时候我们也是黄花小姐生得秀,美貌如花又年轻。
我唱我的心里事,在后莫当笑话人。
好似山中的菌子,竹园竹笋见光明。
一同赶场一路走,父母让我戴白银。
腰杆直得如筷子,身上又穿蚕布青。
无愁无忧不愁漏,身材身段飘轻轻。
嫁到人家一脚走,出嫁我便愁了心。
盘儿养女苦得透,万般忧愁上我身。
到了三十岁左右,发狠劳动养家人。
重担轻担各人斗,女人也把重担轮。
三十四十又到头,好似黄牛得半春。
年纪五十到六十,弯腰驼背如虾身。
算盘打尽九归九,吃饭常常卡江颈。
鼻涕口水常常流,丑了形象坏名声。
有日归天伤心事,分别要去走归阴。
我走你们心莫忧,要做幼儿投胎送人引。
孝敬父母这一次,坟墓清明插纸新。
你们还要添土坟上头,莫送墓坟有刺根。
又抬肉来又抬酒,吹气喊娘让我饮。
心愁忧扰声莫做,皇上不能坐长生。
留下歌儿这一首,做龙做凤朝你们。

三、寡公愁老歌

愁迈作成歌一首，

Choub wanb zuob chengd guod yib shoud，

洞喂够扛埋亲朋。

Dongb wed gous gangb manx qind bengx.

切记幼年浪哈篓，

Qieb jib youb nianx nangd hes loud，

口楼尖到召拢洞。

Koud loud jianb daob zhaob longd dongb.

休得炯照阿奶标，

Xiut dex jongb zhaob ad liet bioud，

几扛吉嘎窝得从。

Jib gangb jid gad aod dex congd.

会到炯召打虫苟，

Huib daob jongb zhaob dad chongb goud，

嘎腊谷炮路当中。

Gad lad guox paob lud dangs zhongb.

照就送闹学堂苟头抽，

Zhaob jiub songb laob xueb tangx goud toud chous，

诗书礼义喂久通。

Shid shud lib yib wed jius tongt.

年上十八登十九，

Nianx shangb shid bab dengs shib jiux，

双脚踏上路花容。

Shuangd jiaob taod shangb lub huab rongx.

喜爱游玩到处走，

Xid aib youd wanx daob chub zous，

卜召岔萨实足浓。

Pub zhaob chab sead shib zud nongx.

四方八面交朋友，

Sid fangb bab miand jiaod bengd yous，

几没卜照出苟冬。

Jib meix pub zhaob chub goud dongt.

年到二十配佳偶,

Nianx daob erd shib peib jiad ous,

脚下有妻配圆成。

Jiaox xiab youd qid peib yuanx chengd.

大为苟汉得休首,

Dad weix goud haid dex xiut shoud,

得让炯白阿洽总。

Dex rangs jongb baid ad qiad zongx.

家下贫穷难混口,

Jiad xiab pingx qiongd nanb hunx koud,

杂乱在心想蒙龙。

Zab luanb zaid xinb xiangb mengd longs.

背个背笼到处走,

Beid guob beid longd daob chub zoud,

邦门求饭忍特能。

Bangb menx qiub fans rongd ted nongx.

吉邦追竹忍阿吼,

Jib bangd zuib zhub rongd ad hous,

杀潮几午苟得炯。

Shab chaob jib wud goud dex jongb.

猛楼吉追内水吼,

Mengx loud jib zuib neix shuid houb,

康汉自由支配帽子林。

Kangd haib zib youx zhid peib maob zid liongx.

到户出家几洽口,

Daob hub chub jiad jib qiad kous,

连夜求苟出苟洞。

Lianb yueb qiub goud chub goud dongt.

幸福不得日多久,

Xinb fub bub des rs duos jiud,

天降灾殃到来灵。

Tianb jiangb zaib yangd daob laid lingx.

告达几怕喂浪标，

Gaox dad jib pat wed nangd bious,

苟喂家下两边分。

Goud wed jias xiab liangd bianb fend.

少到得休亚到偶，

Shaod daob dex xiut yad daos oud,

母女各自又归阴。

Mud nit ged zis youd guib yingd.

召得扛浓打奶首，

Zhaob dex gangb niongb dad liet shoud,

父母望靠我一人。

Fub mud wangb kaod wod yib renx.

棍草求浓打奶秀，

Ghunx caos qiub niongb dad liet xiub,

世上人生不平恒。

Shid shangb renx shengd bub pingb hengx.

嘎几尼干浓喂昂久咱周，

Gad jib nib canb niongb wed ghax jiud zad zhoub,

落难受苦召几冬。

Loub nanb shoud kus zhaob jib dongt.

喂相蒙同兔八柔章几狗，

Wed xiangt mengx tongb mianb bab roud zhangs jib goud,

秋兄闹腊本久通。

Qiud xiongt laod lad bend jiub tongx.

得让章林见久标，

Dex rangb zhangs liongx jianb jiud bioud,

各人各自有家庭。

Ged renx ged zid youd jiad tingx.

大为苟汉嘎休首，

Dad weid goud haib gad xiut shoud,

嘎拔嘎浓首几炯。

Gad pab gad nongb shoud jib jongb.

嘎让跳跃吉年周，

Gad rangb tiaob yed jib niand zhoub,

内共亚常炯宽心。

Neit gongb yad changes jongb kuangd xins.

宽心常除萨休友,

Kuand xins changes chub sead xiud yous,

告柔烈够常兵声。

Gaox roud lieb goud changes bingd shongx.

空除萨休苟先透,

Kongd chub sead xiut goud xianb toub,

透先透卡够几充。

Toud xianb toud kad gous jib chongd.

久忙少共浓拿喂浪久,

Jud mangb shaob gongb niongb nad wed nangd jius,

又到自己白头翁。

Youb daob zid jib baid toud wengd.

山上树木有千秋,

Shanb shangb shud mub youd qianb qiud,

世上少有百岁人。

Shid shangb shaob youd baid suib renx.

水下东流到海口,

Shuid xaib dongb liux daob haid kous,

一进海口不回程。

Yid jingb haid kous bub huib chengd.

萨休召将几冬周,

Sead xiud zhaob jiangb jib dont zhoub,

儿又传子子传孙。

Erd youb chuanb zid zid chuanb sund.

评论吉拿一辈子,

Pingb lunx jid nab yid beib zis,

三哭三笑我归阴。

Sanb kud sanb xiaob wod guis yingd.

愁闷作成歌一首，听我唱报众亲朋。
记得幼年的日子，仍然记住在心中。
小儿坐在家里头，不让乱走乱跳蹦。
走得坐在路中留，玩打泥炮路当中。
六七岁时送去学知识，诗书礼仪我不通。
年上十八登十九，双脚踏上路花蓉。
喜爱游玩到处走，讲到唱歌实足浓。
四方八面交朋友，没有讲着去做工。
年到二十配妻室，脚下有妻配圆融。
很快生下我儿子，儿女坐满炉边丛。
家下贫穷难混口，杂乱在心想朦胧。
背个背篓到处走，倚门求饭讨米行。
站在门边讨一口，讨米讨饭养儿孙。
出门久了被人吼，戴那自由支配帽子凶。
到户创家苦天斗，连夜上山挖土垦。
幸福不得日多久，天降灾殃到来临。
老天降下灾难有，把我家下两边分。
又失妻室女又死，母女各自双归阴。
丢下幼儿她们走，父母望靠我一人。
灾星同来让我受，世上人生不公平。
走到哪里见我苦脸流泪，落难受苦在凡尘。
我似那竹笋长在岩里头，投胎下来命不通。
孩儿长大成了家，各人各自有家庭。
不久养出小孙有，男孙女孙都长成。
小孙跳跃笑悠悠，老人才又坐宽心。
宽心又才把歌扭，人生在世又旺兴。
肯唱歌言气不透，呼吸不畅唱不清。
不觉又到我老白了头，又到自己白头昏。
山上树木有千秋，世上少有百岁人。
水下东流到海口，一进海口不回程。
作歌一首留给后，儿又传子子传孙。
评论我的一辈子，三哭三笑我归阴。

四、老表愁老歌

1.

松慌强情苟萨岔，

Songt huangd qiangb qingx goud sead chab，

到老一辈说根基。

Daob laod yib beib shuob gend jis.

投胎闹拢几冬嘎，

Toub tand laob longd jib dongt gas，

必求同单免阿齐。

Bib qiub dongb dans mianb ad qis.

休得窝冬靠内驾，

Xiut dex aod dongt kaod neit jiad，

剖林内骂共猛齐。

Boud liongx neix mab gongb mengd qis.

出家几安洞吉麻，

Chub jiad jib ans dongb jib mas，

养儿想到父母亲。

Yangb erd xiangb daob fub mus qinb.

阿柔关首阿柔挂，

Ad rous guanb shoud ad rous guab，

窝绒窝便强西你。

Aod rongx aod biab qiangd xid nib.

窝流吾秋嘎吾昂，

Aod liux wut qiud gad wut ghax，

朝朝代代长流水。

Chaob chaob daid daid changes liux shuid.

日月星斗得格那，

Rd yued xingb dous dex gied nat，

太阳东出又归西。

Taid yangb dongb chub youd guid xis.

几奶共约几奶洽，

Jib liet gongb yox jib liet qiab，

秀先必求得录最。

Xiub xianb bid qiub dex nus zuis.

剖内苟虐腊水达，

Boud neix goud niub lad shuib das,

逃难弄几腊几归。

Taob nanb nongb jid las jid guib.

愁老造见苟萨岔，

Choub laod zaob jianb goud sead chab,

劝时可听不可毕。

Qianb shid ked tingb bub ked bib.

忧愁才讲歌的话，到老一辈说根源。
投胎来到凡尘下，好似竹笋在竹园。
幼儿年纪靠爹妈，长大父母老了完。
创家不知把力下，养儿想到父母难。
一代抚养一代大，山岭岩土千秋在。
水流吾秋到吾昂，朝朝代代长流远。　　吾秋、吾昂：大龙洞、小龙洞。
日月星斗满天下，太阳东出归西天。
哪个老了哪个怕，呼吸不畅是真难。
凡人会死这种话，逃难如何也难免。
愁老作成歌一下，到时可去不可来。

2.

劝时可听不可玩，

Qianb shid ked tingb bub ked wangx,

水洞强从浓浪萨。

Shuid dongb qiangb congb niongb nangd sead.

乙想乙秀昂青年，

Yid xiangb yid xius ghax qingd nianx,

见到得得阿气阿。

Jianb daob dex dex ad qib ad.

看到老来到当面，

Kanb daob laod lais daob dangb mianx,

共久窝柔巴度加。

Gongb jiud aod roud bab dus jiad.

越共越猛越兰旦，

Yued gongb yued mengx yued lans dans,

嘎缪吾鸟阿苟抓。

Gad mioub wud niaox ad goud zhab.

人到年老不值钱，

Renx daob nianx laod bub zhid qingx,

再列几松出阿嘎。

Zaib lieb jib songd chub ad gas.

炯照绒补同太矮，

Jongb zhaob rongx bub tongb taib and,

昂弄几夏背斗巴。

Ghax nongb jid xiab beid dous bab.

要做哪种做不来，

Yaob zuod nan zongd zuob bub laix,

候内炯到阿奶嘎。

Houb neix jongb daob ad lieb gad.

头朗比周炯干檐，

Toud nangd bib zhoub jongb gand yans,

从忙当内抓列加。

Zongb mengd dangs neix zhab lieb jiad.

几溜卜包袍川川，

Jib liub pud baob paob chuans chuans,

必求大容几篓嘎。

Bib qiub dad rongx jib loud gas.

单昂内共列几见，

Dans ghab neix gongb lieb jid jianx,

见到列见嘎扛假。

Jianb daob lieb jianb gad gangb jias.

到时可去不可还，听话理解我的歌。
越想越念挂青年，记得小儿那时乐。

看到老来到当面，老了如今害我苦。
越老越去越脏乱，鼻涕口水一齐出。
人到年老不值钱，再要脏烂做一坨。
坐在家中如鼎罐，冷天紧靠近火炉。
要做哪种做不来，帮人带得孙一个。
去向太阳把身暖，早夜等人装饭坨。
讲话没有好辞言，好似羊屎串串窝。
到了老时记心间，记得要记莫啰嗦。

3.

剖内见久窝内共，

Boud neib jianb jiud aod neix gongb,

见到欧炯闹勾娄。

Jianb daob out jongb laod goud nes.

求补笑闹几斗绒，

Qiub bub xiaod laob jib dous rongx,

窝闹空会几单苟。

Aob laob kongb huib jib dans goud.

昂内吉交嘎昂弄，

Ghax neit jib jiaod gad ghax nongb,

必求得公抱列走。

Bib qiub dex gongb baod lieb zous.

秀先周偶几斗绒，

Xiub xianb zhoub oud jib dous rongx,

斩先久记弄比包。

Zhanb xianb jiud jib nongb bid baos.

汝得汝嘎几然送，

Rub dex rub gad jib rax songb,

昂奈弄几腊几休。

Ghax nanb nongb jib lad jib xiut.

几怕得拔龙得浓，

Jib pab dex pab longd dex niongb,

吉挑高格吾梅娄。

Jib tiaod gaos giat wut meix ned.

就家儿没麻归梦，

Jiub jiad jib meix mad guib mengb,

浑身窝教苟公包。

Hunb shengd aod jiaob goud gongb baod.

三早两日达吾共，

Shanb zaob liangb rid dad wus gongb,

你标几到共苟寿。

Nit bioud jib daob gongb goud shoud.

考岁阿图昂苟共，

Kaod suit ad tub ghax goud gongb,

抓涌抓够窝松楼。

Zhab yongb zhab goud aod songb loud.

剖内莎斩归告冲，

Boud neib sead zhanb guid gaox chongb,

苟追斗求几安苟。

Goud zhuib dous qiub jib and gous.

高斗几巴人苟明，

Gaod dous jib bad renx goud miongb,

中缪洞度竹吹扣。

Zhongb mioud dongb dub zhub cuid kous.

卜齐卜久扛埋洞，

Pub qit pub jiud gangb manx dongb,

排召打奶巴度秋。

Paib zhaob dad liet bab dus qiut.

我们如今成老人，记得过往事情理。
上坡酸脚力不应，抬脚不动没有力。
热天打交又到冷，好似蚕儿卧不起。
呼吸气管出不赢，断了呼气枕头里。
好子好孙来送行，哭喊如何也不起。
生死两别众儿孙，双眼流下苦泪水。
归天之日终天恨，浑身四体小虫理。

三早两日上山林，不能停在家中内。
可惜一身肉烂分，脱肢脱节做一堆。
我们到边没方寸，万事丢抛在水里。
作歌实情把歌云，按照情节作歌比。
唱尽唱了留后人，想这情由我自悲。

4.

萨休造兵召冬腊，

Sead xiut zaob bingb zhaod dongt lab,

愁老歌唱比理容。

Choub laod guod changb bid lid rongx.

孝子的人听我话，

Xiaob zid dex renx tingb wod huab,

就度保埋列嘎拢。

Jiud dub baod manx lieb gad longs,

小小养成这么大，

Xiaod xiaod yangb chengd zheb mob dab,

得拔得浓莎首林。

Dex pab dex niongb sead shoub liongx.

斗内浪从毕几加，

Dous neix nangd congb bid jib jiad,

斗骂浪从见几拢。

Dous mab nangd congb jianb jid longs.

嘎则家得内家骂，

Gad zed jiab dex neix jiad mab,

头等算到汝阴功。

Toud dengb suanb daob rub yingb gongb.

内骂烂旦列嘎洽，

Neix mab land dand lieb gad qiab,

扛锐扛列能麻兄。

Gangx ruit gangx lieb nongx max xiongd.

浓白浓糖嘎洽嘎，

Niongb baid nongb tangx gad qiab gad,

扛单嘎弄叉安浓。

Gangb danb gad nongb chab and niongb.

日子转生我不怕，

Rb zid zhuanb shengd wod bub pab，

黄泉归路都公平。

Huangx quanb guid lub dous gongb pingx.

列酷麻虐单麻达，

Lieb kux mab niub dand mab dab，

生养死葬一般同。

Shngd yangb sid zhangb yid banb tongd.

早他抱尼抱油亚抱爬，

Zaob tad baod nib baod yous yad baod pab，

拼卡几咱阿娘能。

Piongb kad jib zas as niangx nongx.

拼散几咱能窝卡，

Piongd saib jib zas nongb aod kab，

昂难几没麻休拢。

Ghax nanb jib meix mab xiud longd.

上山入土才安下，

Shangb shanb rub tub caib and xiab，

吉弄告班特斗滚。

Jib nongd gaox band teb dout gunx.

秀喂几没得告加，

Xiud wed jib meix dex gaox jiad，

越排越害腊越孟。

Yued paib yued haib lad yued mengs.

出写嘎抄列嘎免，

Chub xieb gad chaob lieb gad mianx

吉打嘎将窝声兵。

Jib dad gad jiangs aod shongd biongs.

纵列几怕阿瓦挂，

Zongb lieb jib pab ad wad guab，

斗炯打便嘎宽松。

Dous jongb dad biat gad kuanb songd.

歌言要讲实情话，愁老歌唱比理来。
孝子的人听我话，遗嘱把话报分开。
小小养成这么大，女儿男儿都养全。
娘亲之恩还不下，父亲的情记心间。
不讲父母的坏话，头等算得好心怀。
父母脏了不能怕，饭菜要装递手边。
买糖买果莫怕价，送到嘴边才喜欢。
日子转生我不怕，黄泉归路都一般。
生时要养孝心大，生养死葬一般还。
糟蹋杀猪宰羊把牛杀，吹气不见阿娘来。
吹气不见娘来洽，哭号再也起不转。
上山入土才安下，棺材盖上黄土块。
挂念不能见面话，越想越怕在心间。
心里莫伤肚莫怕，孝不都要来节哀。
总有一日归阴下，坐去天堂才心宽。

5.

松慌几长草吉仇，

Songd huangb jib changes caob jid chous,

几尼声够喂尼研。

Jib nib shongb goud wed nib niab.

草草纵想昂年幼，

Caob caob zongb xiangt angb nianb youb,

音容面貌活先先。

Yinb rongb mianb maod huob xianb xianb.

当初心朝宽心四，

Dangb chub xinb chaob kuanb xinb sid,

一心对岔事吉年。

Yid xinb duib chab shid jib nianb.

年轻窝冬浪吉够，

Nianb qingd aod dongt nangd jib goud,

愿玩不怕路途远。

Yuanb wangb bub pab lub tub yuanb.

人生只有这一次，

Renx shengd zhib youd zheb yib cis，

难到长同昂虐满。

Nanb daob changes tongd ghax niub mand.

年龄翻了六十四，

Nianb lingb fanb led liub shid sid，

挂念柔休难常单。

Guab nianb roud xiud nanb changes dnas.

见弄嘎从浪锐召久豆，

Jianb nongd cad congb nangd ruit zhaob jiud dout，

几到常敏先脸脸。

Jib daob changes meid xianb lianb lianb.

挂苟浪内难常求，

Guab goud nangd neix nanb changs qiub，

秋挂内西背苟斩。

Qiud guab neit xid beid goud zhanb.

挂柔好比同溶豆，

Guab roud haod bib tongb yongx dout，

合像水流漂下海。

Hed xiangb shuid liub piaod xiab hais.

锐单投兄腊水够，

Ruit danb toud xiongd lad shuid gous，

狼当滚斗窝录先。

Langb dangs gunb dous aod nus xianb.

同古嘎从浪吾秀，

Tongb gud gad congb nangd wut xiud，

记片达吾自久散。

Jib pianb dad wut zid jius saib.

窝柔儿安昂儿够，

Aod rous jib and ghax jib goud，

列达昂几腊几安。

Lieb dad ghax jib lad jib ans.

是人长生看不透，

Shid renx changs shengd kanb bub toub,

走照弄几腊几关。

Zoud zhaob nongb jid lad jib guans.

泪水如同水桶漏，

Lieb shuid rub tongb shuid tongb loub,

溶白吾梅同溶干。

Yongb baod wut meix tongb rongb gans.

阿炯几安弄几周，

Ad jongb jib and nongb jib zhoub,

善你吉朗同沙产。

Shait nib jid langb tongb sead chanb.

抱单算盘莎想够，

Baod danb suanb panb sead xiangb goud,

松慌想透骨头软。

Songt huangb xiangd toud gus toud rans.

歌言报你真心事，

Guod yanb baod nib zhengb xinb shib,

表兄如样回答单。

Biaod xiongd rub yangb huib dax dans.

心慌人生多忧愁，唱歌我是哭哀哀。
忧悲回想时年幼，音容面貌活显显。
当初心朝宽心事，一心只找事喜欢。
到了年轻的时候，愿玩不怕路途远。
人生只有这一次，难得回到邮当年。
年龄翻了六十四，挂念壮年回不转。
好似早晨青草遭霜透，不能再发新新鲜。
过了山岗的日头，走过之后就阴山。
年过好比融霜后，活像水流漂下海。
草木它们靠有苑，慢慢黄皮叶子完。

好似早晨露水漏，风吹马上就散干。
不知何时了一世，要死何时不知天。
是人长生看不透，碰到什么也不管。
泪水如同水桶漏，泪水流下湿了眼。
没有一点快乐时，心肝冷透如冰块。
算盘打尽想了透，心慌想透骨头软。
歌言报你真心事，表兄如样回答来。

6.

愁别苟萨够阿炯，

Choub bied goud sead goud ad jongb,

就度苟得苟嘎保。

Jut dub goud dex goud gad baos.

阿剖见约窝内共，

Ad bous jianb yox aod neix gongb,

六十花甲得到老。

Liux shid huab jiad dex daob laos.

几叟吉研龙埋炯，

Jib shoub jib yanb longd manx jongb,

希望儿孙个个好。

Xid wangb erd sunb guob guob haos.

七十八十碰一碰，

Qib shid bab shid pengb yib pengb,

告柔吉共你几告。

Gaox roud jib gongb nit jib gaox.

到梦单久抱达同，

Daob mengx danb jiud baod dad tongb,

几忙单虐昂休闹。

Jib mangb danb niub ghax xiud laob.

嘎忙就秋就兰孟，

Gad mangb jiud qiub jiud lanb mengd,

浪费钱财乱反肖。

Langb feib qianb caib luanb fanb xiaod.

干格共猛闹得从，

Ganb gied gongb mengd laob dex congb，

昂共生成列包招。

Ghax gongb shengd chengd lieb baod zhaob.

松慌嘎苟窝声朋，

Songb huangb gad gous aos shongt bengd，

吉抓嘎出林棍草。

Jib zhab gad chub liongx ghunx caod.

送伞埋列出无够萨苟吉龙，

Songb said manx lieb chub wud goud sead goud jib longs，

难绒难潮苟几告。

Nanb rongb nanb chaob goud jib gaox.

号松几见喂浪弄，

Haod songb jib jianb wed nangd nongb，

荣华富贵万年好。

Rongx fab fub guib wand nianb haos.

辞别把歌唱一笼，遗嘱要把儿孙报。

阿公老了不中用，六十花甲得到老。

现在欢喜儿孙众，希望儿孙个个好。

七十八十碰一碰，不知何时要归老。

若是得病身体痛，可能一病难得好。

不报亲戚都来拢，浪费钱财乱花销。

直接抬去葬山中，老身生成要丢抛。

悲伤也要节哀用，不要悲痛过头了。

送葬你们要唱苗歌把葬送，招那龙腰都来到。

好生牢记在心中，荣华富贵万年好。

7.

歌言叙述出萨够，

Guod yanb xud shub chub sead gous，

闷闷不乐纵心慌。

Mend mend bub led zongb xinb huangs.

苟笔睡召弄头果，

Goud bib shuid zhaob nongb toud guot,

造到阿从得萨忙。

Zaob daob ad congb dex sead mangb.

阿虐闹拢苟胎投，

Ad niub laod longd goud tand tous,

出世投胎父母养。

Chub shid toud tanb fub mud yangs.

一年两岁炯几楼，

Yib nianx liangb suib jongb jid lous,

行路要人把手掌。

Xingb lub yaod renx bab shoud zhangs.

比便照就想安求，

Bib biat zhaob jiud xiangb and qiub,

能抽江逃几午让。

Nongx choub jiangs taob jib wud rangb.

他欧他教骨补豆，

Tad out tad jiaod gus bub dous,

见到休得浪阿仰。

Jianb daob xiut dex nangd ad angb.

炯乙纠就起猛够，

Jongb yid jiux jiub qid mengd gous,

求绒闹处猛吉刚。

Qiub rongx aob chub mengd jib gangs.

让斗嘎处帮苟柔，

Rangb dous gad chub bangd goud rous,

阿内几到阿让常。

Ad neit jib daob ad rangb changs.

猛梅得录邦儒休，

Mengd meix dex nub bangb rud xiut,

梅到几叟吉年养。

Meix daob jib soud jib nianb yangs.

迟照冬欧兄吼后，

Chib zhaob dongb ous xiongb houb houb,

窝起拿到酒搂江。

Aod qit nad daob jiux loud jiangs.

十一二岁学守牛,

Shid yib erd suib xued shoub niux,

留容旦到亚读光。

Liub yongx danb daob yad dub guangs.

阿谷大就想安求,

Ad guox dad jiub xiangb ans qiub,

从父教育在家乡。

Congb fub jiaod yib zaib jiad xiangb.

阿谷乙就江欧周,

Ad guox yid jiub jiangs oud zhoub,

二十来岁秋内帮。

Erd shid laix suid qiub neix bangd.

恋爱双方这门事,

Lianb aid shuangb fangb zheb mend shib,

欧告江蒙江喂养。

Out gaox jiangs mengd jiangs wed yangb.

结婚达吾就生育,

Jied hunb dad wus jiud shengd yib,

天缘赐下麒麟章。

Tianb yanb cid xiab qid lingb zhangs.

得让白标从周周,

Dex rangb baid boud zongb zhoub zhoub,

列能潮骂得昂当。

Lieb nongx caob mab dex ghad dangs.

补谷达吾挂约纠,

Bub guox dad wus guab yox jiud,

人到中年不要讲。

Renx daob zhongb nianx bub yaob jiangd.

五十几岁白了头,

Wud shib jib suib baid led toux,

重担相蒙几敢胖。

Zhongb danb xiangb mengd jib ganb pangb.

照谷大就同补守，

Zhaob guox dad jiub tongb bub shoud,

背上腰陀花眼光。

Beid shangb yaod tuob huab yanb guangb.

炯谷打就都中缪，

Jongx guox dad jiub dut zhongx mioud,

内难弄几腊几浪。

Nait nanb nongb jid lad jib nangs.

八十几岁活归由，

Bab shid jib suib huob guid yous,

棺材入木求灵丧。

Guanb caib rub mud qiub lingx sangb.

百岁年老要内走，

Baid suib nianb laod yaod neix zous,

吧就浪内难到浪。

Bab jiub nangd neix nanb daob nangd.

几沙吉龙弄补豆，

Jib sead jib longd nongb bub dous,

去去来来同帮浪。

Qid qid laid laid tongs bangb langs.

要想见面斗猛够，

Yaod xiangb jianb mianb dous mengd gous,

弄几到娘还阳常。

Nongb jib daob niangx haid yangb changes.

共假害浓养忧愁，

Gongb jiad haid niongb yangb youd choub,

挂念龙埋害喂养。

Guab nianb longd manx haid wed yangs.

滚久录图热打斗，

Gunb jiud nub tub rex dad dous,

寒露桐油怕霜降。

Haid lub tongb youd pad shangd jiangb.
他拢汝虐长几走，
Tad longs rub niub changes jib zoud,
几奶腊共几奶浪。
Jib lieb lad gongb jib lieb nangs.

听我来把歌言扭，闷闷不乐总心慌。
把笔写在纸上头，作得一首歌言唱。
回想当初把胎投，出世投胎父母养。
一年两岁不知事，行路要人把手掌。
四五六岁的时候，吃饱出门玩耍长。
玩起泥巴挽衣袖，记得小孩事没忘。
七八九岁抬起头，才学守牛上山岗。
打柴上坡山林走，一天没得一捆绑。
上树去掏鸟窝事，掏得小鸟喜洋洋。
收在我的两衣袖，心里喜欢没话讲。
十一二岁学守牛，守羊又挑野葱香。
一十多岁事不知，从父教育在家乡。
一十八岁穿蚕丝，二十来岁爱婆娘。
恋爱双方这门事，二人相爱结成帮。
结婚很快就生育，天缘赐下麒麟长。
抚养儿女来忧愁，饭菜要喂儿要养。
三十几岁知了事，人到中年不要讲。
五十几岁白了头，重担真的不敢胖。   不敢胖：方言，不敢抬。
六十几岁枯悠悠，背上腰驼花眼光。
七十几岁耳朵丑，人喊吃饭大声讲。
八十几岁活归由，棺材入木上灵丧。
百岁年老少人受，百岁的人少有当。
同班同辈相交流，去去来来又往往。
要想见面梦里头，人死不可再还阳。
太老害我多忧愁，挂念你们害我想。
树叶黄了不可留，寒露桐油怕霜降。
今天相碰话根由，各人各自老到堂。

五、另一套愁老歌

1.

剖内冬腊卜能拢，

Boud neit dongt lab pub nongx longd,

吉油光阴寿标标。

Jib youb guangb yingb shoud bioud bioud.

阿内记挂拿几冬，

Ad neit jib guab lad jib dongt,

阿忙记猛拿几够。

Ad mangb jib mengd lad jib goud.

光阴毕求阿中同，

Guangb yingb bib qiub ad zhongb tongd,

必求窝同内楼搂。

Bib qiub aod tongb neit loud loud.

干干腊内久袍穷，

Ganb ganb lad neix jiud paob qiongd,

久先仇仇穷久柔。

Jud xianb choub choub qiongd jiud rous.

我们世人大家好，跟那光阴跑急忙。
一日走去一日了，日夜过了人心慌。
光阴好似一把刀，杀人不见有血光。
暗地剐割不知道，一直杀到人死亡。

2.

剖内苟虐几冬炯，

Boud neix goud niub jib dongt jongb,

几到迷冬昂茶起。

Jib daob mib dongb ghax chab qis.

足加阿冬窝内共，

Zud jiad ad dongb aod neit gongb,

越共越猛越起亏。

Yued gongb yued mengd yued qib kuid.

最约兵老要久绒,

Zuid yox biongb laod yaod jius rongx,

会苟必求内闹提。

Huib goud bib qiub neit laod tib.

炯你绒补吉浓浓,

Jongb nit rongx bub jib niongb niongb,

告闹吉抓哭加西。

Gaox laob jib zhab kud jiad xis.

我们人类坐凡尘,没有好多日欢喜。
最苦最难是老人,越老越去越吃亏。
骨瘦无肉力不行,走路摇摆没得力。
坐在家中不出门,双脚踏在火炉灰。

3.

见约内共差巴同,

Jianb yox neix gongb chaid bab tongd,

列克窝求克几咱。

Lieb ked aod qiub ked jib zas.

麻穷吉克见麻滚,

Max qiongb jib ked jianb max gunx,

吉克麻逛见麻冉。

Jid ked max kuangb jianb mad zais.

麻兰麻炯克几充,

Max lanb max jongb ked jib chongt,

张家难出李家拔。

Zhangb jiad nanb chub lib jiad pab.

高锐高列吉交能,

Gaod ruit gaod lieb jib jiaod nongx,

能照号几算照阿。

Nongb zhaob haob jib suanb haob ad.

成了老人差眼睛，要看什么也不见。
红的看作黄色成，看那紫色花了眼。
亲戚朋友看不清，张家把成李家喊。
饭菜一碗合来吞，吃到什么都不管。

4.

共约炯标强强善，

Gongb yod jongb bioud qiangb qiangb shait，

吉桶告声嘎几鲁。

Jib tongb gaox shongt gad jib lus.

嘎嘎古古几出占，

Gad gad gub gub jib chub zhanb，

吾鸟嘎缪篓出图。

Wut niaox gad mious led chub tub.

巴鸟报长强强然，

Bab niaox baod changes qiangd qiangd rax，

板总几弟吾鸟补。

Biad zongb jib dis wut niaod bub.

几奶克咱几奶难，

Jib liet ked zad jib lieb nanb，

反古内共告然录。

Fanb gud neit gongb gaox ra lub.

老了怕冷经常咳，浓痰不断嘴巴吐。
嘎嘎古古不能歌，口水鼻涕一起出。   嘎嘎古古：咳痰声。
胸口湿了变颜色，地上脏乱无有处。
是人见了着不得，人老人烦人难着。

5.

共约窝旧都中缪，

Gongb yox aod jiub dous zhongx mioud，

板弟豆耸腊久浪。

Biab dib dous songb lad jiub nangd.

走内吉难久浪豆，

Zoud neit jib nanb jiud nangd dout,

内卜锐声否卜光。

Neix pub ruit shongt woud pub guangb.

内难能特候梅够，

Neit nanb nongx ted houb meix goud,

出豆出斗包否浪。

Chub doub chub dous baod woud nangs.

内共窝惹下口口，

Neit gongb aod rous xiab koud koud,

内干内莎反双双。

Neit ganb neix sead fanb shuangb shuangb.

人到老了耳朵差，门外打雷没听到。

路人招呼我不答，人问什么讲不好。

吃饭要帮把碗拿，递到手边才吃到。

人老万般苦难大，人见人烦怕人老。

6.

共约窝求莎共板，

Gongb yod aod qiub sead gongb biab,

共柔共就共告惹。

Gongb roud gongb jiud gongb gaox roud.

比先吉溜同够然，

Bid xiant jib liub tongb goud rax,

江八浪昂吉哈哈。

Jiangd bab nangd ghax jib had had.

天晴落雨气候变，

Tianb qiangb luob yud qis houb bianb,

久孟背叫列孟瓜。

Jud mengd beid jiaob lieb mengd guab.

除乙除哀把气叹，

Chub yib chub and bab qib tans,

卜度同容几篓嘎。

Pub dub tongb yongb jib ned gas.

老了什么都苦难，人老年纪百般差。
额头高高瘦瘦脸，寡瘦无肉体形垮。
天晴落雨气候变，不痛膝头痛腰花。
老人只有把气叹，讲话不如羊屎大。

7.

阿柔剖腊到让挂，

Ad roud boud lad daob rangb guab，

求绒求便几安难。

Qiub rongb qiub biat jib and nanx.

补斗几北标无免，

Bub dous jib baid biaod wud mianb，

窝且且潮剖几台。

Aod qieb qieb chaob boud jib tans.

想闹号几号阿加，

Xiangb laod haob jid haob ad jias，

列嘎号几腊达千。

Lieb gad haob jib lad dad qianb.

几尼偷苟卜度抓，

Jib nib toud goud pub dub zhab，

豆古柔共内老班。

Dous gub roud gongb neix laod bans.

从前我们也年轻，上坡劳动不知难。
桌子三张跃过身，风车高上跳得来。
想去何处都走登，走路起风飘两边。
不是假话是当真，不信你去问老班。

8.

窝昂柔让剖腊打，

Aod ghax roud rangb boud lad das，

会苟压记背够缪。

Huib goud yad jib beid goud mious.

堂内苟拳苟棍沙，

Tangb neit goud quanb goud ghunx shab，

同扣报常儿没搂。

Tongb koud baod changes jib meix loud.

共虫刀要边担哈，

Gongb chongb daob yaod bianb danb has，

头寿头共漂欧候。

Toud shoud toud gongb piaod oud houb.

久总难剖出内他，

Jud zongb nanb boud chub neit tad，

召告内克内秋剖。

Zhaob gaox neit ked neit qiut boud.

年轻之时力气大，走路如风吹起来。
闹热堂中把棍耍，刀砍身上血不见。
挑担扁担轻轻拿，边跑边把口号喊。
多人和我难比下，旁边的人称我憨。

9.

剖让阿冬奶格明，

Boud rangb ad dongt lieb gied miongb，

召内难挂猫儿眼。

Zhaob neid nanb guab maod erd yans.

录你打便儿炯用，

Neb nit dad biat jib jongb yongb，

窝内报告剖腊安。

Aod neit baod gaox boud lad ans.

亚汝中缪苟吉龙，

Yab rub zhongb mioud goud jib longd，
留油留业洞秀先。
Liud youd liud yed dngb xiub xianb.
隔够隔远隔夯共，
Ged goud ged yuanb ged hangb gongb，
浪内吉岔板来彩。
Nang neix jib chab biab laid cais.

我们年轻眼睛好，被人称为猫儿眼。
天上飞着的雀鸟，公母一眼就看穿。
耳朵很尖听得到，守牛听到一边山。
隔山隔水隔岗坳，能听得到人默念。

10.
柔让窝冬剖腊汝，
Roud rangb aod dongt boud lad rub，
同崩麻汝豆阿冬。
Tongb bengd max rub dous ad dongt.
报梅通先得比豆，
Baid meix tongx xianb dex bid dous，
巴先果腊窝先恩。
Bab xianb guot lad aod xianb ghongx.
会苟窝斗牙不不，
Huib goud aod dous yad bub bub，
他瓜他炯汝英雄。
Tad guab tad jongb rub yingb xiongb.
尼内克咱几卜录，
Nib neit ked zad jib pub ned，
排子排样充腊充。
Paid zid paid yangb chongb ald chongb.

年轻之时好样子，人生帅气好相貌。
脸放红光亮油油，牙齿整齐白又好。

走路如风一阵子，生得虎背又熊腰。
是人见了都赞口，排子排样好又好。

11.

得哈得篓窝柔让，

Dex had dex ned aod roud rangb,

见到扣搂板照拢。

Jianb daob koud loud biab zhaob longd.

阿去阿喂号求苟篓绒篓炯藏，

Ad qib ad wed haob qiub goud ned rongb ned jongb zhangb,

篓挂打绒藏挂炯，

Ned guab dad rongx zhangb guab jongb,

沙宝狮子舞见况。

Sead baod shid zia wud jianx kuangb.

忙弄安洞喂浪阿修绒汝嘎几猛。

Mangb nongb and dongb wed nangs ad xius rongx rub gad jib mengs.

共约叉见龙弄羊，

Gongb yox chab jianb longd nongb yangs,

吉良阿冬昂年轻。

Jib langb ad dongt ghax nianb qings.

得年轻好英气，记得活活在此间。
那时候我也上山捉龙捉虎骑，生龙活虎真的帅，
耍宝狮子吼得起。现在不知我的一身猛力都了完。
老了人又老年纪，一切不比那青年。

12.

出内苟虐几冬炯，

Chub neit goud niub jib dongb jongb,

迷奶腊列共阿冬。

Mid liet lad lieb gongb ad dongb.

吉关蒙没拿几令，

Jib guanb mengd meix nad jib liongx,

几洽蒙出乖麻林。

Jib qiab mengd chub guat max liongx.

共约窝柔吉浓浓，

Gongb yox aod rous jib niongb niongb,

几尼偷勾出扛松。

Jid nib toud goud chub gangb songb.

剖列嘎反窝内共，

Boud lieb gad fanb aod neix gongb,

几腊几上共单蒙。

Jib lad jib shangb gongb dand mengx.

我们大家凡尘住，人人都会老起来。

不管你有多么富，不怕你做过大官。

老了年纪无用处，不是故意讲反言。

我们莫烦老人古，不紧不慢成老班。

13.

嘎反阿高窝内共，

Gad fanb ad gaox aod neix gongb,

纵列耐烦照否判。

Zongb lieb nanb fanb zhaob woud panx.

敬老养老要尊重，

Jub laod yangb laod yaob zunb zhongb,

埋酷否浪内酷埋。

Manx kud woud nangb neix kud manx.

首得首嘎莎苦红，

Shoud dex shoud gad sead kud hongb,

其埋从汝见几然。

Qib manx zongb rub jianb jib rax.

出内列苟良松冲，

Chub neix lieb goud langb songb chongb,

列出子孝父心宽。

Lieb chub zid xiaob fub xinb kuans.

善恶到头中有报，
Shait ed daob toud zhongd youd baod,
阿逃度拢尼麻单。
Ad taob dus longd nib max dans.

莫烦老人没有用，总要耐烦养老人。
敬老养老要尊重，你爱他也爱你们。
养儿育女苦难重，牢记他们的深恩。
做人要讲良心用，要做子孝父宽心。
善恶到头总有碰，这句话儿是当真。

第八章　遗嘱歌及挽歌

一、遗嘱歌

1.

作情苟萨出大逃，

Zuob qingb goud sead chub dad taob，

几得埋洞喂萨说。

Jib dex manx dongb wed sead shuob.

窝柔单约八十告，

Aod rous danb yox bab shib gaox，

八十九十共单喂。

Bab shid jiud shid gongb dans wed.

共约告柔常几到，

Gongb yod gaox roud changb jib daob，

想想尼害喂打奶。

Xiangb xiangb nib haid wed dad liet.

见弄泥龙够斗窝牛闹，

Jianx nongd nib longd goud dous aod niub laob，

唐王陷在污泥舍。

Tangx wangb xianb zaib wud nib shed.

几笔到孟单告教，

Jib bib daob mengd danb gaox jiaob，

又老又病受苦业。

Youb aod youb bingb shoud kus yed.

旁边告兰卜吉疗，

Bangb bianb gaox lanb pub jid liaob，

舆论造见苟喂克。

Dianb lunb zaob jianb goud wed us.

汝秋比排兰照告，

Rub qiut bib paid lanb zhaob gaox，

有心挂念到此阅。

Youd xinb guab nianb daob cid yed.

礼行共拢几没要，

Lid xingb gongb longd jib meix yaob，

再共汝糖亚汝白。

Zaib gongb rub tangb yad rub bais.

达吾进屋苟标报，

Dad wub jinb wub goud bioud baob，

龙汝达夫当迎接。

Longd rub dad fub dangb yinb jied.

进到屋里我也困了告，

Jinb daob wud lis wod yed kunb led gaox，

进到房里苟喂克。

Jinb daob fangb lib goud wed kes.

咱久窝蒙冬冬跳，

Zad jiub aod mengd dongt dongt tiaob，

黄皮寡瘦扣久格。

Huangb pib guab shoud kous jiud ged.

扛白扛糖能几到，

Gangb baid gangb tangx nongb jid daob，

放在枕头一大些。

Fangb zaib zhengd tous yib dad xied.

从浓够柔毕几叫，

Zongb niongb goud roud bib jib jiaob，

床铺身困抱都色。

Chuangb pub shengd kunb baod dous sed.

图单善绒见苟告，

Tub danb shait rongx jianb goud gaox，
狂风吹动见苟白。
Kuangb fengd cuid dongb jianb goud bais.
如同涨水告流袍，
Rub tongb zhangs shuid gaox liub baod，
楼闹海口麻够得。
Loud laob haid koud max goud des.
想常秀埋秀几到，
Xiangt changes xiud manx xiud jid daob，
分离逃散见几白。
Fend lib taod saib jianb jib baid.
阿瓦拢，
Ad wad longs，
想蒙久斗阿娘炯夯告，
Xiangb mengx jiud dous ad niangx jongb hangb gaob，
闹处列苟板竹者。
Laob chub lieb goud biab zhud zheb.
棍抄列召照阿告，
Ghunb chaob lieb zhaod zhaob ad gaox，
发狠出茶苟首得。
Fab henb chub chab goud shoud dex.

作情把歌唱几句，你们人众听歌云。
年纪上了八十岁，八十九十老我身。
年纪老了转不回，想想只害我一人。
好似泥龙绑在铁柱里，唐王陷在污泥坑。
不料得病在身内，又老又病受苦情。
旁边亲朋问仔细，舆论造成来看病。
四面八方好亲戚，有心挂念到此云。
礼行抬来许多的，再抬好糖好礼品。
他们进到屋里内，儿媳马上迎接亲。
进到屋里我也困床睡，进到房里问病情。
见了心里起悲意，黄皮寡瘦瘦了身。

送粑送糖不能吃，放在枕头一大捆。
你们真的好情义，床铺身困我背情。
树大山林被风吹，狂风吹动倒了根。
如同涨水在水溪，流下海口不回程。
挂念你们不能回，分离逃散两边分。
这一次啊，真的没有阿娘坐屋内，上坡就要关起门。
忧愁悲哀要丢弃，努力劳动护家庭。

2.

就把歌言唱几次，

Jud bab guod yanb changb jid cis,

几得埋洞喂萨容。

Jid dex manx dongb wed sead rongx.

相蒙秀浪相蒙秀，

Xiangd mengd xiud nangd xiangd mengd xiub,

秀达告柔几常拢。

Xiub dad gaox roud jib changb longd.

怕埋常猛打绒求，

Pad manx changes mengd dad rongx qiub,

写写几到列几分。

Xied xied jib daob lieb jib fend.

扛埋号提兵动勇拢吉留，

Gangb manx haob tib biongd dongb yongb longd jib liub,

哥兄老弟完全拢。

Ged xiongb laod dib wanb quanb longd.

你剖浪标昂次次，

Nib boud nangd bioud ghax cid cid,

几爬吉从阿充林。

Jib pab jib congb ad chongb liongx.

双手欢迎埋浪求，

Shuangb shoud huanb yinb manx nangd qiub,

窝他干抢不浓纵。

Aod tab ganb qiangb bub niongb zongb.

要个背斗扛埋头，

Yaob guob beid doub gangx manx toub，

出写阿挡嘎拢松。

Chub xied ad tangb gad lond songd.

心莫愁苦声莫做，

Xinb mob choub kud shengd mob zuob，

嘎溶嘎麻扛内翁。

Gad yongb gad max gangb neit wengd.

埋列谈今讲古苟吉油，

Manx lieb tanb jingb jiangs gud goud jib youb，

聪明伶俐岔古根。

Congd mingx linb lib chab gud henb.

坐倒三更冷得透，

Zuob daob sanb gengd lengb dex toub，

尼总尖尖苟乖朋。

Nib zongb jianb jianb goud guat bengd.

阿半念经要接受，

Ad banb jianb jingd yaod jies shoub，

出单浪样喂满松。

Chub danb nangd yangb wed manb songd.

窝香窝头嘎忙秀，

Aod xiangt aod toud gad mangs xiud，

扛喂苟浓得标绒。

Gangb wed goud niongb dex bioud rongx.

踩山背苟拿几搂，

Caid shanb beid gous nad jib loud，

后山吉追背苟林。

Houb shanb jib zhuib beid goud liongx.

讲我坟前的左右，

Jiangs wod fend qiangx dex zuod youb，

巴抓巴泥出豆兄。

Bab zhab bab nib chub dous xiongd.

阿内下松浪告求，

Ad neix xiab songb nangd gaox qiub,
罗盘摆汝克几充。
Luob panb biab rub ked jib chongd.
贵人把我看得透，
Guib rend bab wod kanb dex toub,
吉神拥护贵人拥。
Jib shengd yongb hub guib renx yongb.
孝子贤孙单告柔，
Xiaod zib xuanb sunb danb gaox roud,
跑欧吉潮几拉林。
Paod oub jib chaob jib lad liongx.
扛埋休闹长猛吉总求，
Gangb manx xiud laob changes mengd jib zongb qiub,
荣华富贵闹埋拢。
Rongb huab fub guib laod manx longd.

就把歌言唱几次，你们人众听歌言。
真的留恋真的留，留恋我再回不转。
永别儿孙悲伤透，依依不舍难分开。
让你们提兵动勇把我守，哥兄老弟都拢来。
坐我家中灵守事，天宽地窄要心宽。
双手欢迎你们就，真的感谢在心间。
少了炉火会冷透，宽想远看一点点。
心莫愁苦声莫做，儿孙高上要节哀。
你们谈今讲古来相赐，聪明伶俐讲古原。
坐到三更冷得透，是人倦倦头不抬。
那些念经要接受，打鼓打锣打绕棺。
又烧香来又烧纸，送我买房在阴间。
坟墓踩山五龙佑，后头靠个大高山。
讲我坟前的左右，青龙白虎把头抬。
安葬下井那一日，罗盘摆下看得全。
贵人把我来保佑，吉神拥护贵人显。
孝子贤孙来齐后，衣禄米又撒起来。
让你们回到家享福禄，荣华富贵得长远。

3.

告起心造出萨王，

Gaox qit xinb zaob chub sead wangb,

心造窝起出萨板。

Xinb zaob aod qit chub sead biab.

共久窝就无搞场，

Gongb jiud aod jiub wud gaos changb,

秀达柔休常几单。

Xiud dad roud xiud changes jib dans.

怕求绒让绒麻筐，

Pad qiub rongb rangb rongx max kuangt,

有话不能来打偏。

Youd huab bub nengd laid dad pianb.

西天大路好明光，

Xid tianb dad lub haod mingx guangb,

众位人抬要快点。

Zongb qeib renx tanb yaod kuaid dianb.

高头有个大广场，

Gaod toud youd guob dad guangb changb,

供到里头有大仙。

Gongb daob lid toub youd dad xians.

见佛以后要烧香，

Jianb fob yid houb yaob shaod xiangt,

赶快磕头莫看天。

Ganb kuaid ked toud mob kanb tians.

会挂候喂扎孝堂，

Huib guab houb wed zhab xiaod tangs,

画个八仙飘闹海。

Huab guob bab xianb piaob laod hais.

下定决心候帮忙，

Xiab dingb jiex xinb houb bangb mangs,

陪情不到记情远。

Peib qingb bub daob jib qingb yuans.

舆论造兵拿几筐，

Dianb lunb zaob bingb nad jib kuangs，

照嘎拿几列嘎管。

Zhaob gad nab jib lieb gad guanb.

吉难念经拜法王，

Jib nanb nianb jingb banb fab wangb，

有罪经文把我解。

Youd zuib jingb wend bab wod jied.

八碗摆细太几羊，

Bab wand biab xid taid jib yangb，

四个礼生把礼喊。

Sid guob lid shengd bab lid hanb.

扛喂号抱照虫标浓当，

Gangb wed haos baod zhaob chongb bioud niongb dangd，

孝信阿娘把心满。

Xiaob xinb ad niangx bab xinb manx.

三连九炮朋猛筐，

Sanb lianb jiud paob bengd mengd kuangs，

天摇地动扛内安。

Tianb yaob dib dongb gangb neix ans.

汝兰比告拢几羊，

Rub lanb bib gaod longd jib yangb，

吉难酷剖共花圈。

Jib nanb kud boud gongb huab quand.

共头再共吉高香，

Gongb toud zaib gongb jib gaox xiangt，

窝照几剖浪豆班。

Aod zhaob jib boud nang dous banb.

包出阿首浓当当，

Baod chub ad shoud niongb dangb dangb，

金仓银库都装满。

Jinb changb yinb kub dous zhuangb mand.

求猛窝他汝干强，

Qiub mengd aod tab rub ganb qiangb,

见个什么都要买。

Jianb guob shenb mob dous yaob mais.

干汝苹果浓大刚,

Ganb rub pingb guod niongb dad gangb,

再列浓糖几江先。

Zaib lieb niongb tangb jib jiangs xianb.

好大门口有名堂,

Haod dad menx koud youd mingb tangx,

两个龙头在两边。

Liangb guob longd toud zaib liangb bianb.

吉良阿内嘎松方,

Jib langb ad neit gad songt fangb,

将埋嘎江窝声研。

Jiangs manx gad jiangs aod shongb nianb.

喂列吉卡齐夫闹苟夯,

Wed lieb jib kad qib fub laod goud hangb,

出绒出潮常桥埋。

Chub rongx chub caob changs qiaob manx.

扛埋出斗出他起叉江,

Gangb manx chub dous chub tad qit chab jiangs,

荣华富贵得长远。

Rongx huab fub guib dex changes yuanb.

歌唱心中的悲伤,心忧心愁作歌摆。
老了年纪无搞场,留恋凡尘回不转。
永别儿孙上天堂,有话不能来打偏。
西天大路好明光,众位人抬要快点。
高头有个大广场,进到里头有大仙。
见佛以后要烧香,赶快磕头莫看天。
葬之于礼扎孝堂,画个八仙飘下海。
下定决心来帮忙,陪情不到记情远。
舆论造了很宽广,银钱花费也不管。

虔诚念经拜法王，有罪经文把我解。
八碗阴席摆名堂，四个礼生把礼喊。
让我卧在堂屋的中央，孝敬阿娘把心满。
三连九炮震山岗，天摇地动响得远。
亲戚六眷来吊丧，吊孝你钩抬花圈。
抬那钱纸又抬香，烧在我的棺材边。
包做一包随身上，金仓银库都装满。
去到阴间好赶场，见个什么都要买。
苹果要买几大筐，再要买糖把口甜。
好大门口有名堂，两个龙头在两边。
挂念老母莫悲伤，不要悲伤要节哀。
我要庇荫保佑子孙王，做那龙神福寿仙。
让你们发达来又兴旺，荣华富贵到永远。

4.

作情苟萨出阿气，
Zuob qingb goud sead chub ad qib,
洞喂内共出萨王。
Dongb wed neit gongb chub sead wangb.
共内洽久窝昂弄，
Gongb neix qiab jiud aod ghax nongb,
困在床铺把声响。
Kunb zaib chuangx pud bab shengd xiangd.
困到三更不好困，
Kunb daob sanb gengd bub haod kunb,
斩汉窝闹通报常。
Zhanb haid aod laob tongb baob changes.
打奶排单松方吽，
Dad liet paib dans songb fangb hongd,
安洞窝柔列莎弄几浪。
An dongb aod rous lieb sead nongb jib nangd.
明松嘎从达中中，
Mingx songb gad congb dad zhongb zhongb,

打嘎少嘎几吼让。

Dad gab shaob gad jib houb rangb.

列从出见难休炯，

Lieb congb chub jianb nanb xiut jongb,

兄吾茶梅苟剖当。

Xiongd wut chab meib goud bioud dangb.

汝得汝嘎浪告炯，

Rub dex rub gad nang gaox jongb,

阿件几没斗思想。

Ad jianb jib meix dous sid xiangb.

喂猛埋见大标令，

Wed mengd manx jianb dad bioud liongb,

几奶腊令几奶浪。

Jib lieb lad liongb jib liet nangd.

出门打个路绕送，

Chub mend dad guob lub raob songb,

舞豆舞斗板名堂。

Wud dous wud doud biab mingx tangx.

要夫要马打中中，

Yaod fub yaod mab dad chongb chongb,

阿腊抬丧列浪当。

Ad lab tanb sangb lieb nangd dangs.

汉阿几个腊浓虫，

Haid ad jib guob lad niongb chongb,

嘎扛几狼告吉江。

Gad gangb jib langb gaox jib jiangx.

共单窝得太苟雄，

Gongb danb aod dex taib goud xiongb,

几干吾弄篓几羊。

Jib ganb wud nongb ned jib yangb.

汝秋汝兰苟伞送，

Rub qiut rub lanb goud saib songb,

汝从几到然埋浪。

Rub congb jib daob rax manx nangd.

头男长女跑豆从，

Toud nanb changes nit paod dous congb,

跑汉补考难阿娘。

Paod haib bub kaod nanb ad niangx.

跑豆梅扳照吉弄，

Paod dous meix biab zhaob jib nongd,

栏团四下借柔挡。

Lanb tuanb sid xiab jied roud dangb.

靠埋几让人大众，

Kaod manx jib rangb renx dad zhongb,

候出吉汝剖叉江。

Houd chub jib rub bioud chab jiangs.

单冬秋明叉拢梦，

Danb dongt qiut miongx chab longd mengb,

苟头弄从洽几羊。

Goud toud nongb congb qiab ib yangs.

单乙共昂共白龙，

Danb yib gongb ghax gongb baid longs,

拼卡难剖喂几浪。

Piongx kab nanb bioud wed jib nangd.

想常难埋卜几朋，

Xiangb changt nanb manx pub jib bengd,

出得谷嘎扛埋想。

Chub dex guod gad gangb manx xiangt.

圆边萨莽扛埋洞，

Yuanb bianb sead mangb gangb max dongb,

但乙出写嘎松方。

Danb yib chub xied gad songb fangt.

作情把歌唱一笼，听我老人把歌唱。
老人最难熬过冬，困在床铺把声响。
困到三更冷融融，脚手直冷到胸膛。

各人忧悲在心中，不知何时才归回天上。
抬头望见天光通，雄鸡啼鸣天下响。
早饭做成难起身，热水服侍把我当。
好子好孙才有用，一点也没有思想。
我去你们成富翁，各家各自富登堂。
出门打个路绕送，舞脚舞手摆名堂。
吆喝吆马多人朋，那些抬丧要慢当。
抬那棺材是很重，莫送哪个人受伤。
抬到坟边歇一阵，汗流浃背湿衣裳。
亲戚眷属把丧送，你们情义记心肠。
头男长女挖坟中，挖起三锄喊阿娘。
垒起岩头盖土朋，栏团四下用岩挡。
全靠你们人大众，用心用力我不讲。
要到清明时节中，长纸钱插坟头上。
抬肉抬酒来供奉，吹气喊起儿的娘。
要讲什么都无用，做那蜘蛛送你望。
圆边歌儿要听从，总要节哀莫悲伤。

5.

作情关苟萨休岔，
Zuob qingb guanb goud sead xiut chab,
歌唱言词苟萨出。
Guod changb yanb cid goud sead chub.
告冬休得喂苦挂，
Gaox dongb xiut dex wed kud guab,
龙个内骂拿几苦。
Longd guob neit mab nad jib kus.
头男长女尼阿牙，
Toud nanb zhangs nit nib ad yab,
闹处内内留打油。
Laob chub neit neit liub dad yous.
内内话喂雷锐爬，
Neit neit huab wed liet ruit pab,

割柴打菜阿充久。

Ged caib dad caib ad chongb jiud.

几没到单学堂挂,

Jib meix daob danb xued tangb guab,

久到学堂苟头读。

Jud daob xueb tangb goud toud dub.

扛剖浪久假同爬,

Gangb boud nangb jiud jiad tongb pab,

顺如合像一同猪。

Shuanb rub hed xiangb yid tongb zhub.

兵苟唐内怕几岔,

Bingb goud tangb neit pad jib chab,

内他牙林假同油。

Neix tab yab liongb jiad tongb youd.

到了十八出了嫁,

Daob led shib bab chub led jiab,

苟剖苟送闹内组。

Goud bioud goud songb laob neit zud.

闹内浪标苟内洽,

Laob neit nangd bioud goud neit qiab,

几娘苟冬难喂出。

Jib niangx goud dongt nanb wed chub.

盘儿养女浪一下,

Panb erd yangb nit nangd yib xiab,

亚要得休浪补油。

Yad yaob dex xiut nang bub youd.

那欧单冬昂出茶,

Lab out danb dongt ghax chub chab,

就要犁田又挖兜。

Jiud yaob lid tianb youd wad doud.

三更抱单打嘎嘎,

Sanb gengd baod danb dad gas gas,

得标得松头孟足。

Dex bioud dex songb toud mengx zud.

等我孩儿来长大，

Dengx wod haib erd laib zhangs dab，

又到得让苟补夫。

Chab daob dex rangb goud bub fub.

接了媳妇就标瓦，

Jieb led xid fub jiud bioud wab，

迷奶腊到窝得久。

Mib liet lad daob aod dex jius.

嘎休笔拢见阿八，

Gad xiud bib longd jianb ad bab，

阿半达冲阿半补。

Ad banb dad chongb ad banb bub.

嘎休重孙有文化，

Gad xiut zhongb sunb youd wend huab，

聪明伶俐心满足。

Congb mingb lind lib xinb manx zud.

太婆逃让剖标嘎，

Taid pob taob rangb boud bioud gad，

装茶煮饭扛喂服。

Zhuangb chab zhub fanb gangb wed hub.

模头重孙笑哈哈，

Mod toud chongt sunb xiaob had had，

最蒙最梅汝克足。

Zuib mengd zuib meix rub ked zus.

太婆怕常求告大，

Taid pob pad changb qiub gaox dad，

笔求唐王游地府。

Bib qiub tangb wangb youd dis fub.

喂猛照林阿充嘎，

Wed mengx zhaob liongb ad chongb gad，

照嘎将埋嘎背久。

Zhaob gad jiangs manx gad beid jiub.

十五团圆窝照那，

Shid wub tuanb yuanb aod zhaob lab，

发千发万常补夫。

Fab qianb fab wanb changes bub fud．

里包吉标见如岔，

Lid baob jib bioud jianb rub chab，

大爬章林拿打油。

Dad pab zhangb liongx nad dad yous．

几叟吉标太平下，

Jib shoud jib bioud taid pingb xiab，

荣华富贵得满足。

Rongx huab fub guid dex manx zus．

苟萨沙埋嘎吉大，

Goud sead shab manx gad jib dad，

几魁吉筐到乖出。

Jib kuid jib kuangb daob guat chub．

元边萨忙达然然，

Yuanb bianb sead mangb dad rax rax，

龙眼之照你阿图。

Longd yanb zhid zhaob nit ad tub．

作情又来作歌言，歌唱言词唱出口。

年小之时受苦难，和我父母苦难有。

头男长女我在先，天天上坡把牛守。

天天要去打猪菜，割柴打菜我起头。

没有进到学堂边，没到学堂学文字。

让我人蠢没有才，活像蠢猪多无知。

出门文盲不知天，人讲我是人呆子。

到了十八出嫁来，把我嫁到婆家留。

到人家中怕人烦，功夫样样我动手。

盘儿养女的困难，儿女衣裤我担忧。

二月开春功夫来，就要犁田又挖菀。

三更雄鸡报晓天，浑身疼痛软悠悠。

等我孩儿长大来，才得帮助满心头。
接了媳妇把房建，每个都得屋坐有。
孙儿养来一大片，扶的扶坐背肩头。
重孙都有高文才，聪明伶俐有知识。
太婆来把你们看，装茶煮饭递在手。
模头重孙笑颜开，容貌帅哥好样子。
太婆归阴上西天，好似唐王地府走。
我去你们要花钱，银钱花费心莫忧。
过后十五会团圆，发千发万补登头。
家中谷米都装满，肥猪长大胜如牛。
欢喜每个太平年，荣华富贵得长久。
歌教你们莫争辩，不知不觉富贵有。
歌声放下圆了边，龙眼之照在前头。

6.

依情就把歌言造，

Yid qingb jiud bab guod yanb zaob,

告起心造出萨舍。

Gaox qit xinb zaob chub sead sheb.

共久窝柔常几到，

Gongb jiud aod rous changs jib daob,

想想尼害喂打奶。

Xiangb xiangb nid haib wed dad liet.

吉从告起同溜绕，

Jib congb gaox qit tongb liud raox,

告图郎背见麻乖。

Gaox tub nangd beid jianb max guat.

老了文章不巧妙，

Laod les wend zhangs bub qiaod miaob,

狂风吹大要分别。

Kuangx fengd chuid dab yaod fend biab.

如同水涨留吾袍，

Rub tongx shuid zhangs liud wut paob,

涨大水井污桥泥。

Zhangs dad shuib jinb wud qiaod nis.

山中百草照白号，

Shanb zhongb baid caob zhaob baid haod,

开春当就常几乖。

Kaid chunb dangb jiud changes jib guat.

是人难免一百告，

Shid renx nanb mianb yid baid gaox,

浪汉古老阿奶内。

Nangd haid gub laod ad liat neix.

共约秋兄苟常闹，

Gongb yod qiud xiongb goud changs laob,

达吾亚常见得得。

Dad wut yad changes jianb dex dex.

休得窝冬内苦叫，

Xiut dex aod dongt neit kud jiaod,

冲豆冲斗喊爷爷。

Chongb doud chongb doub haid ye dyed.

首林送猛学堂报，

Shoud liongt songb mengd xued tangb baod,

读书七岁相安奶。

Dub shud qib suid xiangt ans liet.

远边萨忙卜打逃，

Yuanb bianb sead mangb pub dad taob,

普天之下尖尖没。

Pub pingb tianb xiab jianb jianb meix.

依情就把歌言造，心中忧闷作歌云。

不觉又到我年老，想想只害我一人。

心中悲苦忧愁熬，树高挡风倒了根。

老了文章不巧妙，狂风吹大要开分。

如同水涨溪水浇，涨大水井污泥浑。

山中百草也会倒，开春来岁又转清。

是人难免一百告，只有古老独一人。
去了投胎凡尘到，马上孩儿送人引。
年轻时节受苦熬，望靠老人阿公身。
长大送去学堂到，读书七岁知礼行。
圆边歌言不可靠，普天之下如此情。

7.
作情苟萨出阿气，
Zuob qingx goud sead chub ad qis，
加加汝汝吉关说。
Jiad jiad rub rub jib guanb shuob.
告冬休得苟内龙，
Gaox dongt xiut dex goud neit longd，
阿气休得尼苦内。
Ad qib xiut dex nit kud neix.
内花苟冬腊久洞，
Neix huab goud dongt lad jius dongt，
阿家纵大洞加得。
Ad jiab zongb dad dongb jiad dex.
告冬年轻不中用，
Gaox dongt nianb qiangb bub zhongb yongb，
卜度吉伞得闹热。
Pub dub jid said des laod rax.
西约窝起炯几总，
Xid yox aod qit jongb jid zongb，
阿内列挂比便特。
Ad neix lieb guab bid biat ted.
阿家剖内莎苦吽，
Ad jiad boud neix sead kud hongb，
阿见几没苟喂车。
Ad jianb jib meix goud wed cheb.
到了十八列苟送，
Daob led shib bab lieb goud songb，

怕骂叉安白吾格。

Pad mab cha bans baid wud giat.

送通内标浪告炯，

Songb tongb neix bioud nangb gaox jongb,

没这告柔浪当没。

Meix zheb gaox roud nangd dangb meix.

明松嘎从难阿蒙，

Mingb songb gad congb nanb ad mengx,

茶梅列兄吾麻格。

Chab meid lieb xiongb wud max gied.

虫下虫浓列剖共，

Chongb xiab chongb niongb lieb boud gongb,

几娘苟冬勾难喂。

Jib niangx goud dongt goud nanb wed.

几笔达为亚苟共，

Jib bid dad weid yad goud gongb,

祸福利害都晓得。

Huob fub lid haid dous xiaod des.

求补求绒亚安蒙，

Qiub bub qiub rongx yad ans mengx,

吉他几单麻善得。

Jib tab jib danb max shait des.

几浪吉江板纵炯，

Jib langb jid jiangs biab zongb jongb,

扛锐扛列几咱没。

Gangb ruit gangb lieb jib zas meix.

同内秋聪打虫共，

Tongb neix qiut congb dad chongb gongb,

抓猛达吾腊补乖。

Zhab mengd dad wut lad bub guat.

怕埋常猛打绒炯，

Pad manx changes mengd dad rongx jongb,

几北几到列几北。

Jib beid jib daob lie bib beid.

明松嘎从达文文,

Mingb songb gad congb dad wend wend,

三连几炮苟喂克。

Sanb lianb jid paob goud wed kes.

达吾得得转苟拱,

Dad wut dex dex zhuanb goud gongb,

次得背叫迎接内。

cid dex beid jiaob yinb jied neix.

人死归土见告从,

Renx sid guib tub jianb gaox congb,

达吾得得亚单舍。

Dad wut dex dex yad dans shed.

元边萨忙扛埋洞,

Yuanb bianb sead mangb gangb manx dongb,

纵除汉拢腊容内。

Zongb chub haid longb lad rongb neit.

作情把歌唱一阵,好好丑丑只管讲。
幼年时节苦母身,抚养婴儿苦爷娘。
少年之时话不听,阿爸骂我王加场。
到了年轻也不行,讲话尽走闹热堂。
饿了就去把饭吞,不知天地日月长。
父母爹妈苦得很,心痛儿女把我讲。
到了十八要嫁人,分开父母把心伤。
送到婆家苦累重,取碗取筷要慢当。
天亮起来要劳动,热水煮饭做得忙。
担子每挑都很重,都要我自一人当。
不觉老了无作用,祸福利害都知详。
出门上坡力不从,再爬不上那山岗。
关门坐在我家中,装饭递菜我得享。
太阳下山起凉风,日头落下到西方。
分别儿孙归天宫,分开心痛无搞场。

早晨天亮把丧动，三连几炮就发丧。
马上套了索子用，儿孙下跪就接当。
人死要归到土中，不久青草坟上长。
圆边歌言丢开韵，紧唱这歌人悲伤。

8.

作情把歌唱一遍，
Zuob qingb bab guod changb yib bianx，
歌唱言词出萨友。
Guod changb yanx cid chub sead yous.
生巧生加不全面，
Shengb qiaod shengb jiad bub quanb mianx，
走路平场会几够。
Zoud lub pingb changb huib jib goub.
你也敬来我也爱，
Nid yed junb laid wod ye aib，
尼总满满莎酷剖。
Nid zongb manx manx sead kus boud.
到了新年才好看，
Daob led xinb nianb caib haod kanx，
共糖吉木闹剖标。
Gongb tangb jid mus laod boud bioud.
背然苹果莎梅板，
Beid rax pingx guod sead meix biab，
再扛几都香兵酒。
Zaib gangb jid dous xiangb bingd jiux.
坐到屋里满心愿，
Zuob daob wud lis manx xind yuanx，
干干享福炯照标。
Ganb ganb xiangd fub jongb zhaob bioud.
卜单嘎休一方面，
Pub danb gad xiut yid fangb mianb，
奶奶酷汝阿婆偷。

Liet liet kud rub ad pod tous.

其埋尖尖安奶板，

Qib manx jianb jianb and liet biab，

酷汝阿婆喂浪久。

Kud rub ad pob wed nangd jius.

过年喊我来吃饭，

Guob nianx hans wod laib chi fans，

阿内能半比便标。

Ad neit nongx banb bid biat bioud.

酒醉肉饱我心爱，

Jiux zuib roux baod wod xinb aid，

汝从几见照吉久。

Rub congb jib jianx zhaob jid jius.

陪情不倒记情在，

Peix qingx bub daob jib qingd zaib，

候埋盐度大炯周。

Houb manx yand dub dad jongb zhoub.

发人发家发得快，

Fab renx fab jiad fab dex kuaib，

笔拿打声包拿缪。

Bid nab dad shongx baod nab mioud.

扛埋就标麻林占，

Gangb manx jiub bioud max liongx zhanb，

高楼大厦起得有。

Gaod lout dad shab qid des youd.

富贵双全千千万，

Fub guib shuangd quanx qiand qiand wans，

千年万代得长久。

Qiand nianx wans dais ded changs jiud.

阿婆打便吉克干，

Ad pob dad biat jib ked gans，

吉卡其夫到先头。

Jid kas qis fub daob xianb toud.

周埋浪萨尼实在，
Zhoub manx nangd sead nib shid zaib,
阿见几没麻几溜。
Ad jianb jid meix max jid lius.

作情把歌唱一遍，歌唱言词把歌摆。
生丑生差不全面，走路平场走偏偏。
你也敬来我也爱，是人都敬阿婆来。
到了新年才好看，都来看望我身边。
梨子苹果都买来，再送很多好礼彩。
坐到屋里满心愿，坐地享福心意满。
讲到孙子一方面，个个也把阿婆爱。
他们长大知了天，孝敬阿婆我喜欢。
过年喊我来吃饭，每天要吃四五餐。
酒醉肉饱我心爱，好情我记在心间。
陪情不起记情在，奉承好话听我言。
发人发家发得快，发如鱼虾发满寨。
大的坪场把屋建，高楼大厦起得宽。
富贵双全千千万，千年万代得长远。
阿婆在天都看见，保佑儿孙福寿全。
我唱的歌很实在，一点不能来走偏。

二、挽歌

1.

拢单久咱蒙哭梅，
Longd dand jius zas mengx kud meix,
会单告秋久咱蒙。
Huib dand gaox qied jius zas mengx.
拢送尼干窝班乖，
Longd songb nid ganx aod bans guat,
抱照堂屋容同同。
Baod zhaob tangb wud rongx tongd tongd.

没度卜包扛几奶，

Meix dub pud baos gangx jid liet，

容容麻麻内窝松。

Rongb rongb max max neit aod songd.

告耸告大几安奶，

Gaox songd gaox dad jib and liat，

告大亏内嘎养风。

Gaox dad kuis neit gad yangs fengd.

没得告状扛几奶，

Meix dex gaox zhangb gangb jid liet，

告状几没内候兄。

Gaox zhangb jid meix neit houb xiongd.

吉良尼斗白吾格，

Jib langb nid dous baid wut giet，

阿汉棍草嘎养浓。

Ad haib ghunx caod gad yangb niongb.

纵想纵秀纵几烈，

Zongb xiangd zongb xiud zongb jid lieb，

吉良难到蒙常拢。

Jid langb nanb daob mengx changes longd.

安蒙浪度被几没，

And mengx nangd dub beis jib meix，

纵寿苦从你号拢。

Zongb shoud kus zongd nit haod longs.

弄几写到苟几北，

Nongx jid xied daob goud jib baid，

怕剖蒙求打便猛。

Pad boud mengx qiub dad biat mengd.

斗你冬腊纵几列，

Dous nit dongt lab zongb jib lieb，

弄几常到告剖拢。

Nongb jid changs daob gaox boud longs.

怕得怕嘎求便内，

Pad ded pad gad qiub biat neit,

秀达阿婆怕剖猛。

Xiud dad ad pob pad boud mengx.

得嘎召将扛几奶,

Dex gad zhaob jiangs gangx jid liet,

嘎从忙叫几奶翁。

Gad congd mangb jiaob jid liet wengd.

得炯尼斗麻空得,

Dex jongb nid dous max kongd des,

足加棍草尼汉拢。

Zud jiad ghunx caob nid haib nongd.

到边就哭流泪眼，来到家堂不见你。

到边只见黑棺材，身直卧在堂屋里。

有话要对何人言，悲伤啼哭徒伤悲。

阎王他也不知天，上天老爷不讲理。

告状没有衙门开，告状没有官来对。

挂念只有流泪眼，这些悲伤挨不起。

越想越挂难分开，挂念难得再见你。

不知你可听我言，述这苦情天不依。

如何放下丢开来，永别你去把天归。

坐在凡尘我留恋，怎么能得你转回。

抛子别孙去阴间，留恋阿婆我伤悲。

幼孙丢下最可怜，早早夜夜哪个理。

坐处没有你容颜，最大伤心事成堆。

2.

他拢报竹苟标嘎,

Tab longd baod zhub goud bioud gas,

斗炯堂屋将萨年。

Dous jongb tangx wud jiangs sead nianx.

加汉棍草闹棍麻,

Jiad haib ghunx caob laod ghunx mas,

棍麻棍草吉判满。

Ghunx mas ghunx caob jix bans mand.

蒙号抱乖几安莎，

Mengd haod baod guat jib and sead,

龙羊怕猛阿散散。

Longd yangx pad mengx ad said said.

几没阿冬昂茶他，

Jid meix ad dongt ghax chab tas,

达吾到猛亚拢单。

Dad wus daob mengx yad longd dans.

蒙号包剖洞几洽，

Mengd haob baod boud dongs jid qiab,

几挂迷内水休单。

Jid guab mid neit shuid xiud dans.

服嘎吉久孟久抓，

Fub gad jid jius mengd jiud zhab,

服嘎毕求服吾斩。

Fub gad bis qiub fub wut zhans.

到汉孟浓他几挂，

Daob haid mengd niongb tad jib guab,

包包总纵腊久先。

Baod baod zongx zongb lad jius xians.

怕得怕嘎求告大，

Pad dex pad gas qiub gaod das,

怕剖求大闹西天。

Pad boud qiub dad laob xid tians.

最秋最兰几然嘎，

Zuid qiut zuid lanb jid rax gas,

兰柔兰够莎拢单。

Lanb roud lanb goud sead longd dans.

嘎秋嘎都休吉麻，

Gad qiut gad dous xiut jid mas,

吉麻你蒙浪比板。

Jid mas nit mengx nangd bis biax.

棍草白久炯嘎哈，

Ghunx caob baid jius jongb gad has,

比求白达再早干。

Bid qiub baid dad zaib zaos gand.

斗蒙浪从毕几甲，

Dous mengx nangd zongx bid jis jiax,

件照背瓜窝蒙兰。

Jianb zhaob beid guab aod mengd lans.

得到棍草嘎到麻，

Dex daob ghunx caob gad daos mad,

吉良阿婆常几单。

Jid langs ad pob changes jib dans.

吉良斗得克图那，

Jid langs dous dex ked tub las,

龙羊几咱阿散散。

Longd yangd jis zas as said said.

几怕几到烈几怕，

Jid pad jid daob lieb jid pad,

斗炯虫兵腊纵年。

Dous jongb chongd biongx lad zongb nians.

今天进门不相见，坐在堂屋放歌挽。
徒劳悲伤把气叹，悲伤苦难成堆满。
你睡不醒万万年，这样走了去永远。
没有一点宽心散，不觉你来把病染。
你也报我不要管，不过几日好起来。
良药治了病不散，吃药好似吃水泉。
重病在身实难挨，卧在病床把气断。
分别儿孙阎君殿，呜呼哀哉往西天。
齐了诸亲和六眷，远近亲朋都到边。
家孙外孙都齐站，都来围绕你棺材。
忧愁悲伤都拢来，好似大雪结冰块。

你的恩情怎么还，只有牢记在心间。
儿得悲伤孙得哀，挂念阿婆回不转。
挂念去望月光现，这样走了不回来。
分开不得要分开，坐在堂屋哭哀哀。

3.

内炯苟虐你凡间，

Neit jongb goud niub nit fanx jeans,

吉年嘎要抄嘎头。

Jid nianb gad yaob chaod gad tous.

几到阿冬昂茶善，

Jid daob ad dongt ghax chab shait,

吧汉棍草求吉久。

Bab haib ghunx caob qiub jid jius.

阿柔苦吽腊几开，

Ad rous kud hongb lad jid kais,

苦苦腊够窝柔头。

Kud kud lad gous aod roux toud.

蒙你冬腊嘎养难，

Mengx nit dongd lab gad yangs nanx,

久到啊内宽松久。

Jud daob ad neit kuans songd jiud.

乙排乙想腊乙害，

Yid paid yid xiangt lad yid haib,

达吾到孟拢单久。

Dad wud daob mengx longd dans jiud.

服嘎毕求服吾斩，

Fub gad bid qiub hub wut zhans,

比求服吾娄挂苟。

Bid qiub hub wud ned guab goud.

孟单告教嘎养难，

Mengd dand gaox jiaob gad yangs nanx,

少包总纵总板篓。

Shaod baod zongb zongd zongb biad loud.

龙羊怕猛阿散散，

Longd yangs pad mengx ad said said,

迷谷迷旧窝柔头。

Mid guox mid jiub aod roux toud.

抱爬号先扛蒙兰，

Baod pab haod xianb gangx mengd lans,

兵散兵卡扛蒙酒。

Piongx sait piongx kab gangx mengd jiud.

窝头窝抗苟出见，

Aod tous aod kangd goud chub jianx,

照固西虐浪哈篓。

Zhaob gub xid niub nangd has loud.

兵卡扛拢拢窝散，

Piongx kab gangd longs longs aod said,

当孟阿婆拢儿溜。

Dangb mengx ad pob longd jid lius.

我们人生坐凡间，欢乐少来多忧愁。
没有一点把心宽，百样忧愁上心头。
以前太苦划不来，苦挣苦劳一辈子。
你在世上多磨难，没得一天乐悠悠。
越盘越想也越害，不料得病卧床久。
吃药好似水过界，好似吃水过溪沟。
得病在身受大难，倒在卧床不抬头。
这样分别到永远，几十几岁一辈子。
杀猪杀羊来祭奠，吹味吹气敬肉酒。
烧那香纸做银钱，依照过去的路走。
吹气让你吃起来，等望阿婆吃在口。

4.

墓坟挽情妇

Mod fenb wans qingx fud

拢牙苟先你包照,

Longd yab goud xianb nit baod zhaob,

相交浓念江蒙偷。

Xiangd jiaod niongb nianb jiangs mengd tous.

送牙常单夯岩曹,

Songb yad changes danb hangb yans caox,

同吾闹抗几北篓。

Tongx wut laob kangb jid baid loud.

久忙洞得病浓浓在心劳,

Jud mangb dongb dex bingb niongb niongb zaib xinb laod,

几没到送糖打首。

Jib meix daob songb tangd dad shoud.

命达长猛归天朝,

Mingx dad changes mengd guib tianb chaox,

咱昂水包几水休。

Zas ghax shuid baod jib shuid xiud.

你扛见欧烈少包,

Nid gangb jianb oud lieb shaod baod,

见乙腊扛阿图头。

Jianb yib lad gangb ad tub tous.

想照阿柔昂相交,

Xiangd zhaob ad rous ghax xiangt jiaod,

昂挂元台拔久休。

Ghax guab yuanb tand pad jius xiud.

和妹相交在山坳,相交相恋爱你好。

送妹走到夯岩曹,如水下滩分流了。

没想到得病在身费心劳,没得来送糖几包。

命亡转去归天朝,只见卧床起不了。

若是成配要烧包，恋爱也来把纸烧。
回想过去的相交，哭垮坟岩听不到。

5.

哭母歌
Kub mud guod

窝松窝踏苟喂亏，
Aod songd aod tab goud wed kuis，
告踏腊文出吉锐。
Gaox tab lad wend chub jid tuid.
求茶窝冬拢梅内，
Qiub chab aos dongt longd meix neix，
苟阿娘梅求棍浪。
Goud ad niangx meix qiub ghunb nangd.
棍麻求喂阿休乖，
Ghunx max qiut wed ad xiud guat，
吉洽弄几腊几归。
Jib qiab nongb jid lad jib guis.
没得告状扛几奶，
Meix dex gaox zhangb gangx jib liet，
告状几没内候理。
Gaox zhangb jid meix neit houb manx.
吉拿尼斗白吾隔，
Jib nanb nid dous baid wut ged，
阿内容麻拿几岁。
Ad neit rongb mas nab jid suid.
阿娘蒙号抱照号弄同内乖，
Ad niangx mengd haob baod zhaob haod nongb tongb neit guat，
乖召堂屋弄板飞。
Guat zhaob tangb wud nongb biad feis.
蒙浪标鬼标弄吉相白，
Mengx nangd bioud guid bioud nongb jib xiangt baid，

帮八浪昂相捕西。

Bangb bab nangd ghax xiangd pub xid.

安蒙浪度比几没，

And mengx nangd dus bib jid meix,

浪度洞喂卜阿岁。

Nangd dub dongx wed pub ad suid.

蒙浪从汝岔保内，

Mengx nangd congs rub chab baod neit,

岔召窝够背高起。

Chab zhaob aod goud beis gaod qis.

阎王他单把我欺，上天老爷不讲理。

开春之时取人归，把阿娘取去归西。

悲痛上我一身背，再也没有地方推。

告状没有官审提，告状没有人打理。

只有伤心徒悲泪，一天要哭多少回。

阿娘她也卧在棺中如深睡，卧在堂屋静分分。

你的三魂七魄未分离，脸上肉色没变起。

你若听到我哭泣，听到听我把话提。

你的恩情我永记，讲从根根从前起。

6.

吾归窝隔容归昂，

Wud guid aod ges rongb guid ghax,

告隔告昂溜溜洞。

Gaox ged gaox ghax liud liud dongb.

比否拿蒙否几拿，

Bid woud nab mengd woud jib nab,

几拿蒙浪浓宗林。

Jid nab mengd nangd niongb zongs liongx.

水归湖泊流归海，海口海洋广又深。

和你相比它不算，它比不上你恩情。

7.

吾得浓浓吾得江，

Wud dex niongb niongb wud dex jiangx,

吾得江汝得背高。

Wud dex jiangx rub dex beid gaos.

否江几拿内妈江，

Woud jiangs jid nab neit mas jiangx,

几拿内浪吾妈扫。

Jid nab neit nangd wud mab saod.

蜂糖浓浓蜂蜜甜，蜂糖甜得没有比。

它甜不比娘的奶，它甜不过娘奶水。

8.

背苟林林背苟兰，

Beid goud liongx liongx beid goud lans,

比苟兰兰背苟从。

Bid goud lanb lanb beid goud zongs.

内浪浓宗寿几板，

Neit nangd niongb zongs shoud jib biab,

吉溜拿苟拿绒林。

Jid lius nab goud nab rongx liongx.

大山高高大山尖，又尖又大不得了。

娘的恩情数不完，比那大山还要高。

9.

悼念情哥妈妈歌

Diaob niand qings guod mab mab guod：

埋娘单昂汝莎斩，

Manx niangd dand ghax rub sead zhanb,

旦久告虐回老家。

Dans jiud gaox niub huib laod jiad.

难难阿娘几斗先，

Nanb nanb ad niangx jid dous xians,

扛吾嘎弄背公他。

Gangb wut gad nongs beid gongs tad.

吉上候窝落气钱，

Jib shangb houd aod luob qib qianx,

上扛路费汝几怕。

Shangb gangb lub feib rub jid pab.

吉候酷吾候洗脸，

Jid houb kud wut houb xid lians,

兄到阿晚吾香瓜。

Xiongd daob ad wans wut xiang guab.

茶叫茶齐久尖尖，

Chab jiaod chab qit jiud jiand jiand,

汝龙吉标浪香乜。

Rub longd jib bioud nangd xiangt niax.

布大没到秋岁旦，

Bub dad meix daob qiub suid dans,

吉后弄欧八抬花。

Jid houb nongb oud bab danx huas.

抱照虫兵茶善善，

Baod zhaob chongb biongx chab shait shait,

再比你虐出卡再嘎茶。

Zaibbb bib nid niub chub kad zhaib chab.

难内吉后苟强赶，

Nanb neix jid houb goud qiangx gand,

浓到钱纸汉头扎。

Niongx daob qand zhid houb toud zhab.

充到道师把路开，

Chongb daob daod shid bab lud kaid,

内苟开当求打便。

Neix guod kaid dangs qiub dad biat.

话内苟送包单兰，

Huax neix goud songb baod dans land，

扛喂出头召将朗几嘎。

Gangx wed chub toud zhaob jiangs langx jid gas.

出牙会通绒补先，

Chub yab huid tongx rongx bub xians，

求补流夯窝闹腊。

Qiub bub liud hangb aod laod lab.

本应上门报标研，

Bend yinb shangb menx baod bioud nianx，

洽内卜拔浪拉渣。

Qiab neix pub pab nangd lad chab.

想办情节喂几敢，

Xiangb ban qingx jied wed jib gans，

暗地窝头比便踏。

Anb dis aod toud bis biat tab.

阿忙阿见皮，

Ad mangb ad jianb pib，

你埋阿娘窝豆班，

Nit manx ad niangx aod dous bans，

炯龙蒙浪苟梅出阿。

Jongb longd mengx nangd gous meid chub ad.

昂昂几娘打奶斩，

Ghax ghax jib niangx dad liet zhans，

喂号包齐埋洞：

Wed haob baod qib manx dongs：

阿娘单虐昂几怕。

Ad niangx danb niub ghax jib pas.

久忙锐列摆达千，

Jud mangb ruit lieb biab dad qians，

这这抓白召闹昂。

Zheb zheb zhab baid zhaob laod ghax.

孝帕扛喂有两掰，

Xiaob pab gangb wed yous liangb bans,
喂图吉哈加豆窝。
Wed tub jib hab jiad dous aod.
几没苟从召吾斩,
Jib meix goud congb zhaob wud zhans,
敬照到比满头发。
Junb zhaob daob bid manb toud fab.
敬到龙蒙管几管,
Junb daob longs mengx guanb jid guanb,
几管喂列龙浓炯几达。
Jib guanb wed lieb longd niongb jongb jid dab.
得从过挂先松尖,
Dex congb guod guab xianb sngb jianx,
莎尼绒虐得绒花。
Sead nib rongx niub dex rongx huad.
埋在活龙正口间,
Manx zaib huob longd zhengd kous jiand,
常拢朝浓汝几良。
Changes longd chaob niongb rub jid langs.

你娘到时好归天,到了归天回老家。
喊喊阿娘把气断,喂水口中吃不下。
马上帮烧落气钱,送她路费好回家。
赶快热水帮洗脸,热得一锅水淘丫。
洗好洗净又擦干,好和祖宗坐一家。
衣柜取得衣花缎,把她穿衣八抬花。
卧在堂屋的中间,再比生时还要好看她。
喊人帮去把场赶,买得纸钱许多沓。
请得道师把路开,道路开通上天达。
请人把信报四边,送我织布放手不织它。
举步走到绒补先,上坡流夯高矮踏。
本应上门进屋来,怕人一边讲拉渣。
想到情节我不敢,暗地烧纸四五沓。

那一夜，成梦来到棺木边，和你的姐妹坐在那。
哭哭啼啼述悲哀，我便报她们说：阿娘情重比天大。
不觉饭菜又摆来，碗碗肉块手掌大。
孝帕送我有两掰，我戴头上拖地下。
脏了没有去洗换，尽孝戴到满头发。
尽孝和你管不管，不管我要和哥做一家。
坟墓请得先生看，都是风水宝地发。
埋在活龙正口间，回转朝向我们家。

三、哭坟歌

1.

哭坟
Kub fenb

相交龙牙费心劳，

Xiangt jiaod longs yab feid xind laox,

没从林拿阿奶苟。

Meix congb liongx nab ad liat goud.

那阿酷骂到常料，

Nab ad kub mab daob changes liaob,

走牙会你干腊柔。

Zoud yab huib nit gans lad rous.

召追理牙浪冬闹，

Zhaob zhuib lid yab nangd dongt laos,

会会欧闹剖亚休。

Huib huib oud laob boud yad xius.

求冬补扣欧弯腰，

Qiub dongt bub koud out wangs yaod,

旧梅吉克干夯扣。

Jiub meix jid kes ganb hangb kous.

苟会让烈几没标，

Goud huib rangb lieb jib meix bioud,

剖奶蒙会同香柔。

Bioud liet mengx huib tongx xiangt roud.

求单工绒内苟巧，

Qiub danb gongb rongx neix goud qiaod，

报窝昂你剖苟篓。

Baod aod ghax nit bioud goud nes.

养兄阿柔洽内标，

Yangb xiongd ad rous qiab neit bioud，

棍麻林同阿图斗。

Ghunx mab liongx tongb ad tub dous.

剖乜内骂抓久鸟，

Bioud niax neix mab zhab jiud niaos，

包办婚姻害喂抖。

Baod banb hunb yins haid wed dous.

送牙常单夯岩槽，

Songb yad changes danb hangb yans caos，

同吾闹昂几白篓。

Tongb wut laod ghax jib baid nes.

修豆常猛嘎剖号，

Xiud dous changs mengx gad bious haob，

腊纵秀蒙克汉欧。

Lad congb xiud mengx kes haid ous.

蒙常单标到棍草，

Mengx changes danb bioud daob ghunb caos，

到梦水抱几水修。

Daob mengd shuid baod jib shuid xiud.

得病在身本难熬，

Dex bingb zaib shengd bend nanx aod，

浑身窝教标友友。

Hunb shengd aod jiaob bioud yous yous.

阿内出卡单苟哨，

Ad neit chub kad danb gous xiaod，

浪牙归天喂想苟。

Nangd yab guid tianb wed xiangb goud.

弟冲他拢苟蒙告，

Dib chongb tad nongd goud mengx gaox，

几兵尼干豆阿叟。

Jid biongb nib gand dous ad shoud.

兵伞背留久咱毛，

Bingb said beid liub jiud zas maox，

兵卡冰糖久咱苟。

Bingb kab bingd tangx jiud zad gous.

头昂头难苟头窝，

Toud ghaxx toud nanb goud toud aos，

腊朋抱龙几朋修。

Lad bengx baod longs jid bengd xius.

达尼见欧列少包，

Dad niex jianb oud lieb shaod baod，

见乙腊打阿图头。

Jianb yib lad dad ad tub toud.

眼泪滚滚同流哨，

Yanb lieb gunx gunx tongb liud shaod，

昂汉告声吉话苟。

Ghax haib gaox shongx jid huad gous.

修豆常猛几瓦闹，

Xiud dous changes mengd jid was laob，

吾梅白没阿齐苟。

Wud meib baid meix ad qid goud.

几到见欧到棍草，

Jid daob jianb oud daob ghunx caos，

尼到同床保苟篓。

Nib daob tongb chuangb baod goud nes.

相交和妹费心劳，有情有义如山高。
正月拜年才碰到，见妹走在路板槽。
在后理妹脚印蹈，走走两步又站了。

上登补扣两弯腰，抬眼一望夯扣到。　　　补扣：地名。
走到让烈不忙跑，我们走路如香烧。
上到工绒路不好，乌鸦叫在树上嚎。　　　工绒：山名。
多休一会也怕了，忧愁大大在心扰。
爷娘父母许人早，包办婚姻害我了。
送妹转到夯岩槽，如水流下分开了。　　　夯岩槽：地名。
动脚回转我家到，留恋紧看衣服恼。
你转到家得心操，得病困床不见好。
得病在身本难熬，浑身病痛不得了。
一天做客到苟哨，闻听你亡我癫倒。　　　苟哨：村名。
不顾一切坟边到，只见土堆我哭嚎。
吹气柑子不见闹，吹气冰糖不见搞。
边喊边哭把纸烧，心里想死同一道。
若是成妻要烧包，恋妹难舍把纸烧。
眼泪滚滚流如潮，哭嚎悲声震山高。
动脚回转心酸熬，眼泪流有一桶浇。
没得成配得心操，若得同床免灾消。

2.

某女托梦于某歌手还某男之歌

Moub nib tuod mengx yub moub goud shoud hais moud nanx zhid goud

洞照巴秋够萨研，
Tongb zhaob bab qiud goud sead yand,
阿牙洞萨拿几苦。
Ad yab dongb sead nab jid kus.
否达见棍常几单，
Woud dad jianb ghunx changs jid dnas,
标归且越用几图。
Bioud guis qieb yues yongb jid tub.
照皮扛喂活先先，
Zhaob pib gangx wed huob xianb xianb,

列喂苟度卜包秋。

Lieb wed gous dub pub baod qiut.

你虐吉汝江全全，

Nid niub jid rub jiangs quanx quanx,

汝从见照背苟录。

Rub congb jianx zhaob beid gous nux.

几空阿八久准脸，

Jid kongb ad bab jiud zhuns liand,

苟拔将闹内浪吾。

Goud pab jiangs laob neit nangd wut.

善你吉浪几见块，

Shait nit jid nangd jib jianx kuaid,

造乱思想浪糊涂。

Zhaob luanb sid xiangt nangd hub tus.

卜照阿昂喂酷兰，

Pub zhaob ad ghax wed kus lanx,

越得计照越几夫。

Yued dex jis zhaob yued jis fud.

补扣求冬背苟干，

But koud qiux dongt beid gous gand,

头了头岔度几都。

Toud les toud chab dus jib dous.

辽挂让烈浪阿排，

Liaod guab rangb lieb nangd ad pais,

会会欧冬亚腊母。

Huib huib oud dongt yad las mud.

报窝昂声溜溜灾，

Baod aod ghax shongx liud liud zais,

几照喂浪起写同吾不。

Jid zhaob wed nangd qis xied tongx wud bus.

灾善必求巴同干，

Zaid shait bid qiub bab tongx gans,

汝蒙加牙喂嘎久。

Rub mengx jiad yab wed gad jius.
欧告几白把家转，
Oud gaob jid baid bab jiad zhuans,
会常喂斗内苦苦。
Huib changes wed dous neit kus kus.
喂浪标归干最浪欧年，
Wed nangd bioud guis gand zuis nangd ous nianx,
同钢盖闹抱几夫。
Tongx gangb gais laod baod jis hud.
皮会皮辽昂偏偏，
Pib huib pib liaod ghax pianb pianb,
腊朋不便几篓吾。
Lad pengb bubb biat jid nes wut.
能糖几没浪江先，
Nongx tangx jid meix nangd jiangs xiand,
爬崩冲攀拢抢久。
Pab bengd chongb pans longd qiangd jius.
锐列久龙吾久才，
Ruit lieb jiud longs wut jiud cais,
服嘎几召梦背骨。
Hub gad jis zhaob mengd beis gud.

闻听老表唱歌挽，大姐听了好可怜。
她死成鬼回不转，三魂七魄飞上天。
托梦送我活显显，托我把话报你来。
生时相好似蜜甜，好情记在那高山。
不依阿爸不准脸，把我许配他村寨。
害我忧愁心肠烂，造乱思想想不开。
讲到那时娘家转，越讲到此越心烦。
补扣上到背苟干，边走边讲话交谈。
走过让烈的边边，走走几步又交言。
乌鸦叫出声悲惨，悲在我的心中如水开。
心冷胜过那冰块，你好我恐受了害。

两下分别把家转，转家我已瘦容颜。

我的魂魄贴在哥身边，如钢沾铁做一块。

边走边谈哭哀哀，心想跳下深水涧。

吃糖没有口味甜，绣花我忘穿针线。

饭菜不吃口不开，吃药不解病体缠。

3.

服嘎久召喂浪梦，

Hub gad jius zhaob wed nangd mengx，

吉朗浪梦内几安。

Jid langd nangs mengx neit jid ans.

容容麻麻味那林，

Rongx rongx mab mab weid nas liongx，

冬腊几没嘎苟解。

Dongt lab jid meix gad gous jied.

排蒙扛牙想几通，

Paid mengx gangb yas xangt jid tongt，

必求录滚秀背免。

Bib qiud nes gunx xiub beid mianx.

秀先嘎哈同修风，

Xiud xians gad has tongx xiud fengs，

秀求周偶烧打旦。

Xiub qiud zhous oud raos dad dans.

当时到浓拢几兵，

Dangs shib daob niongb longd jis biongd，

出牙还阳常秀先。

Chub yab haid yangx changes xiub xiand.

忙拢喂抱背苟同，

Mangd longs wed baod bis goud tongb，

蒙号弟昂够够拢克兰。

Mengx haob dis ghax goud goud longs ked lanx.

克牙尼咱从豆滚，

Ked yab nid zas congb dous gunx，

欧告相隔纸一块。

Out gaox xiangb geb zhid yis kuaid.

背留麻江摆几炯，

Beid liub max jiangs biad jib jongb,

拼卡冰糖扛喂才。

Piongx kab bingd tangx gangb wed cais.

窝头扛牙出补恩，

Aod tous gangx yad chub but ghongx,

见召报兰报常扳。

Jianx zhaob baod lanb baod changs biab.

蒙昂吉话阿得声，

Mengx ghax jid huab ad dex shongx,

吉油声昂喂炯研。

Jid youb shongx ghax wed jongb yand.

吉良炯研尼麻孔，

Jid langb jongb yanx nib max kongd,

几尼酷内亚常单。

Jib nib kud lanx yad changes dans.

见棍喂炯蒙浪总，

Jianx ghunt wed jongb mengx nangs zongx,

出浓棍向蒙阿排。

Chub niongb ghunx xiangt mengd ad pais.

尼斗阿逃度保蒙，

Nid dous ad taob dub baod mengx,

没从浪浓扛出单。

Meix congb nangd niongb gangb chub dans.

挂见能列难喂能，

Guab jianb nongx lieb nanb wed nongx,

冲这几茶板彩彩。

Chongb zheb jid chab biab cais cais.

吃药不解我的病，心内的病真不浅。

忧悲伤心为你身，凡尘没有药可解。

恋你小妹想在心，好似黄雀恋果丹。

唉声叹气如扎针，气上喉头吸不转。

当时得哥到来临，小妹还阳好起来。

如今我卧在山林，你才闻信来到我坟边。

看妹只见黄土层，两下相隔纸一块。

甜甜柑子摆墓门，吹气冰糖不见来。

烧纸送妹做金银，紧紧收在我身边。

你哭哀嚎震山林，跟你哭声我哭哀。

想恋哭挽歌一轮，不是走亲我回转。

成鬼我要进你门，和你祖宗坐一边。

只有一句话真情，有情哥哥记心间。

过年吃饭把我请，抬碗悄悄先默念。

四、探病歌

秀茶浪昂喂列担，

Xiub chab nangd ghax wed lieb dans,

嘎处吉标列帮忙。

Gad chub jib bioud lieb bangs mangx.

几弄阿气苟强赶，

Jid nongb ad qib goud qingd gans,

赶强龙浓拢相撞。

Gans qiangx longd niongb longs xiangd zhuangb.

单强洞卜蒙召斩，

Dans qiangb dongb pub mengx zhaob zhans,

知你住院倒了床。

Zhid nib zhub yuanb daob les chuangx.

龙羊喂寿闹花垣，

Longd yangx wed shoud laod huab yuans,

医院岔单三楼房。

Yid yuanx chab dans sanb loud fangx.

岔板几兵几咱兰，

Chab biab jid biongs jid zas lans,

退脚常嘎喂朗当。

Tuib jiaox changs gad wed langx dangs.

转到家中心不安，

Zhuand daob jiad zhongs xinb bubx ans,

阿内昂最比便浪。

Ad neit ghax zuid bit biat nangd.

求蒙长求苟绒免，

Qiub mengx changs qiub goud rongx mianx,

带信保最阿奶昂。

Daib xinb baod zuix ad liet ghax.

咱蒙达务喂吉年，

Zas mengx dad wus wed jis nianx,

常咱干浓窝起江。

Changs zab gans niongb aod qit jiangs.

走牙达为蒙单干，

Zoud yab dab weid mengx dans gans,

出汉哈篓心毒狼。

Chub haib had lous xind dub langb.

扛喂腊想板麻元常几单，

Gangb wed lab xiangt biab max yuanb changes jib dans,

走召想单度阿娘。

Zoud zhaob xiangt dans dub ad niangx.

柔让阿娘苟喂管，

Roud rangb ad niangx goud wed guans,

否号保喂洞：

Woud haod baod wed dongx：

飘流没虐水拐场。

Piaod liu meix niub shuid guanx changx.

喂浪周偶将穷几，

Wed nangs zhoub oud jiangs qiongd jis,

吾梅八八篓见双。

Wut meib bab bab loud jianx shuangd.

当堂昂扛厶厶安，

Dangs tangx ghax gang liet lie tans，

久崩内岔卜几抢。

Jud bengs neit chab pub jid qiangs.

告够吉汝岔吉年，

Gaox goud jib rub chab jid niand，

忙弄常到棍麻浓江江。

Mangb nongd changs daob ghunt max niongx jiangs jiangs.

蒙卜冬卜板列然腊几关，

Mengx pub dongt pub biab lieb rax lad jib guans，

当面卜保腊打强。

Dangb mianb pub baod lad dad qiangd.

豆崩水味崩告块，

Dous bengd shuid weib bengd gaox kuaid，

自然落地无声响。

Zib rax loub dis wud shengd xiangd.

吉汝浪从吉相满，

Jib rub nangd congb jid xiangs mans，

吉相会抽喂几江。

Jid xiangs huib choud wed jib jiangx.

同葡扬名通四海，

Tongx pub yangx mingx tongt sid hais，

花垣保靖传猛况。

Huad yuanb baod jingb chuans mengd kuang.

吉首阿告内卜单，

Jid shoud ad gaob neit pub dans，

无有一处不宣扬。

Wub youd yis chub bub xuans yangx.

浓浓念念分不开，

Niongb niongb nianb nianb fend bub kaid，

同头共枕困一床。

Tongx toud gongb zhengb kunb yib chuangx.

告教得蒙得喂乃，

Gaob giaox dex mengb dex weib nais，

吾鸟吉图拿江糖。

Wut niaox jid tub nas jiangs tangx.

欧告出从虫旦旦，

Ooout gaob chud congb chongd dans dans,

吉汝崩欧打同钢。

Jid rub bengd ous dad tongb gangs.

几洽计片达白干，

Jid qiab jid pianb dad bais gand,

久崩照告内拢强。

Jud bengs zhaob gaox neit longd qiangs.

阿娘没蒙候喂旦，

Ad niangx meix mengd houb wed dans,

笑梅候否浓阿胖。

Xiaob meib houd woud niongb ad pangt.

旦虐归天求阴间，

Danb niub guid tianb qiub yinb jiangd,

扛否汝图苟阎王。

Gangx woud rub tud goud yuanx wangb.

昂弄蒙扛电热毯，

Ghax nongd mengx gangb dians rex tans,

久扛召灾喂阿娘。

Jud gangb zhaob zais wed ad niangx.

否腊苟度扛喂卜保兰，

Woud las coud dub gangb wed pub bad lanx,

单约阿气阿扛蒙孝帕同喂浪。

Danb yox ad qib ad gangx mengx xiaob pad tongx wed nangs.

斗浓浪从毕几单，

Dous niongb nangd congb bid jib dans,

尼苟终身一世配你光。

Nib goud zhongb shengd yib shid peib nis guangd.

秋收时节我要来，家里家外要帮忙。

不比过去把场赶，赶场和你来相撞。

到场闻听你病灾，知你住院倒了床。
我才跑去下花垣，医院找到三楼房。
三楼病房都找遍，不见我才转家乡。
回到家中心不安，一天肉瘦四五两。
求你出院报我先，带信报你记心肠。
一见到你我喜欢，看到你好把心放。
一见我来你冒烟，做那样子心毒狼。
让我也想遍后悔回不转，使我想到话阿娘。
年轻阿娘把我管，她把话报我：飘流有时会拐场。　　拐场：方言，指失败。
我的气出把颈满，眼泪双双流两行。
当堂哭在你眼前，不管人谈话乱讲。
源头相好把心开，如今得这忧愁重万两。
你讲说讲完道歉也不管，当面说出急急忙。
花开花会谢起来，自然落地无声响。
相好情义大如天，还没玩饱我不想。
出名远扬通四海，花垣保靖都知详。
还有吉首那一边，无有一处不宣扬。
浓浓念念分不开，同头共枕困一床。
又是相亲又相爱，口水吞下甜如糖。
两下情浓深如海，恩爱夫妻硬如钢。
不怕风吹冰雪寒，不管四下人谈讲。
阿娘有你把我担，头帕把她买得长。
到时归天上阴间，让她戴去见阎王。
冷天你送电热毯，不让感冒我阿娘。
她也把话让我报你来，到了那时候送你孝帕有我长。
你的情义记心间，只有终身一世配你光。

后　记

　　笔者在本家 32 代祖传的丰厚资料的基础上，通过 50 多年来对湖南、贵州、四川、湖北、重庆等五省市及周边各地苗族巴代文化资料挖掘、搜集、整理和译注，最终完成了这套《湘西苗族民间传统文化丛书》。

　　本套丛书共 7 大类 76 本 2500 多万字及 4000 余幅仪式彩图，这在学术界可谓鸿篇巨制。如此成就的取得，除了本宗本祖、本家本人、本师本徒、本亲本眷之人力、财力、物力的投入外，还离不开政界、学术界以及其他社会各界热爱苗族文化的仁人志士的大力支持。首先，要感谢湖南省民族宗教事务委员会、湘西州政府、湘西州人大、湘西州政协、湘西州文化旅游广电局、花垣县委、花垣县民族宗教事务和旅游文化广电新闻出版局、吉首大学历史文化学院、吉首大学音乐舞蹈学院、湖南省社科联等各级领导和有关工作人员的大力支持；其次，要感谢中南大学出版社积极申报国家出版基金，使本套丛书顺利出版；再次，要感谢整套丛书的苗文录入者石国慧、石国福先生以及龙银兰、王小丽、龙春燕、石金津女士；最后，还要感谢苗族文化研究者、爱好者的大力推崇。他们的支持与鼓励，将为苗族巴代文化迈入新时代打下牢固的基础、搭建良好的平台；他们的功绩，将铭刻于苗族文化发展的里程碑，将载入史册。《湘西苗族民间传统文化丛书》会记住他们，苗族文化阵营会记住他们，苗族的文明史会记住他们，苗族的子子孙孙也会永远记住他们。

浩浩宇宙，莽莽苍穹，茫茫大地，悠悠岁月，古往今来，曾有我者，一闪而过，何失何得？我们匆匆忙忙地从苍穹走来，还将促促急急地回到碧落去，当下只不过是到人世间这个驿站小驻一下。人生虽然只是一闪而过，但我们总该为这个驿站做点什么或留点什么，瞬间的灵光，留下这一丝丝印记，那是供人们记忆的，最后还是得从容地走，而且要走得自然、安详、果断和干脆，消失得无影无踪……

编　者

2020 年 11 月

图集

古杂歌之唱纺纱（周建华摄）

古杂歌之唱高山腔（周建华摄）

古杂歌之唱苦难(周建华摄)

古杂歌之唱劳作(一)(周建华摄)

古杂歌之劳作（二）（周建华摄）

古杂歌之唱十二月农事（周建华摄）

古杂歌之唱四季劳作（周建华摄）

古杂歌之唱原根（周建华摄）

古杂歌之唱杂叙(周建华摄)

古杂歌之唱织布(周建华摄)

图书在版编目(CIP)数据

古杂歌/石寿贵编. —长沙：中南大学出版社，
2020.12

(湘西苗族民间传统文化丛书. 二)

ISBN 978-7-5487-4169-5

Ⅰ.①古… Ⅱ.①石… Ⅲ.①苗族—民歌—作品集—
中国—古代 Ⅳ.①I276.291.6

中国版本图书馆 CIP 数据核字(2020)第 182051 号

古杂歌

GUZAGE

石寿贵 编

□责任编辑	刘 莉
□责任印制	易红卫
□出版发行	中南大学出版社
	社址：长沙市麓山南路　　　　邮编：410083
	发行科电话：0731-88876770　　传真：0731-88710482
□印　　装	湖南省众鑫印务有限公司

□开　　本　710 mm×1000 mm 1/16　□印张 22.75　□字数 530 千字　□插页 2

□互联网+图书 二维码内容　音频 2 小时 17 分钟 38 秒

□版　　次　2020 年 12 月第 1 版　□2020 年 12 月第 1 次印刷

□书　　号　ISBN 978-7-5487-4169-5

□定　　价　228.00 元